성경에 나타난 숫자 해설

(NUMBER IN SCRIPTURE)

-게마트리아의 비밀-

E. W. 벌링거/ 지음

장 상 선/ 옮김

열린서원

Number in Scripture

E. W. Bullinger

Grand Rapids
Kregel Press 1967

OPEN BOOK PRESS
Seoul, Korea, 2023

성경에 나타난 숫자 해설

(NUMBER IN SCRIPTURE)

재판 서문

성서는 히브리어와 헬라어로 기록 되었다. 히브리어와 헬라어 자체는 이미 각각의 숫자를 의미하는 상징으로도 사용되었다. 따라서 성경을 이해함에 있어서 성서적 의미와 상징을 담고 있는 숫자를 이해 한다는 것은 매우 중요하다. 스위스의 개혁가로서 성서연구에 깊은 공헌을 한 바 있는 저자 E.W. 벌링거는 일찍이 성서에 나타난 숫자의 의미를 연구하고 그 결과물을 책으로 저술했던 것이다. 특히 그는 기존의 여러 성서학자들이 단편적으로 성서의 숫자를 연구해 온 것을 지적하면서 숫자 7이나, 10, 12, 666 등의 특별한 숫자 해석에 국한하지 않고 성서 전반에 걸친 폭넓은 연구를 시도하고 있다는 점이다.

본서는 제1부와 2부로 구성 되어 있는데, 제1부에서는 하나님의 사역에 나타나는 초자연적인 계획으로서 천체, 연대학, 자연, 식물계, 생리학, 화학, 음과 음악, 색채의 문제를 거론한다. 또한 하나님의 말씀에 나타난 계획으로는 성경의 책들과 지은이 그리고 구약과 계시록에 나온 단어들에 주목하고, 성경의 어구들이나 신구약성서의 조합을 숫자의 의미로 풀어간다.

제2부에서는 숫자가 나타내고 있는 영적인 의미를 설명한다. 1에서 31까지, 그리고 40, 42, 50, 51, 65, 70, 120, 153, 200, 390, 400,

430, 490, 666이라는 숫자와 부가적인 여러 가지 예의 숫자에 주목하여 해설한다. 이들 숫자 해설의 한 예를 들면, 12라는 숫자는 천체에 대입해 보면, 황도(黃道-Zodiac) 12궁(宮-signs)은 각각 3개의 성좌를 가지므로 36개가 된다. 12가 천체에 충만해 있는 이유로서 11이나, 13이 아닌 이유도 거기에 있다는 것이다. 또한 12가 네 개의 완전 수(3, 7, 10, 12) 중의 하나로서 통치적 완전수라는 것이다. 12달도 바로 이 황도의 분할에서 나온다는 것이다. 이는 성서에서도 충만한 수로 해석된다는 것이 벌링거의 해석이다. 이 밖에도 숫자 7에 대한 해석도 탁월하다. 하나님이 천지를 창조하고 7일째는 안식하셨다. 이날은 성스러운 축제의 수로 신성시 되는 날이다. 하나님의 통치시기로서의 연대기는 물론이고, 자연계에서 동물이 새끼를 낳거나 알을 까는 시기도 숫자와 관련이 있다. 화학에서도 원소의 배열법은 일정한 숫자의 주기법칙이 있다. 이는 원소의 주기 속에서도 하나님의 질서가 있다는 것이다. 음악에도 7음계의 배열법이 있고, 색채에도 3색과 4색의 7색으로 구분된다. 이러한 자연계의 숫자 외에도 하나님의 말씀에 나타난 계획으로서의 숫자와 구약과 신약에 나오는 단어들의 횟수에 이르기까지 방대한 숫자 해설을 시도하고 있다.

이 책이 더욱 흥미로운 것은 히브리어와 헬라어 자체가 지니는 숫자의 의미 구분이다. 예컨대 히브리어의 알렙은 1을, 베트는 2를, 기멜은 3을, 달렛은 4 ... 를 의미하는 식이라면, 헬라어의 알파는 1, 베타는 2, 감마는 3, 델타는 4, ... 언어가 숫자를 뜻한다는 점이다. 여기서 한걸음 더 나아가서 제2부에서는 성서에 나타나는 숫자의 영적인 해석이다. 이러한 영적 해석과 관련된 숫자는 1에서 10까지의 의미를 신구약성서에 인용된 주요 내용을 단어와 결부시켜 풀이되고 있다. 숫자 13이 가지는 대속과 구속의 연관성을 해설하고, 숫자 9는 소돔, 예루살렘의 포위, 심판 등과 결부된다. 완전수인 숫자 10은 노아, 십계명, 주기도, 십일조, 속전, 10가지 재앙, 열 처녀, 성막, 천국의 비유 등과 결부된다. 일일이 다 열거 할 수 없지만 386쪽에 해당하는 광범위한 본서의 분량은 성서에 나타난 숫자의 의미를 이해하는데 아주 좋은 해설서가 될 것이다. 특별히 성서의 숫자해설과 관련한 이 분야의 책은 찾아보기 힘들 뿐만 아니라 가히 독보적인 책이라 할 수 있다.

본서 『성경에 나타난 숫자해설』은 1992년에 초판이 나단출판사에서 초판 발행 되었고 그 이후 2004년까지 3쇄를 거듭해 왔지만 약 20년 가까이 복간을 하지 못한 채 절판 상태에 있었다. 그러던 차에 독자의 수요도 있었고 복간을 도와주신 후원의 손길이 있었다. 특별히 ㈜ 파워플라자 대표이사 김성호님에게 깊은 감사를 드린다. 아무쪼록 본서가 〈열린서원〉을 통한 새로운 복간에 힘입어 성경에 나타난 숫자가 어떤 의미를 지니는지 궁금해 하는 모든 분들에게 큰 도움이 될 수 있기를 바란다.

발행인 이명권

역자의 말

우리가 믿는 하나님은 만물을 창조하시고, 유지하시며, 마침내 만물을 통하여 영광을 받으실 분임을 자신을 계시하신 성경을 통하여 우리에게 확신하게 하고 있다. 우리 주변에서 많은 사람들이 '우연'이라는 말을 많이 쓰고 있지만 하나님의 창조의 세계에서는 우연이란 있을 수 없을 것이다. 우리가 그렇게 우연이라는 말을 쓰는 이유는 사물 자체에 대하여 설명할 수 없는 우리의 지식의 미약함 때문에 편리하게 쓰고 있는 말이다. 하나님의 창조 세계에는 하나님의 계획이 반드시 존재하기 때문이다. 사람들도 어떤 물건을 만들 때 먼저 계획이 있고 목적이 있다면 이 세상이 우연히 저절로 됐을 것이라고는 생각되지 않는다. 물건이 만들어지고 만물이 창조될 때에 수(數)라는 것이 반드시 동반된다. 수 없이 사물의 개념을 가지기는 불가능하다. 하나님의 세계에서도 수라는 개념은 창조와 함께 시작이 된 것이다.

그런데 우리 성경은 어떠한가. 성경은 하나님께서 자신을 계시하기 위해 사람의 글로 쓴 하나님의 말씀이다. 성경을 기록하게 하신 주체는 성령이시지만 아무런 계획도 목적도 없이 기록하게 하시지 않았다는 것은 성경 자체에서도 잘 알 수 있다. 그런데 성경을 기록한 히브리어와 헬라어는 그 문자 자체가 수를 표현하는데 사용하고 있었다. 그런데 우리의 주목을 끄는 것은 어떤 낱말은 세 번 혹은 여덟 번만 쓰이고 있는 것이다. 왜 어떤 한 가지 뜻을 표현하는 낱말들이 공통적으로 제한된 회수만 성경에 나타나고 있는가? 성경 저자들이 의도적으로 그렇게 쓸 수 있었을까? 혹시 저자들이 자신의 생각대로 썼다 할지라도 성령의 간섭이 전혀 없이 이런 질서 있는 내용을 쓴다는 것은 아주 불가능하다고 본다. 숫자를 가지고 성경의 내용을 음미 또는 해석하려는 것이 성경 전부를 알 수 있는 방법은 아니라 할지라도 성경이 하나님의 말씀이라는 확신을 주는데 도움만 되어도 좋을 것 같다. 히브리어나 헬라어가 가지는 숫자를 가지고 낱말을 구성하고 있는 문자의 구성이 곧바로 숫자를 나타내며 그것이 지닌 어떤 뜻을 보여주는 것을 게마트리아(Gematria)라고 한다. 이 책자를 소개하는 것은 목회자들이나, 신학생, 그리고 성경을 사랑하고 알기 원하는 일반 평신도들이 좀 더 성경을 연구하는 방법에서 한 가닥 유익을 준다면 이 책을 소개하는 목적을 다한다고 생각된다.

이 책이 게마트리아의 연구를 다 완성한 것은 아니다. 여기에서 무엇인가 얻고 계속 연구하는 이들에게 도움이 되어 성경의 무오성을 확신케 되기를 더욱 바랄 뿐이다. 파이오니어 선교회 번역부에서 수고하신 여러분에게 감사하며 출판에 협력해 주신 이레기획과 나단출판사에게 감사의 뜻을 전한다.

1992년 8월

번역실에서 장상선 목사

서문

먼 옛날부터 많은 작가들이 성경 속의 수라는 큰 주제의 중요성에 관심을 기울여 왔다. 그 중 상당한 부분이 단편적인 방법으로 다루어졌다. 어떤 이는 '칠(7)'과 같은 어떤 특정한 수를 다루었으며, 다른 이는 주요한 수들의 견해에 자족하였으며 심지어 그들의 의미를 정의할 때 설명하기 위하여 단지 한 두 예만을 제시하였다. 다른 이는 10, 40, 666 등과 같은 '상징적인 수'에 한정하였고 다른 이는 연대학이나 예언과 연관하여 그러한 상징적인 수들의 연구에 몰두하였다. 또 다른 이는 예들을 다량 수집했으나 그것들의 의미는 거의 다루지 않았다.

따라서 더욱 온전하고 더욱 많은 영역을 포괄하여 어떤 한 주제에 온 신경을 쏟을 경우에 모든 이들이 얼마간 갖게 되는 많은 공상(fancies)으로부터 자유로워지기 위한 작품이 되려면 어떤 여지, 어떤 요구가 있는 듯하다. 특정 원칙의 중요성을 소중히 여기는 사람은 존재하지도 않는 것을 알아보고 싶은 유혹을 받을 것이며 만약 그것이 존재하지 않는다면 때때로 원전을 무시한 채 강제로 삽입할 것이다. 특히 연대학을 다룰 때 연대의 불확실성, 그 자체가 작가의 공상(空想)에 따르는 경우는 더욱 그러하다.

연대학적이며 수적인 이 주제에 관한 가장 위대한 작품이 이런 결점들로부터 자유로워지는 것은 아니다. 하지만 그럼에도 불구하고 그 가치는 매우 크다. 그것은 New York의 故 Milo Mahan 박사의 작품이다. 그가 수집한 작품들 전반에 걸쳐 재 발행된 작품 Palmoni[1]는 절판된 지 오래이다. 이 주제에 대한 나의 관심은 상당히 증가하여 많은 값진 예들을 준비하는 것 외에 더욱 깊은 연구를 하게 했다.

현재의 작품이 인간의 우유부단과 분리될 수 없는 이런 결점들이 보완 되는 것이 간절한 바램이다. 어떤 하나의 관점에서 본다면 예들이 계속해서 발견되고 있기 때문에 적어도 작가에게는 기대에 부응하지 못하는 주제가 될 것이다. 게다가 다른 관점에서 본다면 나의 이 작품의 경이로운 것들이 고갈될 수 있으며 그 보배가 날아갈 수도 있다고 가정할 수 있기 때문에 그와 같은 작품이 온전하다고 생각하는 것은 모독이 될 것이다.

그러므로 나는 일반 원칙의 확립과 그것을 설명하는 하나님의 말씀으로부터 몇 가지 예를 제시하는 것에 자족해야 했다. 이런 원칙들의 응용을 확장하는 것과 그것의 예들을 스스로 찾아내는 것은 다른 이들에게 남겨둔 채로 위대한 주제에 대한 본서가 성경 연구생들을 자극하여 노력하게 하고 신자들에게는 거룩한 신앙 안에서 강건해지고 하나님의 완전하심과 책 중의 책(the Book of Books)의 영감을 믿지 않는 자들에게는 확신을 주며 하나님께는 영광과 찬양을 돌리는 데 기여하기를 기원한다.

E.W. 벌링거

---

1) 런던에서 발행된 영국의 무명작가가 지은 *Palmoni* 가 아님.

차례

제2부/ 숫자가 나타내고 있는 영적인 의미

제1부
초자연적인 계획

제1장

하나님의 사역에 나타난 계획

"누가 손바닥으로 바다물을 헤아렸으며,
뼘으로 하늘을 재었으며,
땅의 티끌을 되에 담아 보았으며,
명칭으로 산들을,
간칭으로 작은 산들을 달아 보았으랴?"(사 40 : 12).
"여호와의 행사가 크시니,
이를 즐거워 하는 자가 다 연구하는도다."(시 111 : 2).

수(數)가 없다면 사역도 존재할 수 없고 또한 말씀도 존재할 수 없다. 우리는 인간이 계획이나 의도없이 행동할 수 있고 말할 수 있는 것은 이해할 수 있지만 위대하고 무한한 조물주이며 구속자인 분이 모든 점에서 절대적으로 완전한 그의 말씀과 행사를 갖지 않고 사역하거나 말하는 것은 상상조차 할 수 없다.

"**하나님의 도**는 완전하고"(시 18 : 30). "**여호와의 율법**은 완전하여"(시 19 : 7). 이 둘은 모두 권능의 완전함, 거룩과 공의의 완전함, 계획의 완전함, 실행의 완전함, 그 대상과 목적의 완전함 그리고 우리는 부정할지 모르지만 수적인 완전함이 있다.

"**여호와께서는** 그 모든 행위에 의로우시며 그 모든 행사에 의로우시도다" (시 145 : 17).

정확한 방법으로, 정확한 시간에, 정확한 질서와 정확한 수로 그의 모든 행사는 이루어졌으며 그의 모든 말씀은 말하여지고 기록되었다. "저가 별의 수를 계수하시고"(시 147 : 4). "주께서는 수효대로 만상을 이끌어 내시고" (사 40 : 26). "물을 재어 그 분량을 정하시며"(욥 28 : 25).

그러므로 다윗은 말하기를 "내가 주의 모든 행하신 것을 묵상하며 주의 손의 행사를 생각하고"(시 143 : 5).

모든 하나님의 행사에서 "율법"이라 부르는 것과 율법제정자를 알 수 있을 뿐만 아니라 율법 집행자(*enforcer*)도 볼 수 있다. 우리는 율법에 대해 이야기하지만 그것은 그 자체적으로는 아무것도 아니다. 그것은 생명도 없고 능력도 전혀 없으며 자신을 만들 수도 실행할 수도 없다. 우리가 현실적으로 율법에 대하여 이야기할 때 의미하는 것은 단지 이것이다. 활동하시는 하나님 단순히 율법을 주시거나 제정하시는 것이 아니라 그것을 실행하시고 집행하시는 하나님이시다.

그 분은 완전하시기 때문에 그의 행사와 말씀 역시 완전함에 틀림없다. 그리고 사용된 수가 우연이 아니라 계획적인, 아무렇게나 되는 대로가 아니라 의도적으로 사용되었음을 안다면 행사와 말씀 뿐 아니라 역사하시고 말씀하시는 살아계신 하나님을 볼 수 있을 것이다.

우리 주제의 제1부에서 수의 사용에 대한 계획(*design*)만을 그리고 제2부에서는 의미(*significance*)를 이야기할 것이다. 제1장에서 우리는 하나님의 행사(*works*)에 나타난 계획에 그리고 제2장에서는 하나님의 말씀(*Word*)에 나타난 계획에 우리의 생각을 한정할 것이다.

우리는 각각에 나타난 동일한 계획, 작용하는 동일한 법칙, 각각에 실행되고 있는 동일한 신비스런 원칙들을 볼 때 동일한 위대한 계획자, 동일한 작가가 있다는 것에 우리의 신념은 압도될 것이며 동일한 **솜씨**(Hand), 그의 모든 작품에 새겨 있는 동일한 봉인 말하자면, **그의 말씀**의 매 페이지 위에 동일한 자필 혹은 서명을 볼 수 있다. 게다가 그것은 떼어내거나 제거될 만한 것이 아니라 종이에 잉크 자국처럼 지울 수 없는 것이며 뒤섞여서 너무 깊이 새겨져 있기 때문에 지구상의 어떤 능력도 말소시킬 수 없다.

우선 다음을 보자.

천체
(THE HEAVENS)

여기에서 우리는 주목할만한 방법으로 나타내는 수를 본다. 황도(黃道-Zodiac) 12궁(宮-signs)은 각각 세개의 성좌를 가지므로 모두 36개가 된다. 그리고 12궁까지 합하면 합계 48이다. 그러므로 수 12가 천체에 충만해 있는 이유가 있음에 틀림없다. 왜 12가 지배적인 수가 되었을까? 11 혹은 13 혹은 7 혹은 20은 왜 안되었을까?

그것은 12가 네개의 완전수 중의 하나인 통치적 완전 수(*governmental perfection*)이기 때문이다. 따라서 태양은 "낮을 주관하고" 달은 "밤을 다스리기" 때문에 그것은 천체의 법칙(*rule*)과 연관되어 있다. 그러나 이것의 의미는 앞으로 "십이" 항목에서 생각할 때까지 미루어두어야 한다. 여기 우리 주제의 발단부분에서는 황도 12궁, 36(3×12)성좌[1], 합계 48(4×12); 360(12×30)도에서 나타나는 천체의 큰 원(円)을 분할하는 하나의 일반적 치수 혹은 인수가 있음을 깨닫는 것으로 족하다. 도수(度數)가 처음에 왜 360으로 정해졌는지 아무도 우리에게 가르쳐 줄 수 없다. 그것은 고대로부터 우리에게 전하여 내려 왔으며 일반적으로 아무런 의혹없이 사용된다.[2] 그리고 우리에게 황도년(黃道年 혹은 獸帶年-The Zodiacal year)

---

1) 지금은 다른 성좌도 있다. Hevelius(1611-1687)는 22를 첨가했고, Halley(1656-1742)는 15를 첨가했다. 그러나 모든 사람이 고대성좌와 다르다는 것을 알고 있다. 즉 그 이름들이나 성격과 모든 의미가 다르다는 것을.

2) 아마도 이것은 네개의 수 3, 4, 5, 6에서 왔을 것이다. 그 수들은 기하학적 또는 수학적 과학에 뿌리를 두고 있다는 현상에 왔을 것이다.
3×4×5×6=360 동시에 360×7=2520.

의 12달은 이 황도의 분할에서 온다. 이것은 성경의 예언서에 사용된 년(年)이기 때문에 또한 예언년(the Prophetic year)이라고도 불리운다.[1)]

그리고 여기에는 천체에서 사용된 것과 같은 수의 예가 있다. 십이(*Twelve*)는 충만한 수이다.

연대학 (CHRONOLOGY)

우리 주제의 이 광범위한 부분의 복잡한 문제들을 검토할 필요는 없다. 하나님이 이런 하늘의 시계(time-keeper)들을 인간에게 주셨음에도 불구하고 인간은 그 선물(하나님이 전에 인간에게 주었던 다른 모든 선물들처럼)을 너무 오용(誤用)하여서 년(年)이 실제적으로 어떤 것인지조차 말할 수 없게 되었다. 역사적 사실이 아닌 그들 자신의 수에 대한 가설로 시대에 맞추려는 자들이 더욱 악화시킨 절망적 혼란 속에는 어떠한 주제도 존재하지 않는다.

따라서 우리는 인간의 수의 사용을 피해야 한다. 이 책에서 우리의 유일한 관심은 하나님의 수의 사용에 관한 것이다. 여기서 우리는 계획과 의도를 발견할 것이다. 또한 우리는 확실하고 흥미로 가득 찬 것을 발견할 것이다.

시간의 첫번째 자연적 분할은 숫자 칠(7)에 의해서였다. 일곱번째 날에 하나님은 그의 창조 사역으로부터 안식하셨다.

하나님은 그의 속죄 사역을 보여주는 이스라엘을 위한 의식을 제정하실

---

1) 태양의 공전이 다른 사물과 관계해서 계산함으로서 다른 종류의 또는 상대적 종류의 연(年)이 있는 것이다. 예를 들면; (1) 춘분과 추분과 관계할 때, 같은 주야 평분(춘분과 추분)이 태양에 의해서 재는 시간을 태양년(曆年 혹은 回歸年)이라 불리는데 365°2422414 태양일(혹은 365일 5시간 48분 49.7초)이다. (2) 별과 관계할 때, 어떤 면의 위치로 되돌아오는 시간을 1항성년이라 한다. 그것을 365°253612 태양일(혹은 365일 6시간 9분 9.6초)이다. (3) 태양자체의 공전과 관계할 때 태양이 그 자체가 자기의 위치로 돌아올때의 시간을 근점년이라 하며 365°2595981 태양일(혹은 365일 6시간 13분 49.3초)이라. "근점"이란 말은 불규칙이란 뜻이다. 천체의 운행에 있어서 태양에서부터 처음 불규칙임을 발견했기 때문이다.

때 모든 시간과 계절에서 또다시 일곱(7)으로 나누셨다. 일곱번째 날은 거룩한 날이었고 일곱번째 달은 성스러운 축제의 수로 특히 신성시하였고 일곱번째 해는 토지에 대한 안식년이었다. 한편 7×7년은 희년(the year of Jubilee)을 나타낸다(레 25 : 4,8).

30번의 희년은 출애굽으로부터 일곱번 예언된 "여호와의 은혜의 해"가 공포된(사 61 : 2), 즉 그리스도의 사역의 시작까지이다(눅 4 : 18~21 참조).

이스라엘의 역사 아니 좀 더 정확히 말하면 하나님이 그들을 다루시던 시대의 위대한 상징적 구분은 동일한 수로 나타낸다. 년(年)들의 연속과 연대학적 시대(*dates*) 보다 년들의 지속시간(*duration*) 즉 연대학에서와 같은 일반적 시간의 경과[1]로서의 시간(*χρόνος*, 크로노스) 보다 계절과 같이 하나의 명확히 제한된 시간(*καιρός*, 카이로스)으로 한정한다면 우리는 별 어려움이 없을 것이다.

하나님이 그의 백성을 다스리시는 것은 특정 시대보다 실제적인 지속시간과 관계가 있다. 이스라엘을 통치하신 것을 각각 490년(70×7)으로 이루어진 네 시기로 나눌 수 있다는 것을 알게 된다. 그리하여 아래와 같이 구분할 수 있다.

첫번째, 아브라함부터 출애굽까지.
두번째, 출애굽부터 성전건축까지.
세번째, 성전건축부터 느헤미야의 귀환까지.
네번째, 느헤미야로부터 그리스도의 재림까지.

이것들이 이스라엘의 여호와께서 그들을 다루시는 즉각적인 통치와 관련된 지속시기라는 것을 확실하게 한다. 각 시기에는 하나님께서 그들을 직접 통치하셨던 것이 아니라 그의 손길을 거두시고 그들과 함께 임재하시는 표적없이 그의 백성과 함께 하셨던 시기가 있다.

---

1) 현대 그리스어에서는 *καιρός*는 날씨를, *χρόνος*는 해(年)를 의미하게 되었으므로 두 단어 사이에는 본질적 차이가 보존되고 있다.

	해
1. 실제적인 아브라함의 탄생과 출애굽까지(창 12 : 4 ; 16 : 3 ; 21 : 5)[1)]	505
약속의 씨앗을 지연시켰던 이스마엘이 있었던 15년을 감하면	-15
남는 것은 첫번째 70×7년	490

2. 사도행전 13 : 20에 따라 출애굽부터 성전건립까지[2)]

	해
광야에서	40
사사시대	450
사울	40
다윗	40
솔로몬(왕상 6 : 1, 37)	3
	573

---

1) 아브라함에게 주어진 약속은(창 12 : 4) 그가 75세였을 때이다. 율법은 430년 후에 주어졌다.(출 12 : 40 ; 갈 3 : 17) 그러나 430년 더하기 75는 505년이나 490년에 15년 초과이다. 우리는 505년을 이루고 있는 한 부분으로서의 15년의 차이를 어떻게 설명해야만 하는가? 그 해답은 아브라함이 75세였을때 가나안으로 떠난 것(창 12 : 4)에 있다. 이스마엘은 그 후 10년 뒤에 낳았으므로(창 16 : 3) 이스마엘 출생시 아브라함은 85세였다. 하지만 그는 이삭을 낳았을때 100세였다(창 21 : 5). 그러므로 이스마엘이 약속된 아들의 자리를 빼앗고 차지했던 기간은(100－85＝15) 15년이 되며 505에서 15를 감하면 490이 남는다. 여기에서 우리는 첫번째 칠십의 칠년을, 그리고 첫번째 차이(gap) 15년을 갖게 된다.

2) 13 : 20에 의하면 실제 햇수는 573이었다. 그러나 왕상 6 : 1에는 "이스라엘 자손이 애굽땅에서 나온지 사백팔십년이요… 솔로몬이 전 건축하기를 시작하였더라" 그래서 주석가들은 책이 틀렸다고 즉시 결론지었다. 그들이 틀렸을 것이라는 것을 깨닫지 못한 것처럼 보인다 하지만 그 수는 기수가 아니라 서수이기 때문에 그들이 틀렸다. 사백 팔십년이 아니라 "사백 팔십번째"이다. 그러면 어디에서부터 혹은 무엇의 480번째라는 것인가? 다른 이들의 손에 그의 백성을 "팔아 넘긴" 93년을 감하면 하나님이 통치하신 지속기간이 된다. 그러므로 왕상 6 : 1과 행 13 : 20 사이의 모순은 없다. 사도행전의 실제적 햇수는 기수로 표현되었고 열왕기서에서의 계산은 서수로 이루어졌으며 하나님이 그의 백성을 통치하시는 질서에 따라 정해진 해로 불리운다. 아직 몇몇 이들은 옳다고 생각하는 것을 실현시키기 위해 행 13 : 20의 영감을 반박하고 여러 방법을 모색하고 있다. R. V는 문제점을 결국 해결하지 못한 고대 구두법을 채택하고 있다. 한편 권위에는 의심이 가지만 왕상 6 : 1의 말씀이 대변자의 주석(Speaker's Commentary)으로 괄호안에 기록되었다.

여기에서 포로생활을 빼면 해수

구산 리사다임(삿 3 : 8) …… 8

에글론(삿 3 : 14) …… 18

야빈(삿 4 : 3) …… 20

미디안(삿 6 : 1) …… 7

블레셋(삿 13 : 1)[1] …… 40

93

남는 것은 480

여기에 성전 완공기간을 가해야 한다(왕상 6 : 38) …… 7

최소한의 모든 치장과 마감 기간(왕상 12 : 13-51)[2] …… 3

모두를 합하면 두번째 70×7년 490

3. 성전 봉헌부터 아닥삭스다왕 20년 느헤미야의 귀환까지 (느 2 : 1) …… 560

바벨론에서의 70년간 포로생활을 빼면(렘 25 : 11, 12 ; 단 9 : 2) − 70

남는 것은 세번째 70×7년 …… 490

4. 느헤미야의 귀환부터 기름 부음받은 자 곧 왕이 일어나기까지(단 9 : 24~27)

"일곱 이레"(7×7) …… 49

"육십 이 이레"(62×7) …… 434

483

이 "후"에 메시야가 일어난 후 하나님께서 그의 백성 이스라엘을 재통치 하실 때 도래할 1890년 이상이 되는 영속

---

1) 삿 10 : 8의 18년은 요단 한편에서의 블레셋 사람들에 의한 학대와 아모리 땅 요단 저편에서의 학대를 합한 40년 억압의 일부분이었다.

2) 왕상 8 : 2를 보면 성전이 여덟번째 달에 완공되었지만 일곱번째 달에 봉헌되었다. 따라서 같은 해일 리가 없으며 왕상 7 : 13~51에 기록되었듯이 내부공사의 완성에는 족히 3년이 걸렸을 것이다.

적 현재의 휴거 기간(present interval)이 오는 "한 이
레"[1)] $\frac{7}{490}$

그러므로 숫자 칠(7)은 하나님의 예언의 영적 완전을 나타냄으로써 성경의 시대와 시절에 인각되어 있다.

자연
(NATURE)

우리는 자연의 여러 분야에서 작용하는 동일한 법칙을 보고 있다. 때로는 한 숫자가 지배적 요소가 되기도 하고 때로는 다른 것이 그러하다. 자연에서 칠(7)은 과학이라 불리우는 특별분야를 구성하는 대부분의 개체를 분류하는 유일하게 가능한 방식으로 나타내어 진다. 우리는 동물과 식물에 일곱(7)가지 분류를 한다. 동물의 한 예(개) 그리고 꽃의 한 예(장미)를 보자.

I. 계(界)	동물계	식물계
II. 아계(亞界)	척추동물문	꽃식물, 현화식물
III. 강(綱)	포유류	쌍떡잎식물
IV. 목(目)	식육류	장미류
V. 과(科)	개과	장미과
VI. 속(屬)	개	장미꽃
VII. 종(種)	애완용개	월계화

---

1) "한 이레"는 미래에 있을 것이다. 왜냐하면 메시야가 일어난 후 다가올 왕도 유대와의 어떤 약속도 "한 이레 중에" 중단될 희생이나 봉헌물도 없기 때문이다. 특히 "오실 왕"의 사역에 대해서 이야기하고 있다. 단8:11을 보라. "작은 뿔"의 행위(11:31) "사악한 인간(동일인의 다른 이름들)"의 사역(12:11). 앞의 문장들은 동일인의 사역이며 그 사람은 그리스도가 아니라 적그리스도이다. 또한 메시야는 "육십 이 이레" 후, 즉 세 구분기간 중 둘째의 끝에 일어나셨다. 이는 세 구분기간 중 셋째의 "중간에"발생할 사건과 같을 수 없다. 예언에 나타난 그 차이는 본질적으로 매우 현격하여서 두번째 기간의 끝 "이후에" 발생하리라 언급된 사건과 세번째 기간의 중간에 발생할 사건을 동일하게 성급히 간주하므로써 혼란을 일으키는 것은 불가능하다. 전자에서 창조한 하나와 후자에서의 세개를 합하여 후자의 네가지 뚜렷한 기술(記術)로 하는 것—이것은 하나님의 말씀의 이런 성급하고 부당한 취급을 요구하는 해석 체계는 자책적인 것이다.

식물계
(THE VEGETABLE KINGDOM)

여기에는 모두 법칙과 질서가 있다. 여러 분류를 결정하는 많은 경우에 숫자가 사용된다. 단자엽 식물(Endogens)에서는 삼(3)이 주된 수(a prevailing number)인 반면 쌍자엽 식물(Exogens)은 오(5)가 주된 수이다.

옥수수의 낟알은 일반적으로 직선 방향의 열(列)로 열린다. 이 열들은 늘 짝수로 배치된다. 결코 홀수가 아니다! 그것은 8, 10, 12, 14, 16열로부터 때로는 24열로 이만큼 높은 범위까지도 분포한다. 하지만 5, 7, 9, 11, 13과 같은 홀수의 열은 결코 분포하지 않는다. H.L.Hastings 씨는 27년간 홀수 열을 가진 옥수수를 찾으려 했으나 찾지 못한 한 농부에 대해 얘기한다. 예전에 한 노예가 있었는데 그는 기수열의 옥수수를 발견하면 자유를 줄 것을 요구했고 마침내 발견하였다. 하지만 그는 얼마전에 옥수수가 미숙할 때 한 열을 조심스럽게 잘라 내고 그것을 묶어서 부분들이 함께 자라 개량된 옥수수를 만들어 마침내 기수열을 가진 현상을 나타내게 되었다. 이 예외는 재미있는 방법으로 법칙을 증명한다.

식물의 줄기에 나뭇잎들이 어떻게 자라는 지를 주의깊게 본다면 식물의 본성과 특성을 분류할 때 보여지는 법칙 뿐만 아니라 그것의 배열과 배치에서 관찰되는 수도 발견할 수 있다. 어떤 것은 교대로 위치하고 또 어떤 것은 반대편이 다른 것들을 나선형으로 배열된다. 하지만 각 경우에 모두 완전한 질서가 있다.

하나의 나뭇잎이 같은 줄 바로 위에 위치하는데 사과는 다섯번째 잎, 떡갈나무는 네번째, 배(梨) 등은 여섯번째, 호랑가시나무 등은 여덟번째이다. 하지만 첫번째 잎 바로 위에 여덟번째 잎이 오기 전에 두번의 나선을 돌아야 한다.

낙엽송은 스물한번째인데 첫번째 잎 바로 위에 스물한번째 잎이 위치 하려면 나선을 여덟번 돌아야 한다.

명확히 배가하는 예들은 우리의 주제의 자연적 의도였다. 우리는 하나님의 말씀을 찾는데 갈망하고 있다. 그렇게 함으로써 율법의 작용과 율법의 집행자의 임재하심을 충분히 설명할 수 없지만 단지 그의 사역의 표면이라도 만질 수 있다.

생리학
(PHYSIOLOGY)

생리학을 설명하기 위해서는 여러 분야가 요구되지만 여기서는 커다란 감명을 주었던 수 칠(7)에 대해서 살펴보기로 한다. 인간의 수명은 "칠십(7×10)"이다. 칠(7)년 후에는 우리 인체 구조가 변화하게 된다. 우리는 "인간의 일곱 시기"를 잘 알고 있다.

Philo는 이 일곱 시기를 일곱개의 헬라어를 사용하여 말하였다.

1. 유아기(*παιδίον*, 파이디온, child).
2. 아동기(*παῖς*, 파이스, boy).
3. 청년기(*μειράκιον*, 메이라키온, lad, stripling).
4. 성년기(*νεανίσκος*, 네아니스코스, young man).
5. 장년기(*ανήρ*, 아네르, man).
6. 갱년기(*πρεσβυτης*, 프레스뷔테스, old man).
7. 노년기(*γέρων*, 게론, aged man).

또한 여러 시기의 형성은(gestation) 일(日)이나 주(週)에 주로 **칠**(7)의 곱으로 된다.

곤충 종류에서 말벌이나 꿀벌의 알은 일곱(7) 반일(半日)만에 깐다. 반면 다른 것들은 칠일 전부가 필요하다. 대부분의 곤충은 14(2×7)일에서 42(6×7)일이 필요하다. 애벌레 상태에서도 동일하게 적용이 된다.

동물의 형성시기는

쥐가 21(3×7)일,

토끼와 시궁쥐가 28(4×7)일,

고양이가 56(8×7)일,

개가 63(9×7)일,

사자가 98(14×7)일,
양이 147(21×7)일이다.
그리고 **조류**의 형성시기는
암탉이 21(3×7)일,
오리가 42(6×7)일이다.

그리고 **조류**의 형성시기는 암탉이 21(3×7)일, 오리가 42(6×7)일이다. 이에 반하여 인간은 280(40×7)일이다.

더군다나 인간은 소위 칠(7)일 원칙(the seven-day principle)에 영향을 받는 것 같다. 많은 질병중에 일곱번째, 열네번째 그리고 스물한번째 날이 위기의 날이다. 그렇지 않은 것들은 칠(7) 또는 14의 반일(半日)이다. 칠(7)일 원칙에 의한 인간의 박동이 칠일 중 육일동안은 저녁보다 아침이 더 빠르며 칠일째 날은 더 늦다고 Stratton박사는 지적하였다. 따라서 숫자 칠(7)은 생리학에도 인각되어 있으며 인간은 칠(7)일 중에 하루는 쉬어야 한다는 것을 환기시켜 준다. 인간의 생활 속에 그것을 합쳐 놓았기 때문에 이 법칙을 위반하지 않아야 무사할 수 있다. "나는 내가 편할 때 쉬겠다"-열흘 중에 하루, 또는 불규칙적으로, 혹은 전혀 쉬지 않는-고 말할지도 모른다.

그가 8일 주기의 시계에 대해 "이것은 내 것이니까 내가 편할 때 감아 줄 것이다"라고 얘기하는 편이 낫다. 그러나 그가 정해 놓은 원칙에 따라 최소한 8일에 한번씩 태엽을 감아 주지 않는다면 그 시계는 시계로서 무용지물이 될 것이다. 인체도 그러하다. 하나님의 율법에 따라 쉬지 않으면 조만간 그는 강제적으로 "안식일을 지키게" 될 것이고 하나님의 명령에 따른 정기적 시간간격을 갖지 않는 인간은 즉시 인간의 명령에 따르는 휴식을 가져야 한다. 하나님은 인간에게 일년에 52일의 휴식을 주셨고 인간 스스로 얻을 수 있는 며칠간의 대용물(change)은 빈약하기 때문에 이런 경우 하나님은 인간 스스로 얻을 수 있는 것보다 더 많은 것을 주신다. 하나님의 방법을 개량하는 것은 모든 인간의 시도 같은 것이다.

그러나 생리학이나 자연사(自然史)에서 주된 요소가 언제나 칠(7)인 것은 아니다.

벌의 경우에는 그 현상들이 충만한 수는 삼(3) ; (three)이다. 3일이 지나면 여왕의 알이 깨어진다. 벌은 구(9)일동안 먹이며(3×3) 15일이 지나면 성숙하게 된다(5×3). 그리고 21일이 지나면 일벌이 될 만큼 성숙해지고(7×3), 봉방(cell)에 남겨진 후 3일을 계속 일한다. 그리고 24일 후에는 수펄로 성숙한다(8×3).

벌은 머리와 2개의 배로 이루어져 있다.
두 눈은 벌집의 방과 같이 여섯 면(2×3)을 각각 가지고 있는, 약 3,000여개의 작은 눈으로 구성되어 있다.
몸통 밑에는 벌집을 만드는데 쓰는 여섯 개(2×3)의 밀납 조각(wax scales)이 있다.
벌은 여섯 개(2×3)의 다리가 있고 각 다리는 세 부분으로 이루어져 있다.
발은 삼각형 모형을 이루는 세 부분으로 구성된다.
더듬이는 아홉(3×3) 부분으로 이루어진다
침(針)은 좌우 한편에 각각 아홉(3×3) 개의 미늘(barb)을 가진다.

이것은 계획된 것일까? 아니면 우연일까? 왜 다른 수 대신에 삼(3)이어야 했을까? 그것은 아무도 모른다. 우리는 단지 그 초자연적 법칙의 경이로운 작용을 관찰하고 계획의 완전함을 찬양할 뿐이다.

화학
(CHEMISTRY)

여기에서 우리는 끝없는 발견들을 하고 있는 연구의 한 분야와 접하게 된다. 화학은 과학이라는 이름으로서 가치있는 것이다. 여기에는 이른바 과학으로부터 그 명칭을 빼앗을 어떠한 가설이나 학설도 없다. 과학은 안다는 뜻을 가진 지식(Scientia)에서 유래하였으며 우리가 알고 있는 것은 절대로 바꿀 수 없는 진리이다. 예를 들면 화학은 구 학설이 신 학설로 계속해서 대체되는 지질학 같은 것과는 다르다. 어떤 물질의 작용을 알고 있다면 우리의 지식은 바뀌지 않지만 이 변할 수 없는 진실과 함께 새로운 진실의 영속적 발견은 병존한다.

모든 물질은 더 이상 쪼갤 수 없는 구성 성분이 있는 여러 요소의 어떠한 결합으로 이루어진다. 이 요소들은 완전히 단순한 것이 아니라 지금까지 더 이상 분해할 수 없는 요소들이다. 이것들 중에서 몇 가지는 고대로부터 알려져 왔으나 다른 것들은 근간에 발견되었다. 그러므로 그 수는 점차 증가하고 있다. 1874년에는 64개였고 현재는 약 70개이다.

전체적인 숫자는 아직 알 수 없지만 배열시키는 법칙은 발견되었다. 이 법칙은 복잡하지만 완전한 것이다.

1) 모든 물질에 자기(磁氣)를 띠게 하면 두 종류로 나누어진다. 한 종류는 자력선(남북방향)의 직각 방향인 동서방향으로 즉시 분포되고 이를 반자성체(즉, 자기를 통하는)라 부른다. 한편 자극에 평행한 면(남북방향)에 다른 것들이 분포되는데 이를 상자성(즉, 자석의 끝에)이라 한다.

2) 조금 더 깊이 관찰하면 이 요소들의 다른 특성을 알 수 있다. 다른 원소의 오로지 한 원자와 결합하는 것, 이른바 1가(價)원소, 다른 원소의 두 원자와 결합하는 것을 2가원소, 다른 원소의 세 원자와 결합하는 3가원소, 네 원자와 결합하는 4가원소 등이다.

3) 이제 원소들을 배열해 보면, 우선 상자성과 반자성에 따라 분할선으로 두 면을 나누고, 1가원소, 2가원소 등의 특성에 따라 줄을 긋는다. 그 후에 그들의 원자량[1]의 순서에 따라 배열한다. 그 결과는 경이로운 법칙의 출현과 작용을 나타내는 것을 삽화에서 알 수 있다.

이 표를 주의깊게 검토해 보면,

1) 중앙선의 오른편에 있는 것, 일곱 원소의 교차군이 있고 이 일곱 원소는 내향적 형태(1가원소는 1가원소와, 2가원소는 2가원소와 합치하는 그룹을 띠게 된다. 따라서;

---

1) 원자량도 다른 원소들이 결합하는 것에 의하면 최소량이다. 예를 들면 원자량 2인 수소는 원자량 16인 산소와 결합하여 물을 형성한다. 또한 원자량 12인 탄소와는 2대 12(또는 1 : 6)의 동일 비율로 결합한다. 이를 원자량 또는 "결합부분(combining proportions)"이라 한다.

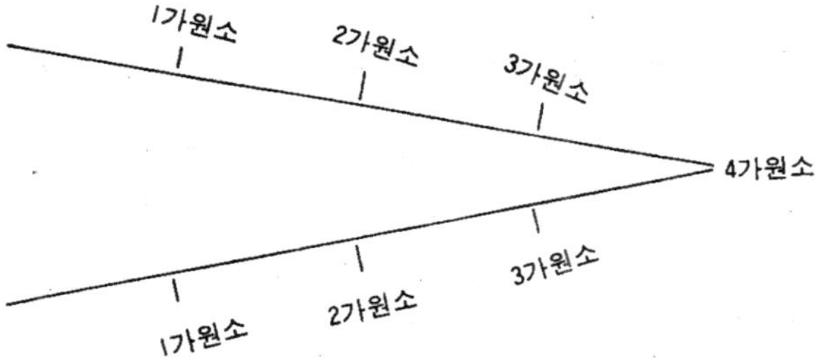

그리고 반대편은 일곱 원소의 군이 반대 방향이지만 같은 방법으로 배열되어 있다.

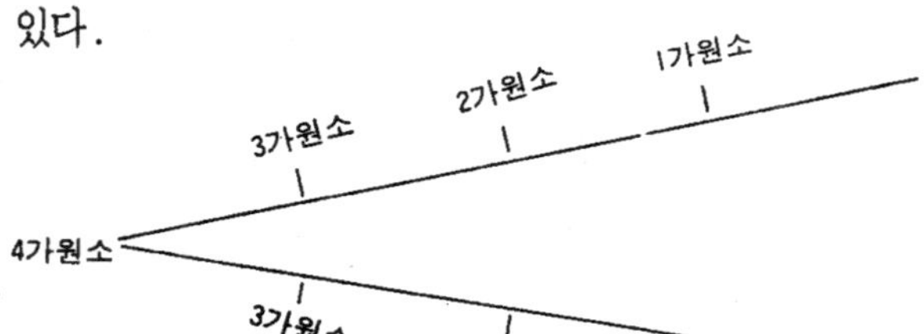

그러므로 전체적인 일련의 배치에 교차된 일곱 원소의 내향성을 알 수 있다.

2) 다음에는 오른쪽에서 왼쪽까지 위로 선들이 가로지를 때마다 원자량 60, 100 그리고 190 근처에서 함께 나타나는 세개의 중성원소의 군이 있는 것을 보라. 그 법칙은 너무 완전하기 때문에 발견자들은 20과 155지점, * 표시된 지점에 세 원소의 두 군이 발견되리라 믿고 있다.

3) 또한 왼쪽에서 오른쪽까지 위로 가로지르는 선들에는 중앙선상에 어떤 원소도 있지 않은 것을 보라. 그러므로 우리는 어떠한 것이 발견되리라고 기대하지 않는다.

4) 원자량 145위의, 빈채로 있는 공간을 채울 원소들의 발견을 기대해 보라. 몇 년전에는 그 수가 64에 머물러 있었지만 현재의 목록은 69에 이른다. 최근에 발견된 원소들은 이런 예고에 기인하였다. 세륨 141.5, 네오디뮴 140.8, 프라세오디뮴 143.6, 미테르븀, 173이 그것들이다. 앞으로 발

뉴랜즈-멘델레제프드 주기법칙에 의한 레이놀드의 원소곡선

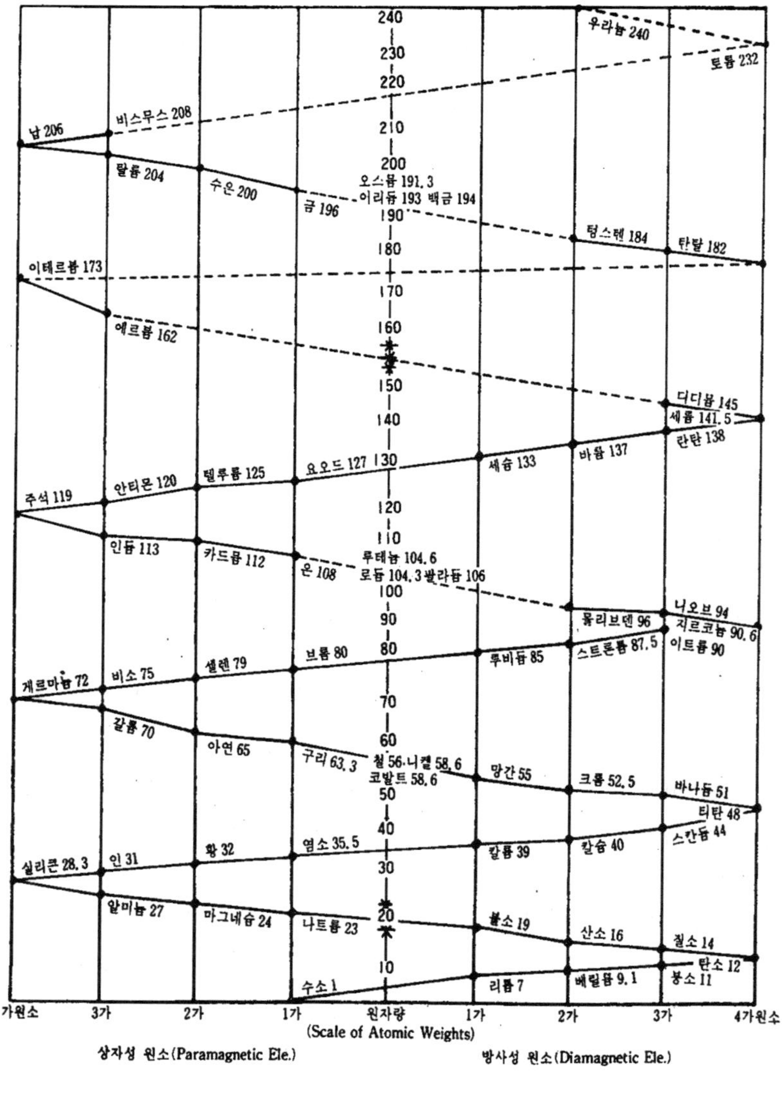

견될 이러한 다른 원소들이 남아 있는 공간을 채워줄 것이다.

5) 원자량 147까지는 철(7, 혹은 그와 가까운)의 배수인 원소가 있으나 대부분의 다른 원소들은 평방수(혹은 평방수의 배수), 11의 배수, 또는 입방수의 배수이다. 실제로 모든 중요한 원소는 4 또는 7의 배수로 되어 있다고 말할 수 있다. 예를 들면 가장 가치있는 금속인 금은 196(4×7^2)이다. 가장 유용한 금속인 철은 56(7×2^3), 은은 108(4×27 혹은 $2^2\times3^3$), 구리 63(7×9), 탄소 12(3×4), 수은 200(4×50), 비스무트 208(4×52) 등.[1)]

6) 느브갓네살이 꿈에서 보았던 형상의 모든 부분들이 여기에 있는 것에 주목하라. 그것들은 모두 왼쪽, 반자성 원소에 위치한다. 다시 말해서 하나님의 통치선상의 반대(cross) 의지에 있는 것이다. 순수하고 혼합되지 않은 세 원소—금, 은, 동—는 모두 1가원소 선상에 있지만 네번째 "철"은 종교적이면서 동시에 적그리스도적인 네번째 권력과 같은 이 쪽도 저 쪽도 아닌 중앙에 위치하고 있다. 가장 무거운 것이 맨 위에, 가장 가벼운 것이 맨 밑에 위치하는데 이는 마치 꼭대기가 무거운 신상이 더 이상 지탱할 수 없는 운명이라는 것을 보여 준다. 세 가지는 이미 지나갔고 네번째의 종말이 다가오고 있다. 머지 않아 이교도에게 인정된 "권력"이 "권력을 가진" 그에게 주어질 것이며 다섯번째 군주(다른 모든 것이 유래한 반석으로 표현된)가 이 세상의 왕국들이 주와 그리스도의 왕국이 될 때 모든 것을 삼킬 것이다.

그리하여 그 물질의 원소들은 모두 수와 법칙에 따라 배열되었다. 이 법칙이 처음으로 발표되었을 때 어떤 화학자들에게는 그것이 알파벳 순의 배열이 과학적 또는 당연한 순서가 될 수 있다는 제안과 같이 터무니 없는 것으로 보였다.

그러나 여기서 우리는 당연질서, 아니 좀 더 정확히 하나님의 질서가 있다고 말해야 한다. 하나님이 주신 원자량과 특성에 따라 배열하였을 때 그 원소들의 경이로운 질서가 있다는 것을 알 수 있다. 여기에는 인간의 공상을 위한 조금의 여지도 없으며 모든 것은 지식, 이른바 과학의 결과이다.

1) 다른 원소들은 이러한 숫자들의 정확한(exact) 배수가 아니지만 거의 정확하기 때문에 인정된 원자량이 조금 불확실한 것은 다른 차이점들로 설명할 수 있다.

음과 음악
(SOUND AND MUSIC)

음(音)은 공기의 진동에 의해 귀에 발생하는 효과이다. 이런 진동이 빠르거나 늦음에 따라 음조(音調)의 높이가 높거나 낮아진다. 그것이 너무 느리거나 음악적 소리를 만들기 위해서 충분히 규칙적이거나 연속적이지 않을 때 우리는 그것을 소음이라 부른다.

각 음조에 맞는 진동수를 맞추기 위해 오랫동안 실험을 하여 완성하였다. 물론 우리는 실험을 통하여 각 음조 사이의 진동수의 차이를 쉽게 계산할 수 있다.

이것을 1834년 Stuttgart에서 마침내 해결하였다. 그것은 1859년 빠리음악학교(the Paris *Conservatoire*)에 의해 채택되었지만 영국에서는 예술협회(the Society of Arts)에 의해 1869년이 되어 비로소 채택되었다. 아래 그림은 도(*Do*)를 기준으로 각 음조의 밑에는 진동수와 음조간의 차이를 나타낸다.

그림의 맨 윗줄에 음조의 바로 밑에 있는 것은 그 음의 진동수이다. 진동수 사이의 괄호 안은 진동수 사이의 차를 나타낸다. 맨 밑줄의 것은 단지 각 진동수의 요소(factor)이다.

윗 그림을 검토해 보면 십일(11)이라는 수가 음악과 깊은 연관이 있다는 것을 즉시 알수 있다. 또한 한 음계는 일곱 음조로 되어 있으므로 칠(7)을 말할 수도 있다(여덟번째는 첫번째 것이 반복되므로).

각 음조에 해당하는 진동수는 십일(11)의 배수이며 각 음조간의 차이 또한 십일(11)의 배수이다. 이러한 차이가 언제나 같은 것은 아니다. 온음과 반음에 대해 이야기해 보자. 온음이 모두 엇비슷해 보이고 반음이 모두 엇

비슷해 보이지만 그렇지 않다. 반음 미(*Mi*)와 파(*Fa*)[1]의 차이는 22이지만, 다른 반음 시(*Si*)와 도(*Do*)의 차이는 33이다. 예를 들어 온음 도(*Do*)와 레(*Re*)의 차이는 33이지만, 파(*Fa*)와 솔(*Sol*)은 22, 솔(*Sol*)과 라(*La*)는 44, 라(*La*)와 시(*Si*)는 55이다.

귀는 어느 정도의 한계 내에서만 이 진동수를 뇌로 보내고 간파할 수 있다. 모든 귀는 작은 하프와 같이 약 일만 개의 현을 가진 미세한 기관을 가지고 있다. 이 기관은 이태리의 Corti에 의해 발견되었으므로 "Corti 기관"이라 불리워졌다. 소리가 발생하면 이 작은 하프의 그것에 상당하는 현이 진동하고 그 인상을 뇌로 전달한다. 막대한 수의 이 작은 현들을 어떤 한계내에서 모든 가능한 소리를 전달한다. 우리가 음계에서 보았듯이 그 진동수 범위는 264이다. 개개가 차이가 있으므로 음계에는 실제적으로 264개의 음조가 있지만 귀는 그 모두를 간파할 수 없다. 숙련된 바이올린 연주자는 숙련되지 않은 귀를 가진 보통 사람보다 더 많은 것을 간파할 수 있다. 피아노의 기계적 작동은 이런 음조들 중 12가지만 나타낼 수 있다. 바이올린은 더 많은 수의 음조를 생성할 수 있으므로 악기로서 더욱 완전하다. 하지만 인간의 음성만은 못하다. 하나님이 창조하신 인간 음성의 경이로운 구조는 인간이 만들 수 있는 모든 악기보다 월등히 낫다.

---

1) 이 개념을 사용하는 것은 기록할 만하고 기억할 만하다.(우리의 주제와 거의 상관이 없지만) 그것의 기원은 현재 *Solfeggio*(음계연습)라 한다. 음악의 첫 여섯 선이 음계에 각각 연속되는 첫 여섯 음조에 시작되는 이 특성은 세례요한에 대한 중세의 찬송에서 유래하였다. 그러므로 각 선의 처음 음절은 그 다음 선의 처음 음절보다 일도 높여 불리웠다.

Ut–*queant laxis*
Re–*Sonare fibris*
Mi–*ra gestorum*
Fa–*muli tuorum*
Sol–*ve polluti*
La–*bii reatum*
Sancto–Iohannes

점차적으로 이 음절들은 각 음조와 친숙하게 되고 동일시하게 되었고 각 음절이 모음으로 끝나기 때문에 음성의 사용에 특별히 채택된 것이다. 따라서 *Ut*는 인위적으로 *"Do"*로 대체되었다. Guido of Arezzo 11세기에 이를 처음으로 채택하였고 17세기 프랑스 음악가 La Maire는 일련의 한 음계를 완성시키기 위해 일곱번째 음 *"Si"*를 첨가했다. 이것은 아마 이 줄 두 단어의 첫 머리 글자 S와 I를 따라 만들었을 것이다.

귀가 간파할 수 없는, 들을 수 없을 만큼 느린 진동들이 있지만 그것을 눈으로 볼 수 있는 장치를 고안해 냈다. 코드가 부착되고 진동시킬 수 있는 얇은 금속 원판 위에 모래를 던져 놓으면 모래는 곧 완전한 기하학적인 형태로 배열이 될 것이다. 그 형태는 진동수에 따라 변할 것이다. 이를 "클라드니의 형상"(Chladni's figures)이라 한다. 유리 위의 젖은 회반죽이나 딱딱한 표면의 젖은 수성물감은 음성이나 코르넷(트럼펫과 유사한 악기)의 소리에 따라 진동할 것이며 그 음조의 높낮이에 따라 여러 종류의 형상—기하학적 꽃무늬와 식물의 무늬, 어떤 것은 양치류, 다른 것은 잎과 조개의 형상을 닮은—을 상상할 수 있다.

"진자도(振子圖—Pendulograph)"는 귀로 완전히 들을 수 없는 소리의 낮음을 나타냄으로써 이런 진동을 눈으로 볼 수 있게 해주는 또 다른 장치이다. 진자의 한편에는 펜을 부착시키고 다른 편에는 종이를 붙인 후 이를 서로 직각 방향으로 회전시켜 준다. 각 진자는 동일한 길이에 모일 때(동시에 같은 진동수를 만들므로) 펜에 의해 만들어지는 형상은 완전한 원형일 것이다. 그러나 이 길이(또는 진동)가 변하면 그려지는 형상은 경이로울 만큼 훌륭하고 그것들의 변화와 형태는 거의 무한하다.

Corti기관도 수천 개의 미세한 진동현을 가지고 있음에도 불구하고 그 지각 능력에는 한계가 있다. 이 기관이 완전하거나 잘 형성되었을 때 "음악에 적합한 귀"라 하고 그렇지 않은 대다수의 경우에 "음악에 적합하지 않은 귀"라 한다. 이것은 소리를 뇌로 정확히 전달하지 못하는 사람의 경우에 이 기관이 결점이 있고, 완전히 개발되지 않았거나 잘못 형성된 것을 의미한다.

따라서 **"귀를 지으신 자"**(시 94 : 9)라는 말씀에는 엄숙하고 중요한 진리가 있다. 얼마나 놀라운 창조인가!

모두가 이렇게 특별한(음악적인) 귀를 가지고 있지는 않다. 그리고 천성적으로 하나님의 일을 구별할 수 있는 귀를 가지고 있는 사람은 아무도 없다. 영적인 귀는 하나님의 직접적인 은사요 창조이다. 그러므로 "귀를 가진 자", 즉 하나님이 만드신, 하나님이 주신 귀를 가진 자만이 성령의 일들을 들을 수 있다. 그런 영적인 일들을 "들을 수 있는 귀"는 음악에 적합한 귀보다 더욱 위대한 실재이며 무한히 크신 은사이다. 오 놀라운 귀여! "듣는 귀"를 주시는 이는 하나님이시다(잠 20:12). 하나님께서는 듣는 귀를 일깨우시며(사 50:4), 귀를 열어 주신다(사 50:5). 본성의 귀는 영적인 소리를 듣지 못한다. 그것들을 식별할 수 없다(사 64:4, 고전 2:9). 그러므로 자연과 은총은 서로 설명하며 어떤 "Corti 기관"보다 더 미묘하고 감각으로 들을 수도 볼 수도 없는 소리를 간파할 수 있는 은밀한 귀가 있다는 위대한 사실을 밝혀 준다. 그리고 귀를 가진 자들을 다음과 같이 이야기 할 수 있게 한다.

> "음악보다 더 달콤한 소리를 안다네
> 임마누엘의 이름 속에 있는 내가 얼마나 향기로운가
> 그의 신뢰하심으로 나의 영혼은 은혜를 입었네
> 그의 나심과 십자가와 수치로 인하여."

색채
(COLOUR)

소리는 공기의 진동으로 생성되듯이 색깔은 빛의 진동으로 인하여 생성된다. 둘 사이에는 상호 관련이 있어서 어떤 특별한 색깔은 음악의 어떤 특별한 음조와 대응한다.

따라서 일곱 가지의 음악적 소리의 소리들은 일치하는 일곱 가지의 색깔이 있으며 조화되는 색들과 잘 어울린다는 것을 알 수 있다. 반면에 색의 부조화는 음악의 부조화와 잘 어울린다.

음악과 색채에 있어서 칠(7)은 삼(3)과 사(4)로 나누어진다. 다른 모든 것이 유래하는 첫 세(3) 색과 두번째 네(4) 색은 삼현(Tri-chord) 또는 범현(Common chord)이라 불리우는 첫 세(3) 음과 두번째 네(4) 음과 상응한다.

이 주제는 너무 난해하기 때문에 여기에서 더 이상 확대시킬 수가 없다. 하나님의 사역 안에서는 모든 것이 수와 계획에 있어서 완전한 조화, 질서와 균형이 있다는 것을 보여줌으로써 충분하다. 실제적이고 경이로운 방법으로 각각 상응하고 있다.

이제 하나의 큰 질문이 있다. 우리는 하나님의 모든 사역중에 가장 위대한 것, 즉 그의 말씀 가운데 같은 현상을 발견하는 것을 기대하지 못하는 것일까? 어떤 의미에서 가장 위대한 것이 아닐지라도 우리에게 그 중요성은 가장 위대한 것이다. 계획에 있어서 똑같이 일치하는 완전함을 그 안에서 발견한다면 우리는 똑같이 신비스런 서명을 그 전체를 통하여 알 수 있다. 그리고 그 진실과 약속과 교훈은 우리에게 엄숙함과 힘의 증가로 다가온다. 성경의 말씀은 하늘의 별과 대화하기 때문이다.

"우리를 지으신 손은 신성하다."

제2장

하나님의 말씀에 나타난 계획

다니엘 8 : 13에 보면 "내가 들은즉 거룩한 자가 말하더니 다른 거룩한 자가 그 말하는 자에게 묻되 이상에 나타난 바 매일 드리는 제사와 망하게 하는 죄악에 대한 일과 성소와 백성이 내어준 바 되며, 짓밟힐 일이 어느 때까지 이를꼬 하매"라고 기록되어 있다.

여기에 어떤 미래의 예언적 사건에 대한 계시는 거룩한 것, 즉 거룩한 천사에 의해서 다니엘이 기록했다. "다른" 천사가 수-"어느 때까지(How long)"-에 관한 질문을 했다. "어떤 거룩한 자"란 이름은 히브리어로 그 의미와 함께 여백에 적혀 있다. 그의 이름은 "PALMONI"이며 그 뜻은 "비밀을 세는 사람" 또는 "훌륭히 세는 사람"이다.

그러므로 수와 관계있는 직분을 가진, 적어도 하나의 거룩한 천사가 있는 것이다. 따라서 수와 그 비밀은 하나님의 사역에서 뿐만 아니라 말씀에서도 중요한 위치를 차지하고 있다. "훌륭히 세는 사람"(PALMONI)은 그것들을 주재하며 하나님의 일들로 알려진 것을 준비하는 위치에 있다.

이것은 확실히 계획적인 것처럼 보인다. 만일 그렇다면-장차 일어날 계시된 사건의 "나날(days)"이 세어졌을 뿐만 아니라 말씀(*words*) 그 자체도 세어졌다면—하나님 말씀의 거룩하고 축어적(verval), 문자적(literal) 영감의 위대하고 경이로운 증거가 될 것이다.

"일을 숨기는 것은 하나님의 영화요 일을 살피는 것은 왕의 영화니라"(잠 25 : 2). 따라서 하나님 말씀의 비밀을 캐내는 것은 고귀하고 고결한 작업을 하는 것이다.

"여호와의 행사가 크시니 이를 즐거워하는 자가 다 연구하는도다"(시 111 : 2). 물론 이것은 하나님이 그의 "비밀스러운 일"(secret things)이라 부르는 것을 찾으려고 노력하는 것과는 전혀 다른 것이다.

"오묘한 일은 우리 하나님 여호와께 속하였거니와 나타난 일은 영구히 우리와 우리 자손에게 속하였나니"(신 29 : 29). 우리의 연구는 밝혀진(*revealed*) 것에 제한해야만 한다. 하나님이 기쁘게 여기시는 것을 밝히는 것이 아니라 비밀을 지키면서 우리는 해야 할 일이 아무것도 없을 뿐만 아니라 그것에 대해 생각하며 추측하는 죄를 범한다. 하나님이 밝힌 일들의 연구를 소홀히 하는 자가 되는 것을 알 수 있을 것이다.

"수"가 없이는 말씀도 사역도 있을 수 없다. 우리가 풀어야 할 문제는 이것이다. 수가 계획적으로 사용된 것인가 아니면 우연히 사용된 것일까?
하나님께서 그것을 분명히 사용하신다면 무한한 지혜와 영화로운 완전이 함께할 것이다. 그리고 실제로 그러하다. 각각의 수는 그 자신의 의미를 가지고 있다. 그 의미는 관련있는 부속 문제에 대한 개연적 조화와 관계로 알 수 있다. 이 조화는 늘 완전하다. 성경의 하나하나의 말씀은 적재적소에 위치하고 있다. 그것이 우리에게 때로는 혼란된 것처럼 보인다. 자물쇠는 한 장소에 있을 수 있고 때때로 무심코 한 말이나 문장의 다른 곳에서 열쇠가 숨겨지기도 한다.

책은 이런 사실의 설명 속에 쓰여졌을 것이다. 그리고 이렇게 거의 중요하지 않게 보이는 열쇠를 찾는 것이 유용한 성경공부가 될 것이다.

예를 들면 창세기 11장과 12장에서 우리는 아브람이 갈대아 우르에서 나오지만 가나안으로 즉시 가는 것이 아니라 하란에서 오랫동안 머무른 것을 알고 있다. 이 지연의 설명은 그곳에 쓰여져 있지 않고 사도행전 7 : 4에 숨겨져 있다. "그 아비가 죽으매 하나님이 그를 거기서(즉 하란으로부터)". 데라가 장애물이었음을 알 수 있다. 이 세상의 혈연관계가 때로는 우리의 전적 복종의 장애가 될 수 있다는 사실을 배울 수 있다.

또 다른 예는 이사야 52 : 4에 있다. "내 백성이 이왕에 애굽에 내려가서 거기 우거하였었고 앗수르인은 공연히 그들을 압박하였도다." 여기에는 매우 어려운 자물쇠가 있다. 이 절은 두 압박이 하나는 이집트에서, 다른 하나는 앗수르에서 있었다고 추측하는 해석자들에게는 상당히 곤혹스러운 것이다. 따라서 그들은 두 압박이 긴밀히 연관되어 있지만 실제로 두 압박은 칠백년 이상의 차이가 있는데 어찌해서 한 절에 같이 언급되었는지를 이해하고 설명하는 것은 당혹스러운 것이다. 열쇠는 사도행전 7 : 18의 짧은 어귀에 숨어 있다. "다른 임금이 왕위에 오르매." 여기에서의 "다른"은 ἄλλος(다른)가 아니라 다른 종류의 "다른", 즉 ἕτερος이다. 다른 왕조가 함께 있었다는 것을 나타내고 고문서들은 새로운 앗수르 왕조가 있었다는 것을 증명하고 있다.[1)]

많은 다른 예들이 문맥에서는 거의 혹은 전혀 중요하지 않은 것처럼 보이는 이름이나, 혹은 말(word), 혹은 족보, 혹은 날짜가 어떻게 해서 달리 설명할 수 없는 어려움에 대한 해결책이 되고 다른 곳에서 쓰여진 문장에 경이로운 빛을 던지기도 하고 어떻게 발견되는가를 보여 주기도 하였다. "하지만 이 모든 것들이 하나님과 스스로 동일하신 성령께서 작용하신다." 그의 무한하신 지혜로 전체적인 하나님의 계시의 영감과 다른 작가에 의해서 따로 따로 쓰여진 작품의 완전히 불가능한 결과에 일관성이 있음을 알 수 있

---

1) 제18대 왕조의 마지막 왕 Amenhotep 4세는 RAMESES 1세와 "압제"(출 1, 2장)의 바로로서 살다가 죽었으며(출 2 : 23) 그와 함께 통치했던 그의 아들 Seti 1세로 시작되는 제19대 왕조의 새로운 왕가에 의해 계승되었다—그의 미이라는 현재 Boulak 박물관에 있다. RAMESES 2세—열가지 재앙과 출애굽을 겪은 바로, 홍해에 빠져 죽었음—가 그 뒤를 계승하였다. 이 새로운 왕조의 교체는 유적에서 확실히 보여지는데 둥근 얼굴, 납작한 코, 두꺼운 입술의 제18대 이집트 왕조와 긴 얼굴, 높은 광대뼈, 매부리코를 가졌던 제19대 앗시리아 왕조와는 상당한 차이가 있다. Josephus는 "새로운(another) 가문으로 이루어진 왕위"(Ant 2 : 9) "새 왕"(a new king 출 1 : 8)이란 단어에는 똑같은 의미가 있다. קדש 이 아니라 קום 이다. 신 32 : 17, 삿 5 : 8, 단 2 : 31,39,44, 3 : 24을 보라.

다.

당분간은 의도(*significance*)라는 주제를 보류하고 성경 전체에 충만한, 명백한 계획(*design*)을 보여 주는 몇 가지 사실을 보자.

성경은 제각기 다른 대리인에 의해 상이한 시간적 간격을 두고 기록하였으므로 장소별, 시간별, 상황별로 구분되고 여러 명확한 시대에 특정 언어를 사용하여 기록되었다.

실제의 수는 단어의 특별한 의미에 좌우된다. 단어의 의미는 그것이 발생한 시대의 수의 의미와 일치하기 때문이다.

단어의 사용이나 의미에서 어떤 특별한 의도가 없는 곳에는 그 발생한 시대의 수의 의미와 일치하기 때문이다. 단어의 그 직접적인 의도는 제쳐 놓고라도 일반적 중요성이 있는 곳에는 규칙에 의해 단어가 발생한다.

이런 일반적이고 중요한 단어들—즉 성령님께서 특별한 역설(emphasis)과 특별한 강조(stress)를 두시는 단어들—은 한 시대의 특정한 수를 나타낸다. 이것들은

(1) 평방(*square*)수이거나
(2) 입방(*cube*)수이거나
(3) 7의 배수이거나
(4) 11의 배수이다.

이러한 수들이 왜 서로 연관이 있는지 조사하는 것은 흥미로운 일이다. 그들은 그 자체적으로 중요한 수이다. 왜냐하면 칠(7)은 네 개의 완전수(3, 7, 10, 12) 중의 하나이기 때문이다. 아래에서 볼 수 있듯이, 3은 하나님(*Divine*)의 완전수이고 7은 영적(*Spiritual*)의 완전수이며 10은 예배의식(*Ordinal*)의 완전수이고 12는 통치(*Governmental*)의 완전수이다.

이들 네 완전수의 곱은 연대학적 완전수, $3\times7\times10\times12=2520$, 이스라엘의 형벌시기이자 이방인들의 예루살렘 통치시기를 형성한다.[1]

11과 7의 관계는 이 산술규칙으로 기하학적인 연관을 가지며 네 개의 직

1) 동일 저자의 The Witness of the Stars(제 2부)를 보자.

선 형태의 변(혹은, *side*)으로 보여지는 현상이 우리의 관심을 끈다.

<u>평면</u>에서,

삼각형은 3변을 갖고
사각형은 4변을 갖는다 } =7

<u>입체</u>(*Solid*)에서,

피라미드는 5면을 갖고
입방체는 6면을 갖는다 } =11

수 18(이들의 합, 7+11)은 성경과 자연에서 보통 7과 11 혹은 9와 9로 나누어진다.

7과 11의 관계는 피라미드(밑면이 사각형인)의 높이와 그 밑면의 길이와의 관계이다.

7과 11의 관계는 원의 직경과 그 원주의 반(半) 혹은 반원과 그 현의 비(比)로 나타난다.

더구나 성경에서와 자연에서 18은 7과 11로 나누어지듯이 7은 3과 4(3+4=7)로, 11은 5와 6(5+6=11)로 나누어진다.

이 수들 3, 4, 5, 6은 등차(等差)가 1인 완전한 산술급수와 관계가 있다. 그들의 곱은 잘 알려진 원의 360°(3×4×5×6=360) 분할이다.[1] 하늘의 커다란 원(*the Zodiac*)이 왜 어느 다른 수가 아닌 360 부분으로 나누어졌는지 아무도 말할 수 없다. 왜냐하면 이것을 제쳐두고 완전히 임의대로 된 것이라고 보기 때문이다. 그러나 이것은 본래 노아에게 주었으며 바빌로니아인과 이집트인들이 360일의 황도적, 예언적 그리고 성경적 년(年)을 나타내는 수이다.

<u>연대학적 완전</u>(*chronological perfection*)을 표현하는 거대한 수는 커다란 황도적 원 혹은 년에 <u>*7*</u>의 곱이 된다(360×7=2520).

수 2520은 어쩌면 모든 수 중에서 가장 주목할 만한 수일 것이다. 왜냐하면

---

1) 360은 7을 제외한 아홉개의 모든 수로 나머지 없이 나눌 수 있다.

(1) 주요한 직선 형태의 전체 합이고,

(2) 위에서 알아 보았듯이 네개의 위대한 완전수의 곱이며 (3×7×10×12=2520),

(3) 우리의 수 체계에 나오는 열개의 수 전체의 최소공배수(L.C.M)이기 때문이다. 1, 2, 3, 4, 5, 6, 7, 8, 9, 10의 L.C.M은 2520이다.

결과적으로 음계에서 이미 알아 보았듯이 일곱(7)개의 주요한 온음과 11개의 반음의 표현처럼 이 수들 칠(7)과 십일(11)을 다시 만나게 된다.

이 모든 것이 계획적인지 아니면 우연한 것인지는 독자의 판단에 맡겨야만 한다.

현재 우리의 목적이 매우 중요한 역할을 하기위해 특별히 선택된 두 수 칠과 11을 주목하는 것만으로 충분하다.[1] 두 수 사이에는 주목할만한 관계가 있기 때문에 분명히 계획(design)에 기인할 것이다.

왜 이 두 수 7과 11이어야 했을까? 왜 다른 두 수가 아니었을까? 혹은 왜 둘 뿐이었을까? 세 개면 안되었을까? 우리는 그 이유를 설명할 수도 혹은 못할지도 모르지만 그 사실을 찾는 것을 그만둘 수 없다. 우리는 지금까지 단순히 현상을 관찰하고 규칙의 작용을 주목하는데 그쳤다. 그러면 다음을 보자.

성경의 책들
(THE BOOKS OF THE BIBLE)

구약(*The Old Testament*)

흠정역(The Authorised Version)과 실제로 발행된 모든 성경은 구약에 39권의 소책을 포함한다.

알렉산드리아의 유태인(The Alexandrian Jews)과 초기의 교부(Chris-

---

1) 왜 그들이 선택되었는지 단언할 수 없다. 인간의 사용법에 따라 특정한 것과 특정한 수들에 대한 특별한 적용이 있었음이 확실하다. 인간은 "three cheers"와 "forty winks ; 선장"을 이야기 하지만 왜 다른 수가 붙지 않았는가는 아무도 설명할 수 없다.

tian Fathers)들은 22(2×11)권을 포함시켰다. 이 수는 히브리 문자의 수와 일치하는 책의 수를 만들기 위해 특정한 책들을 임의적이고 인위적으로 함께 포함시킴으로써 만들어졌다.[1)]

그러나 이러한 포함은 무가치한 것이고 어떤 권위있는 근거도 갖고 있지 않으며 우리의 문제를 가르쳐 주는 히브리어 사본의 권위에도 거슬리는 것이다. 다시 말해서 성경의 책들의 수와 순서는 그 사실 교의(doctrine)만큼 동일한 권위에 관한 것이 된다.

히브리어 사본에는 에스라서와 느헤미야서가 에스라서라는 하나의 이름을 가진 한 권으로 언제나 포함되었다. 두 권으로 이루어진 책들은 한 권으로 포함되었고(예를 들면 삼상·하, 왕상·하, 대상·하) 또는 소선지서 전부가 한 권으로 포함되었다. 이렇게 모두 합쳐서 24권이 된다. 이는 하나님의 완전하심의 비밀을 깊이 새기고 있는 두 요소, 8×3이 된다(아래의 삼(3)과 팔(8)항을 참조하라)[2)].

신약(*The New Testament*)

신약은 27권(3×3×3 혹은 3^3)을 포함한다. 이 중 21권(3×7)이 서신서(Epistles)이다.

지은이
(THE WRITERS)

구약에는 28명(4×7) 신약에는 8(2^3) 혹은 모두 합쳐서 36(6^2)의 지은이가 있다.

신약의 21권의 서신서중 14권(2×7)은 바울이 지었고 7권은 다른 이들이 지었다.

---

1) 사사기와 룻기를 한 권, 예레미야와 예레미야애가를 한 권, 거기에다 두 권으로 이루어진 책을 한 권으로, 에스라와 느헤미야를 한 권으로 포함시켜 22권이 되었다.

2) 흥미로운 이 주제에 대한 더 많은 정보가 필요하면 동일 저자가 지은 "구약성서의 책들의 이름과 순서"(The Names and Order of the Books of the old Testament)라는 소논문을 보라.

여기에서 히브리서가 바울의 저작이라는 찬성론이 있다. 이 찬성론은 아래에서 보는 것처럼 문자적으로 발생하는 수들에 의해 확증된다 55-59면을 보라) [1]

성경의 책들과 지은이에게서 뿐만 아니라 이런 현상들을 찾을 중요한 단어와 어구의 발생에서도 발견할 수 있다.

구약에 나온 단어들
(WORDS IN THE OLD TESTAMENT)

"자비의 자리 (Mercy seat)"는 27번 나온다 (3^3).

"촛대 (The candlestick)"는 27번 나온다 (3^3).

"요제 (wave offering) [2]"는 28번 나온다 (4×7).

"번제 (heave offering) [3]"는 28번 나온다 (4×7).

"유향 (Frankincense)"은 {레위기에 7번, 다른 곳에 14번} 21 (3×7)

"(Tenth deal)" 28번 (4×7)

"싯딤나무 (Shittim wood)" שִׁטָּה 와 שִׁטִּים , 28번 (4×7)

"생명 (Living)" (חַי , 카이)

갈대아·········7

레·········35 (5×7)

민·········7

---

1) 다음의 논리적 근거 역시 바울의 저작을 지지하고 있다. 찬성론의 네가지 단계는 아래와 같다.

1. 베드로는 그의 첫 서신을 *Διασπορα*, 흩어져 있는 사람들에게 썼다. 벧전 1 : 1을 보라.
2. 그의 두번째 서신은 이스라엘의 흩어져 있는 사람들에게 보내어 졌다. 벧후 3 : 1을 보라.
3. 그는 이들에게 말하기를(벧전 3 : 15) "우리 사랑하는 형제 바울도 … 너희에게 이같이 썼고"
4. 이 서신이 "히브리"로 보내지지 않은 것이라면 도대체 어디란 말인가?

2) 흠정역 출애굽기와 레위기에서만 동일하게 "Wave"로 번역되지 않았음.

3) 제물의 특성으로.

히브리 { 신………21(3×7)
삼………49(7×7)
솔로몬…56(7×8) } 175(7×25).

"만나(Manna, מָן)" 14번(2×7).

"전도자(쿼헤렐, קֹהֶלֶת)" 전도서에 모두 일곱(7)번 나오는데

서두에 3번(1:1, 2, 12).

중간에 1번(7:27).

말미에 3번(12:8, 9, 10).

"어린 아이(Little Children, טַף)"

신명기에 ……………7
나머지 모세오경에…21
다른 곳에 …………14 } 42(6×7).

노아와 맺은 하나님의 언약(창:9)에서 בְּרִית, 베리드 "언약"란 말 은 7번, 아브라함과는(창 15, 17장) 14번 사용되었다.

노래(נְגִינָה, 네기나)

시편 제목에 7
다른 곳에 7 } 14[1]

"영장"(מְנַצֵּחַ, 므나챠크)[2].

시편에서 …………… 55(5×11)
하박국 3:19(R.V)… 1 } 56(7×8)

"복되도다"(אַשְׁרֵי, 애쉬리).[3]

시편 … 25(5^2)
구약의 나머지 부분 … 19 } 44(4×11).

---

1) 단수로 7번:—시편에 11번(61편), 6번은 다른 곳에 복수로 7번(Neginoth):—시편에 6번(4, 6, 54, 55, 67, 70편), 합 3:19에 1번, 따라서 이중의 일곱겹(double-seven fold) 배열을 이룬다.

2) 다른 뜻을 가진 동사로 9번(3^2) 나온다.

3) 이 단어는 남성적 복수 구조이고 문자적인 뜻은 오 …의 축복! 오 …의 행복! 하나님의 축복은 셀 수 없는 것을 나타내기 위해서 단수로는 절대 사용되지 않았다. "행복"으로는 17번 "축복"으로는 27번 번역되었다.

"이상(Vision)".

חזו, 케제우(Chald) … 11
חזון, 케존 … 35(5×7)
חזיון, 키자욘 … 9(3^2).
} 55(5×11).

"가지(Branch)".

נצר, 네체르[1]……4(2^2)
צמח, 체메크[2] …… 12(3×2^2)
} 16(4^2)

פסח, 파사흐, 넘는 자(Passover)로 사용된 동사, 7번

כתנת, 크토네드와 코토네드 "외투(coats)", 28번(첫번째 나오는 것은 창 3 : 15)

לשן, 리샨(Chald), 언어(languages), 7번—다니엘서에 모두

זרע, 제라, 씨앗(seed), 224번(7×32)

신약에 나온 단어들
(WORDS IN THE NEW TESTAMENT)

"아버지(Father)"	마 ……………	44번(4×11)
	막[3] ……………	22번(2×11)
	눅 ……………	16번(4^2)
	요 ………………	121번(11^2)
	신약의 나머지 부분	77번(7×11)

"양(The Lamb)" 그리스도로 사용된 특별한 언어 ἀρνίον(아르니온), 28번[4](4×7).

φῶς(포스), 빛(light), 72번(3^3×6), 개역성경 에베소서 5 : 9과 요한계시록 22 : 5을 첨가할 경우

1) נצר (Nahtsar), 유지하다. 63번(7×9)

2) Tsemech는 그리스도, 즉"가지"란 뜻으로 4번(2^2) 사용되었다.

3) 한 절(11 : 26)이 신빙성이 없기 때문에 R. V.에서는 생략했다. 위의 계산은 그것의 유지에(retention)의 찬론이다.

4) The Concordance는 29개를 주었다. 하지만 검토해 본 결과 그 중의 하나는 적 그리스도에게 속한 것이었다(계 13 : 11).

ἅπαξ(하팍스), 한 번에 혹은 단번에(*once*, or *once for all*), 영문개역성경(R.V.) 베드로전서 3 : 20을 빼면 14번(2×7), 이 단어는 특히 그리스도의 고통과 죽음의 뜻으로 사용되었다.

ἀναστάσις(아나스타시스), 다시 일어남(*rising again*) 1 } 42
부활(*resurrection*) ·········39
부활(*raised to life again*)
(εκ와 함께) ··················1
다시 살아나사
(*the first that should rise*)
(πρωγος εξ와 함께) ······1

ἄφθαρτος(아프다르토스), 썩지 아니할(*not corruptible*)··· 1 } 7
썩지 아니할(*incorruptible*)······ 4
썩지 아니할(*uncorruptible*) ··· 1
영원한(*immortal*) ·············· 1

"Israelites" 이스라엘사람(복수) 7

Κόκκος(코코스), 겨자씨 한 알(*grain*) 6 } 7
한 알의 밀(*corn*) ···1

Κυριεύω(큐리우오), 주가 되려(*be lord of*) ···········1 } 7
주(*lord*) ····························1
주관하여(*exercise lordship over*) 1
주관하는(*have dominion over*) 4

'Ωδὴ(오데), 노래(a song), 7

ψαλμός(프살모스), 시(a psalm), 7

Ναζαρεθ,···ρετ(나자레드), 나사렛, 12번 나타난다(2^2×3) } 25(5^2)
Ναζωραῖος, (나조리오스), 나사렛 사람, 13번 나타난다[1]

---

1) Lachmann, Tischendorf, Tregelles, Alford, Westcott, 그리고 Hort에 의해 *Ναζαρηνός*(Nazarene)이 있는 막 10 : 47과 눅 24 : 19은 생략된 것이다. 이 수의 의미를 알려면 "십삼" (13) 이하를 보라.

편협한 연관이 아닌 개연적 의미(*moral sense*)를 가지고 있는 것처럼 보이는 다른 단어 Ναζαρηνός(Nazarene, 나사렛 사람)가 있다.

이 단어는 6번 나오고[1] 수 여섯(6)의 개연적 의미가 있다. 다른 두 단어는 명사와 형용사로써 도시와 그 거주자로 간주한다. 따라서 마태복음 2 : 23의 Ναζωραῖος는 도시의 거주자에 대한 특별한 언급을 하며 "그는 나사렛 사람이라 불리울 것이다 "라는 의미이다(수 "일(1)" 이하의 "신약에 나타난 예언의 성취"를 보라)

σύνεσις(수네시스, 이해(*understanding*)…6 } 7
지식(*knowledge*) ……1

σπέρμα(스페르마), 씨앗(seed), 44(4×11)

μεθερμηνεύω(메데르메네우오), 번역하다(*interpret*) …5 } 7
(*be by interpretation*) 2

"진실로"(Verily)는 중요한 단어로 보여진다. 첫 세 복음서에[2] 49번(7^2) 나오고 요한복음에는 25번(5^2) 나온다. 그러나 요한복음에서는 언제나 두 번씩(진실로, 진실로) 사용되었으므로 50번이 되어 세 복음서의 49과 합하면 모두 99번(3^2×11)이 된다.

제자들에게 이야기한 것과 다른 사람들에게 이야기한 것을 구분해 보면

	제자들에게	다른 사람들에게
마태복음	20(2^2×5)	10(2×5)
마가복음	9(3^2)	4(2^2)
누가복음	4(2^2)	2
	33(3×11)	16(4^2)
요한복음	10(2×5)	15(3×5)

"모세"는 신약에 80번 나온다(4^2×5 혹은 2^3×10). 히브리서 11 :

1) 위의 기록에 두 절을 첨가하면 막 1 : 24 ; 10 : 47 ; 14 : 67 ; 16 : 6 ; 눅 4 : 34 ; 24 : 19이다.
2) R. V에 마 6 : 2과 눅 13 : 35은 생략하였음.

23을 무시하면 성구사전에 79만이 나타난다.

사도들의 이름은 이 규칙을 따른다.

베드로	245번	$(7^2 \times 5)$
시몬[1](베드로로 사용된)	50번	$(5^2 \times 2)$
야고보(큰)	21번	(3×7)
야고보(작은)	21번	(3×7)
요한	49번	(7^2)
시몬 셀롯	4번	(2^2)
마태	8번	(2^3)
빌립	16번	(4^2)
바울	160번	$(4^2 \times 10)$
사울(사도)	25번	(5^2)

제자 <u>일곱</u>(7)명은 전체 열두 제자를 세우시기 전에 부르셨다.

요한 ························ 요한복음 1 : 35~39
안드레 ······························ 요 1 : 40
베드로 ······························ 요 1 : 41, 42
빌립 ······························ 요 1 : 43
나다나엘(바돌로매) ·············· 요 1 : 47~51
야고보(세베대의 아들) ··········· 마 4 : 21
마태 ································ 마 9 : 9

그리고 열두 제자는 일곱개의 다른 시기에 불려졌던 것 같다.

1. 안드레와 요한 ········ 요 1 : 35~39 }
2. 베드로 ······················ 요 1 : 41 } 4
3. 빌립 ························ 요 1 : 43 }

---

1) 성구사전에는 너무 많은 것, 즉 51번이 있지만 이것에는 막 3 : 18의 "가나안인" 시몬을 포함한 것이다.

4. 나다나엘(바돌로매)…요 1 : 47~51 } 7
5. 야고보(세베대의 아들)…마 4 : 21
6. 마태………………………마 9 : 9 } 3
7. 나머지 다섯 제자…눅 11 : 13~16

여기에서 일곱(seven)은 여느 때와 같이 4와 3으로 나누어진다. 4는 요한복음에 기록된 것이고 3은 다른 복음들에 기록된 것이다.

그들은 또한 일곱의 다른 가족에 속할 것이다. 하지만 혈연관계는 너무 확실하기 때문에 긍정적으로 말할 수 없다. 어찌됐건간에 일곱은 형제들이다—베드로와 안드레, 야고보와 요한, 야고보(작은), 유다(다대오 또는 레배오)와 시몬(셀롯).

사도들의 수를 나타내는 이 일곱겹(seven—fold)의 순서와 병행하여 열둘을 넷으로 나누어 세겹(three—fold)의 분할이 된다.

요컨대 사도들의 이름은 모두 4개(2^2)의 목록이 있다. 복음서에 3개, 사도행전에 하나이다. 각 목록에는 이름의 순서가 바뀌지만 각 목록의 첫 이름은 각 목록에서 동일하지만 나머지 세 개가 다른 순서에 위치하지만 결코 다른 그룹에 위치하지 않는 주목할 만한 일치성이 있다. 따라서,

	마 10 : 2—4	막 3 : 16—19	눅 6 : 14—16	행 1 : 13
1	베드로			
2	안드레	야고보	안드레	야고보
3	야고보	요 한	야고보	요 한
4	요 한	안드레	요 한	안드레
5	빌 립			
6	바돌로매[1]	바돌로매[1]	바돌로매[1]	도 마
7	도 마	마 태	마 태	바돌로매
8	마 태	도 마	도 마	마 태
9	야고보(알패오의 아들)			

1) 나다나엘의 성(姓). 빌립과 만났던 곳, 요 1 : 44~46과 요 21 : 2를 보라.

10	다대오[1]	다대오[1]	시몬[2](셀롯인)	시몬[2](셀롯인)
11	시몬[2](가나안인)	시몬[2](가나안인)	유다[1](야고보의 아들)	유다[1](야고보의 아들)
12	유다(가룟)	유다(가룟)	유다(가룟)	없음

다음 사항에 주목하라.

(1) 4명은 각 목록의 같은 위치에 자리잡고 있다. 가룟 유다는 언제나 맨 마지막에 있다.

(2) 마태복음과 누가복음의 것은 첫번째 줄의 네명이 부르심(calling)과 보내심(sending)에 따라서 두명씩(pairs) 배열된 반면 마가복음과 사도행전에서는 그들의 우월함에 따라서 독자적으로 배치되었다.

(3) 마태복음, 누가복음과 사도행전에서는 두번째 줄의 네 명이 두 명씩(pair) 주어진 반면, 마가복음에는 독자적(*individually*)으로 주어졌다.

(4) 마태복음에서 세번째 줄의 네 명이 그룹으로 다시 주어진 반면, 마가, 누가, 요한복음에서는 규칙적으로 독자적(*individual*)이다.

(5) 각 그룹은 신약의 지은이를 갖고 있다. 첫 그룹에는 베드로와 요한, 두번째는 마태, 세번째는 야고보와 유다이다.

이 법칙의 작용에 대한 설명은 무한히 확대될 수 있다. 우리는 많은 예를 가지고 있는 목록으로부터 단지 하나의 선택을 하는 것 뿐이다.

계시록(*The Apocalypse*)

요한계시록에서 일곱 (7)은 수로 사용된 것 뿐만 아니라 중요한 단어들의 발생에서도 지배적인 수(predominating number)인 듯하다.

"예수(Jesus)"는 14번(2×7) 나온다(일곱번은 홀로, 일곱번은 "그리스도(Christ)"와 함께 쓰였다).

---

1) 야고보의 형제 유다는 가룟 유다와 구별하기 위해서 용기있는(Courageous)과 유사한 의미인 다대오 혹은 Lebbæus라 불리웠다.

2) 가나안(Canaanite)은 이방인의 이름이 아니라 셀롯(Zelotes)과 동일한 의미를 가진 아람 방언이다.

"주(Lord)[1]"는 21번(3×7) 나온다.

"성령(Spirit)"은 14번(2×7), *Πνεῦμα*, 1:10; 2:7, 17, 29; 3:1, 6, 13, 22; 4:5; 5:6; 11:11; 14:13; 22:17.

ἄξιος(악시오스), <u>가치있는</u>(*worthy*), 3:4; 4:11; 5:2, 4, 9, 12; 16:6.

ὑπομονή(휘포모네), <u>인내</u>(*patience*), 1:9; 2:2, 3, 19; 3:10; 13:10; 14:12.

σάρξ(살크스), <u>육체</u>(*flesh*), 17:16; 19:18(5번), 21

δέκα κέρατα(데카 케라타), <u>열개의 뿔</u>(*ten horns*), 12:3; 13:1(두번); 17:3, 7, 12, 16

προφήτεια(프로훼테이아), <u>예언</u>(*prophecy*), 1:3; 11:6; 19:10; 22:7; 10, 18, 19

σημεῖον(쎄미온), <u>표적</u>(*sign*), 15:1

<u>이적</u>(*wonder*), 12:1, 3; 13:13

<u>미적</u>(*miracle*), 13:14; 16:14; 19:20

ἀστήρ(아스테르), 별(*star*), 1:16, 20(두번), 2:1, 28; 3:1; 6:13; 8:10, 11, 12; 9:1, 12:1, 4; 22:16(14번)

ψυχή(프쉬헤), <u>생명</u>(*life*), 8:9; 12:11

<u>영혼</u>(*soul*), 6:9; 16:3; 18:13, 14; 20:4

καιρός(카이로스), <u>때</u>(*time*)(즉 절기(*season*)), 1:3; 11:18; 12:12, 14(3번); 22:10.

---

1) *κύριος*라는 이 말은 조금 문제가 있다. 성경 색인에서 22번이 나온다. 이는 2×11로 충분했으나 묵시록에서 7배수가 기대되었기 때문에 좀 더 세심한 검토를 하기에 이르렀다. R.V.는 정당한 권위를 근거로 하여 계 16:5와 19:1의 *κύριος*를 빼고 "하나님"이란 단어 대신에 11:4에 삽입시켰다. 그리하여 위와 같이 정확히 21이 남게 된다.

σεισμός(세이스모스), 지진(*earthquake*), 6:12; 8:5; 11:13(2번); 19; 16:18(2번); 신약의 다른 곳에서 7번, 모두 합쳐서 14번이다.

ἑτοιμάζω(헤토이마조), 예비하였다(*make ready*), 19:7.
예비하다(*prepare*), 8:6; 9:7, 15; 12:6; 16:12; 21:2.

βασιλεύω(바실레우오), 통치하다(*reign*), 5:10; 11:15, 17; 14:6; 20:4, 6; 22:5, 다른 곳에서 14번, 모두 합쳐서 21번.

ἱμάτιον(히마티온), 옷(*garment*), 3:4; 16:15.
옷(*raiment*), 3:5, 18; 4:4.
옷(*vesture*), 19:13, 16.

ἄβυσσος(아뷔쏘스), 무저갱(*bottomless*), 9:1, 2.
무저갱(*bottomless pit*), 9:11; 11:7; 17:8; 20:1, 3.

νεφέλη(네훼레), 구름(*cloud*), 1:7; 10:1; 11:12; 14:14(2번), 15, 16.

τέταρτος(테타르토스), 네번째(*fourth*), 4:7; 6:7(두번); 8:12; 16:8; 21:19
네 부분(*fourth part*), 6:8.

δρέπανον(드레파논), 낫(*sickle*), 14:14, 15, 16, 17, 18(2번), 19.

τόπος(토포스), 장소(*place*), 2:5; 6:14; 12:6, 8, 14; 16:16; 20:11.

μακάριος(마카리오스), 축복(*blessed*), 1:3; 14:13; 16:15; 19:9; 20:6; 22:7, 14.

ὀξύς(옥쉬스), 날카로운(*sharp*), 1:16; 2:12; 14:14, 17, 18(2번); 19:15.

θύμος(뒤모스), 분노(하나님의)(*wrath*(*God's*)), 14 : 10, 19 ;
15 : 1, 7 ; 16 : 1.
맹렬한 진노(*fiercehess*), 16 : 19 ; 19 : 14

οὐαί(우아이), 화(*woe*) 8 }
화(*alas*) 6 } 14[1](2×7)

βρονταί, (주격복수), 우뢰(*thunders*), 10 : 3, 4 ; 16 : 18,
번개(*thunderings*), 4 : 5 ; 8 : 5 ; 11 :
19 ; 19 : 6.

ἀκολουθέω(아콜루데오), 따르다(*to follow*), 6 : 8 ; 14 : 4, 8,
9, 13 ; 19 : 14.
사무치다(*reach*), 18 : 5.

πίπτω(핍토), 엎드리다(하나님께 경배하기 위해), (*to fall down* (*in worship of God*)), 4 : 10 ; 5 : 8, 14 ; 7 : 11 ; 11 : 16 ; 19 : 4, 10.

이들은 한권의 책에서 나온 많은 예들 중에서 몇 가지이다.

성경의 어구들
(PHRASES OF THE BIBLE)

אֵלֶּה תּוֹלְדוֹת (알레 톨도드) "세계(世系)는 이러하다"(these are the generations). 즉 이는 그에게서 낳은 사건들(events)이다. (**ילד** 〈얄리드〉, "낳다"에서 유래한), 또는 그에 의해서 발행한 사건이나 사람들이다. 이 어구는 성경에 14번 나오는데, 구약에는 13번 그리고 신약에는 한 번 나온다.

창세기	11번,	족장들 등의
민수기(3 : 1)	1,	아론과 모세
룻기(4 : 18)	1,	베레스(다윗)

1) 이 단어와 관련있는 일곱겹(seven-fold)의 또 다른 배열이 있다 ; Bruder와 성경 색인은 명사와 감탄사로서 계시록에 14번이 나오는 반면 다른 곳에서는 감탄사로만 42번 나온다.

13
마태복음(1:1) 1, 예수
14

첫번째와 맨 뒤의 것은 “첫 아담”과 “마지막 아담”으로 사용되었다. 그러나 이것은 “계보가 이러하니(*This is the book of*)”와 같은 부가적 문구(文句)를 갖는다(창5:1; 마1:1).

한편 합계는 14번이지만, 열 두 부분으로 나누어지는 창세기에는 11번이다. 창세기에는 첫 부분을 도입부로 하고 이 열한 개의 “톨도드”로 나머지 부분을 구성하고 있어 모두 합하면 열 두 부분이 된다.

창세기의 열한 “톨도드”는 다음과 같다.

1) 2:4-4:26. 하늘과 땅
2) 5:1-6:8. 아담
3) 6:9-9:29. 노아
4) 10:1-11:9. 노아의 아들들
5) 11:10-26. 셈
6) 11:27-25:11. 데라(아브라함이 아님)
7) 25:12-18. 이스마엘
8) 25:19-35:29. 이삭
9) 36:1-8. 에서
10) 36:9-37:1. 에서의 자손
11) 37:2-50:26. 야곱(요셉이 아님)

The Massorah는 구약에서 “톨도드”가 두가지 방법으로 기록되었던 사실에 주목하고 있다. 첫번째와 마지막번째에 나오는 것(창2:4;룻4:18)은 두 와우(תּוֹלְדוֹת)와 함께 기록되었고, 나머지 열한 개는 하나의 와우(תּוֹלְדֹת)와 기록되었다. 유태의 해석자들은 그 현상의 여러 공상적 해석에 빠져 있다. 하지만 첫번째와 마지막번째의 철자법을 *plene*(즉 충만한, 또는 완전한)이라하고 다른 열한개의 철자법을 결여된 것이라 일컫는 사실에는 간단한 이유가 있는 듯하다. 따라서 아담과 그의 자손(v.I, & c.)에 관련있는 열한 개는 결함(*defect*)을 보인다. 한편 하늘과 땅에 관련있는 첫번째는 피조물의 완전함을 말하며, 베레스와 관련있는 마지막 것은(룻 4 : 18) 다윗의 이름을 처음으로 언급하고 있다.—새 하늘과 새 땅뿐만 아니라 그의 백성에게 완전함을 회복시켜줄 완전하신 분(*the Perfect One*)인 다윗의 아들과 다윗의 아들이며 다윗의 주(*David's Son and David's Lord*)에 대해서 말하고 있다.

두 종류의 저자 *Elohim*(*God*—하나님)을 사용한 이와 *Jehovah*(*Lord*—주)를 사용한 이가 쓴 많은 독자적 기록들을 어떤 편집자가 끼워 맞추었는가에 따라서 야웨적(*Jehovistic*)이고 엘로힘적(*Elohistic*)인 부분에 관한 인간의 구획(*man's chapter*)이나 인간의 가설(*man's theory*)이 어떻게 다른지를 알아보는 것과 이 거룩한 구분들을 조사해 보는 것은 교육적으로 도움이 되는 것이다.

실제로 우리가 거룩하게 표시된 이 부분들을 취한다면 그들 중의 다섯은 두 개의 표제를 다 포함한다(즉, 두번째, 세번째, 여섯번째, 여덟번째와 열한번째). 그들 중 넷은 아무것도 포함하지 않는다(다섯번째, 일곱번째, 아홉번째와 열번째). 첫번째만이 *Jehovah Elohim*(주 하나님)이라는 복합된 표제를 갖는다. 그리고 도입부분이 *Elohim*을 홀로 갖는 반면, "*Jehovah*"는 사탄, 아비멜렉(이삭시대가 아닌 아브라함 시대), 헷 족속, 바로, 요셉과 그의 동포들을 제외한 거의 모든 화자(speaker)들이 사용하였다.

수의 사용에 있어서 계획(design)을 생각함으로 이러한 간단한 사실은 창세기에 관한 소위 "고등비평(higher critics)"이라는 정교한 가설을 완전히 논파했다.

"모든 애굽의 땅에서"(בכל ארץ מצרים) :

창세기에 7번
출애굽기에 13번
예레미야에 1번
모두 21번(3×7).

"그의 자비는 영원하시다"(לעולם חסדו):

역대기에 6번

에스라에 1번

시편에 34번

예레미야에 1번

모두 42번(6×7).

"질투의 하나님(A jealous God)", 7.

"세상의 끝(The ends of the earth, אפסי ארץ, 앞시 에레츠)", 14.

"보라, 그날이 오리니"(Behold (or Lo), the days come) 21.

"그런즉 주 하나님이 말씀하시되(Thus saith the Lord God(or the Lord))", 126(7×18).

"내가 삶으로, 주 하나님이 말씀하시되"(에스겔서에서 전부)

"예루살렘의 딸(혹은 딸들)(Daughter (or Daughters) of Jerusalem)", 단수로 7, 복수로 7. "생명나무(The tree of life)"

창세기 3번

잠언 4번

7

"미쁘다 이 말이여(This is a faithful saying, *πιστὸς ο λόγος*(피스토스 호 로고스)" 7(디모데와 디도서에 모두), 딤전1:15; 3:1; 4:9,12; 딤후2:11; 딛1:9; 3:8.

"이것을 말하기를…"(타데 레게이 호…), 계시록에 7.

"이스라엘 자손(Children of Israel)" 신약에 14번

"다윗의 아들" 그리스도로 사용된 것 14번 } 21(3×7).

조금 다른 의미로[1] 7번

"너는 내가 여호와인 줄을 알리라 (And thou shalt know that I am

1) 마22:42; 눅1:32; 요7:42; 롬1:3; 딤후2:8; 계5:5; 22:16

the Lord)" 7번 나온다.(왕상 20 : 13 ; 사 44 : 23 ; 겔 16 : 62 ; 25 : 7 ; 32 : 16 ; 35 : 4, 12).

그러나 이러한 일곱겹 발생(seven-fold occurrence)을 곱하면 안된다. 왜냐하면 그것들은 "의도(significance)"의 항목에 당연히 들고 영적 완전수(*spiritual perfection*)의 여러 설명에 속하기 때문이다. 우리는 그것들을 다음에 나오는 "칠"(7) 항목에서 더욱 상세히 취급할 것이다. 일백 개가 넘는 긴 목록중에서 채택된 중요하다고 보여지는 어구와 함께 쓰인 몇 안되는 실례들을 들어 끝낼 것이다.

"기록된바[1]"(*καθὼς γέγραπται*와 *ως γέγραπται*) :

마태복음	1	
마가복음	2	
누가복음	1	
로마서	14	*καθώς*와 함께 24번($2^2\times6$)
사도행전	2	
고린도전서	2	
고린도후서	2	
마가복음	2	
누가복음	1	*ὡς*와 함께 4번(2^2)
고린도전서	1	
	28($2^2\times7$)	

28번 중에는 복음서에 7, 신약의 나머지 부분에 21이라는 것, 즉 평방수를 가진 일곱 겹의 배열 후에 주목하라.

저자에 관한 증거
(EVIDENCE AS TO AUTHORSHIP)

---

1) 시제는 완료형이며 기술행위나 예전에 그것이 쓰여진 사실에 관련있는 것이 아니라 쓰여져 있는(standeth written) 진실과 관련있다.

중요한 단어의 발생에 영향을 미친 이 법칙은 저자에 관한 증거로 사용될 수 있을 것이다. 예를 들어 바울서신에만 쓰인 특정한 단어들을 취하면 히브리서를 서신에 포함하지 않는 한 작용하는 규칙을 발견할 수 없다. 히브리서에 나오는 것을 다른 바울서신의 것들에 더하면 조화는 즉시 회복된다. 2, 3, 4, 5, 6, 8, 9, 10, 12, 13 등과 같은 그 자신의 특별한 의미를 가지고 있는 수들을 생략한 후, 평방수, 입방수, 7과 11로 이루어지는 다음 예들에 주목하자.

바울서신(*The Pauline Epistles*)

	바울서신	히브리서	합계
ἀγαπητός (아가페토스), 사랑하는,	27	1	28(4×7).
ἄγγελος (앙게로스), 천사,	14	13	27(3^3).
ἀγγέλους (앙게루스), 천사들,	5	2	7.
ἐπαγγέλλειν (에팡겔레인), 공포하다,	5	4	9(3^2).
ἀπείθεια (아페이데이아), 불신,	5	2	7.
ἄγειν (아게인), 하다,	7	1	8(2^3).
ἄξιος (악시오스), 가치있는,	8	1	9(3^2).
ἁγιασμός (아기아스모스), 성화,	8	1	9(3^2).
αἷμα (하이마), 피,	12	21	33(3×11).
ἀπιστία (아피스티아), 불신,	5	2	7.
ἐπαισχύνεσθαι (에파이스퀴네스다이), 부끄러워하다,	5	2	7.
παραιτεῖσθαι (파라테이스다이), 피하다,	4	3	7.
αἰώνιος (아이오니오스), 영원한,	21	6	27(3^3).
ἀκούειν (아쿠인), 듣다,	34	8	42(6×7).
ἄλλος (알로스), 다른,	31	2	33(3×11).
ἀρνεῖσθαι (아르네이스다이), 부인하다,	6	1	7.
ἄρτος (아르토스), 빵	10	1	11.

διάβολος (디아볼로스), 사탄,	8	1	9[1] (3^2).
βασιλεύς (바실레우스), 왕,	4	8	12[2] $(2^2\times3)$.
γεννᾶν(게난), 낳다,	7	4	11.
γῆ (기), 땅,	14	11	25(5^2).
ὄνομα(오노마), 이름,	21	4	25(5^2).
γράφειν (그라페인), 쓰다	62	1	63(7×9).
δέσμιος (데스미오스), 죄인,	5	2	7.
δεσμός(데스모스), 속박,	8	1	9(3^2).
ἐνδείκνυσθαι (엔데이크누스다이), 시위 하다,	9	2	11[3].
δικαίωμα (디카이오마), 의로운 행위나 요구 [4].	5	2	7.
δέχεσθαι (데케스다이), 받다,	13	1	14(2×7).
ἀποδιδὸμαι (아포디도마이), 지불하다,	8	3	11.
εὐδοκειν (에우독케인), 좋게 보이다,	11	3	14(2×7).
ἐξουσία (엑소우시아), 권위,	27	1	28(4×7).
ἐλέγχειν (엘렌케인), 책망하다,	8	1	9(3^2).
ἔρχεσθαι (에르케스다이), 오다,	72	5	77(7×11).
εἰσέρχεσθαι (에이쎄르케스다이), 들어 가다,	4	17	21(3×7).
ἔσχατος (에스카토스), 마지막의,	6	1	7.
προσεύχεσθαι (프로세우케스다이), 기도 하다,	20	1	21(3×7).
ἀνέχεσθαι (안네케스다이), 인내하다,	10	1	11.

1) 심판(Judgment)의 수.
2) 통치적 완전수.
3) 이 서신안에서만.
4) 9(nine)라는 수의 아래를 보라.

προσέχειν (프로세케인), 돌보다,	5	2	7.
ζητεῶ (제테오), 찾다,	20	1	21(3×7).
θεός (데오스), 하나님,	548	68	616(7×88).
ἀφιέναι (아페이나이), 멀리 보내다,	5	2	7.
ἀνιστάναι(아니스타나이), 들어 올리다,	5	2	7.
καθιστάναι (카티스타나이), 놓다,	3	4	7.
καθαρίζειν (카타리제인), 정화하다,	3	4	7.
ἐπικαλεῖσθαι (에피칼레이스다이), 간청하다,	6	1	7.
κληρονομία (크리로노미아), 유산,	5	2	7.
κοινωνία (코이노니아), 교제,	13	1	14(2×7).
εὐλογεῖν (에우로게인), 찬양하다,	8	6	14.
διαλογίζεσθαι (디알로기제스다이), 숙고하다,	34	1	35(5×7).
λοιπός (로이포스), 남아있는,	27	1	28(4×7).
μάρτυς (마르투스), 증인,	9	2	11.
ἁμαρτια (하마르티아), 죄,	63	25	88(8×11).
νόμος (노모스), 법,	119	14	133(19×7).
ἀνομια (아노미아), 무법,	5	2	7.
μετάνοια (메타노이아), 회개,	4	3	7.
ὁρᾶν (호란), 보다,	4	3	7.
ὄρος (오로스), 산,	3	4	7.
ἀπειθεῖν (아페이데인), 불신하다,	5	2	7.
ἀπιστία (아피스티아), 불신,	5	2	7.
πιστευεῖν (피스테우에인), 믿다,	54	2	56(7×8).
πρᾶγμα(프라그마), 행위,	4	3	7.
πολύς (폴루스), 많은,	81	7	88(8×11).
πούς (포우스), 발,	10	4	14(2×7).

πρῶτος (프로토스), 처음의,	12	9	21(3×7).
ῥίζα (리자), 뿌리,	6	1	7.
ἀσθένεια (아스데네이아), 병,	12	4	16(4^2).
σημεῖον (씨메이온), 표적,	8	1	9(3^2).
σπέρμα(스페르마), 씨앗,	18	3	21(3×7).
σταυρός (스타우로스), 십자가,	10	1	11.
ἀπόστολος (아포스톨로스), 사도,	34	1	35(5×7).
σωτηρία (쏘티리아), 해방,	18	7	25(5^2).
ἐπιτελεῖν (에피텔레인), 성취하다,	7	2	9(3^2).
υἱος (τοῦ) Θεου (휘오스 〈투〉 데우), 하나님의 아들,	4	4	8(2^3).
τελειόω (텔레이오우), 완전하다,	2	9	11.
ἀθετεῖν (아데테인), 무효로 하다,	6	1	7.
θεμέλιος (데메리오스), 기초,	7	2	9(3^2).
πρόθεσις (프로데이시스), 제안,	6	1	7.
τοσοῦτος (토소우토스), 이렇게 많은,	2	5	7.
τύπος(투포스), 유형,	8	1	9(3^2).
υἱός (후이오스), 아들,	40	24	64(8^2).
〃 (후이오스), 아들(그리스도에 적용된),	17	11	28(4×7).
ὑστερεῖν (후스테레인), 모자라다,	8	3	11.
φωνή (포니), 음성,	6	5	11.
φέρειν (페레인), 낳다,	2	5	7.
χωρίζειν (코리제인), 구별하다,	6	1	7.
Ἰσαάκ (이삭), 이삭,	3	4	7.

동일한 어원을 갖는 단어군(groups of words)을 포함시키면 이 목록은 더욱 확장될 것이다.

그 자신의 특별한 의미에 따라 다른 수들에 관한 동일한 현상을 생각해 볼 때[1], 그 증거는 히브리서에 대한 소위 사도 바울의 저작에 관하여 압도하고 있다. 히브리서를 사도 바울 서신에 포함하지 않으면 열세 권 뿐이지만 그것을 포함하면 열네개(2×7)이다. 이 원칙은 단어의 사용과 발생을 관리한다.

동일한 시험을 적용해 보면

<u>베드로전후서</u>(*The two Epistles of Peter*)

	전서	후서	합계
ἅγιος(하기오스), 거룩한,	8	6	14(2×7).
ἁμαρτία(하마르티아), 죄,	6	1	7[2].
ἀπὸ(아포), ~로부터,	5	2	7
πίστις(피스티스), 믿음,	5	2	7.
ἵνα(히나), 그것,	13	1	14(2×7).
δόξα(독싸), 영광,	11	5	$16(4^2)$.
εἰδῶ(에이도), 보다,	5	3	$8(2^3)$.
ἔσχατος(에스카토스), 마지막의,	2	2	$4(2^2)$.
ἔχω(에코), 가지다,	4[3]	5	$9(3^2)$.
καλέω(카레오), 부르다,	6	1	7
κύριος(쿠리오스), 주,	8	13[4]	21(3×7).
νῦν(눈), 지금,	5	2	7
οὖν(오운), 그러므로,	6	1	7[5]
περί(페리), ~에 관한,	5	2	7.

---

1) 예를 들면 *κατέχειν*(katechein), 빨리 붙잡다(to hold fast), 10+3=13. 배신과 관련된 단어의 사용과 13의 의미 이하를 보라.

2) G. T. Tr. W와 H에는 벧후 1 : 9에 *αμαρτία*(하마티아) 대신에 *αμαρτήμα*(하마티마)가 피록됨.

3) 벧전 4 : 5, *εχουτι κριναι*(에큰티 크리날) 대신에 W. H에는 *κρίνοντι*(크리논티)로 기록됨.

4) L.T, Tr, A., W.H,와 R. V에는 벧후 3 : 9이 삭제됨.

5) R. V에는 벧전 2 : 13과 벧후 3 : 11이 삭제되고 벧전 5 : 1에 추가함.

ποιέω(포이에오), 만들다, 3 4 7.
ὑπό(후포), ~에 의해, 2 5 7.

신구약의 조합
(THE OLD AND NEW TESTAMENTS COMBINED)

동일한 방법으로 신약과 구약을 같이 취할 수 있고 서른 여섯 명의 지은이들이 너무나 경이롭게 사용되었기 때문에 작용하고 있는 동일한 법칙을 발견할 수 있다. "하나이시며 동일한 성령님"이 그러한 조화적 결과를 낳기 위해 성경 전체에 영감을 불어 넣어 주시지 않았다면 이것은 절대적으로 불가능한 것이다. 실례(instances)는 매우 많으며 아래의 단어와 어구들은 단지 몇 개의 예일 뿐이다.

"할렐루야(Hallelujah)",
시편에 24[1]$(2^2\times6)$
계시록에 $4(2^2)$
} $28(2^2\times7)$.

"호산나(Hosanna)",
구약에 1[2]
신약에 6
} 7.

"목자(Shepherd)" 하나님 혹은 그리스도로 사용된,
(רעה), 구약에 12[3]$(2^2\times3)$
(ποιμήν), 신약에 9[4](3^2)
} $21(3\times7)$.

"Jehovah Sabaoth", "만군의 여호와", "만군의 하나님" 등으로 번역된,
구약에 285
신약에 2
} $287(7\times41)$.

---

1) 즉, 일곱편에 각기 하나; 일곱편에 각기 둘; 한편에 셋, 모두 합하여 24이다. 또한 평방수를 포함한 일곱겹의 배열 외에 평방수의 합계는 일곱겹의 결과(28)가 된다.
2) 시 68 : 25
3) 창 44 : 24; 시 23 : 1; 80 : 1; 사 40 : 11; 렘 31 : 10; 겔 34 : 12,23(두번); 37 : 24; 슥 11 : 16; 13 : 7(두번).
4) 마 26 : 31; 막 14 : 27; 요 10 : 11(두번),14,16; 히 8 : 20; 벧전 2 : 25; 5 : 4.

"고르반(Corban)" 헌금 :

구약에 (קרבן) 82
신약 (*κορβαν*, 막 7 : 2) 1
신약 (*κορβανας*, 마 27 : 6) 1
} 84 (7×12).

"우유(Milk)",

구약 (חלב), 44 (4×11)
신약 (*γάλα*), 5
} 49 (7×7).

"이삭(Isaac)",

신명기에 7
나머지 모세오경 91 (7×13)
구약의 다른 곳 14 (2×7)
신약 누가복음과 사도행전 7
신약 바울서신[1] 7
} 7×18.

"아론(Aaron)",

구약에 443
신약에 5
448 (4^3×7).

"아바돈(Abaddon)" (멸망, Destruction),

구약에 6
신약에 1
} 7.

하나님의 우편에 계신 그리스도,

구약 2 (시 110 : 1,5)
신약 19
} 21 (3×7).

"멜기세덱의 반차를 좇아(After the order of Melchizedek)[2],

구약 1
신약 6
} 7.

"건축자의 버린 돌이 집 모퉁이의 머릿돌이 되었나니 (The stone

1) 히브리서를 서신서에 포함.
2) 시 110 : 4과 히 5 : 6,10 ; 6 : 20 ; 7 : 11,17,21에서 인용됨.

which the builders refused is become the head of the corner)[1]",

구약 1 } 7.
신약 6

"이웃 사랑하기를 네 몸과 같이 하라(Thou shalt love thy neighbour as thyself)",

구약(레 19 : 18) } 7
신약 6[2]

"할례받지 아니한 마음(Uncircumcision of the heart)",

구약 6[3] } 7
신약 1

중요한 예언 시대의 반(다니엘의 마지막 한 이레 혹은 칠십 이레의 마지막, 단 9 : 27)은 일곱 번 언급되었다. 이것은 유보 해두고 "일곱" 이하에서 그 의미를 숙고해야 할 것이다. 그러나 지금 중요한 것은 일곱이 구성된 방법이다. 그 시대는 세 개의 다른 언어 두 개의 성경(신·구약)과 세 개의 형태(년, 월, 일)가 주어졌지만 그 수는 여전히 일곱이다.

다니엘 7 : 25, 갈대아어, "한때와 두때와 반때" ········· 1
다니엘 12 : 7, 히브리어, "한때, 두때, 반때" ········· 1
요한계시록 12 : 14, 그리스어, "한때와 두때와 반때" ········· 1
요한계시록 11 : 2 ; 13 : 5, "마흔과 두달" ········· 2
요한계시록 11 : 3, 12 : 6 "일천 이백 육십일" ········· 2
7

합계 속에는 자연을 초월한 이러한 계획이 있을까? 초자연적 계획? 수들은 나타나 있다. 질문은 하나이다. 의도적으로 아니면 우연히 사용되었는

1) 시 118 : 22과 마 21 : 42 ; 막 12 : 40 ; 눅 20 : 17 ; 행 4 : 11 ; 벧전 2 : 4,7에서 인용됨.
2) 마 19 : 29 ; 22 : 39 ; 막 12 : 31 ; 롬 13 : 9 ; 갈 5 : 14 ; 약 2 : 8.
3) 레 26 : 41 ; 신 10 : 16 ; 렘 4 : 4 ; 9 : 26 ; 겔 44 : 7,9 ; 행 7 : 51.

가? 질서가 있는 것인가 아니면 무질서한 것인가? 법칙에 따른 것인가 아니면 법칙이 없는 것인가? 하나님의 사역 안에 그들은 언제나 완전한 질서 속에 사용되었다. 그리고 그의 말씀안에서 동일한 질서를 확실히 찾아야 한다. 만일 그것을 발견하지 못한다면 놀라게 될 것이다.

만일 우리가 단편적인 여러 색깔들이 우연히 넣어진 현대적 유행을 따라 만들어진 색채 유리창을 본다면, 그 곳에는 계획이 없음을 즉시 알 수 있다. 하지만 유리 조각들이 완전하고 복잡한 기하학적 형태, 인간적 혹은 다른 형태로 배치된 단 하나의 유리창을 볼 경우에는 계획(design)을 즉시 인지할 수 있고 그 유리창을 만든 손이 전체를 계획한 머리에 의해서 인도되었음을 말할 수 있다.

따라서 하나님의 사역과 말씀에 관한 우리의 결론은 이것이다. 모세나 어떤 다른 사람도 위의 결과를 확보할 수 없었을 것이다. 모세는 그가 오랜 세월 사용한 하나의 특정한 언어로 모든 가능성 속에서 지식이 아닌 성령의 영감으로 기록하였다. 그가 오랫동안 사용했던 것을 여호와에게 말을 했다거나 여호와가 다른 것들을 배열하였을 것이라든가 이것이 15세기 동안 계속되고 최후의 저자가 하나의 특정한 결과를 얻기 위해서 한 시대의 어떤 특정 수를 사용해야만 했음을 확신했었다거나 하는 것들을 알고 있었다는 것은 상상조차 못할 일이다! 절대 불가능하다! 모든 지은이들은 이 최종 결과에 관해 모르고 있었음이 틀림없다. 하지만 각기 "성령의 감동하심으로" 기록하였기 때문에 원래의 계획을 완전하게 미치는데 일조를 담당했다.

성경의 영감에 대해 공격하거나 방어하는 인간의 보잘 것 없는 모든 시도들을 말끔히 없애주셨다.—친구들의 현명하지 못한 방어나 그 적들의 악의로 가득 찬 공격을 받는 것 만큼 고통받고 있는 그 말씀이 아닌가!

"주의 법은 완전하다"

우리는 다른 모든 것들을 하나님 말씀에 굴복시켜야 하는 중대한 이유가 있다. 성경을 과학에 일치시키는 대신에 과학을 성경에 일치시켜야 한다. 그렇지 않으면 그것은 "이른바 허구의 과학(science falsely so—

called)"이 되고 현실적 과학이 아니다. *Scientia*는 지식이란 뜻의 라틴어이다. 그런데 오늘날 "과학"이라는 이름을 의지하는 많은 것들은 결코 과학이 아니다. 그것은 단지 가설(*hypothesis*)일 뿐이다. 이 소위 과학이라는 것에 관한 책들을 보라. 그러면 "가설", "추측(*conjecture*)", "가정(*supposition*)"과 같은 단어의 끝없는 반복에 지칠 것이다. 과학의 이름으로 그럴듯하게 세운 가설들이 순간적으로 바뀌어지고 있다는 이유가 바로 이것이다. "지질학"이나 "의학"을 이야기 해보자.

예를 들면 50년 전에 쓰여진 의학서적이나 지질학 서적들은 현재 완전히 "시대에 뒤진" 것이 되었다. 그러나 진리(*truth*)은 변하지 않는다. 진실은 절대로 "시대에 뒤지지" 않을 것이다. 우리가 알고 있는 것이 얼마나 변화하고 있는가! 이것은 "과학"이 가설에만 적용될때 잘못 사용된 단어이며 단지 어떤 현상을 설명하기 위해 고안되었음을 저절로 증명하고 있다.

우리가 사실(facts)을 포기하려는 것은 그러한 이론(*theories*) 때문이 아니다. 또한 진실을 포기하려는 것은 추측 때문이 아니다. 인간이 하나님의 생각을 포기하길 원한다면 그 자신이 생각보다 더 좋은 것을 요구해야 한다. 성경에서 우리는 특정한 것과 완전한 것을 가졌다. 발견된 모든 사실과 진실만이 그 진실을 증명하고 그 완전함을 나타낼 수 있다. 발굴된 어떠한 문서-발굴된 어떠한 사본-도 성경진리의 증거보다는 못하다! 우리는 바위에서 관찰될 수 있는 어떤 현상, 혹은 그 밑에서 발굴될 수 있는 문서나 서판(*tablets*)도 두려워하지 않는다. 하나님의 말씀에 위배되는 것은 없다. 말씀을 거스르는 것은 그 문서들의 인간적 해석일 뿐이다. 반대하는 위치에 있는 그의 생각일 뿐이기 때문이다.

"주의 법은 완전하다"

인간과 그의 생각들은 모두 불완전하다. 너무 불완전하기 때문에 하나님의 완전한 말씀을 적당히 돌보는 것조차 실패했다.

아름다운 스테인드 글라스 유리창처럼 사고(事故), 혹은 불, 혹은 공격으로 고통받은 인간은 그것을 복원(*restore*)하려고 노력하였다. 우리는 그 색채와 형태가 얼다나 기묘한지 알 수 있다. 또한 전에 얼마나 완전하였는지도 알 수 있다. 여기저기서 모자라거나 혹은 잘못 맞추어진 작은 조각들이 나온다. 하지만 그것이 우리가 원래의 기하학적 형상의 완전함을 식별하거나 혹은 그려진 형상의 일부분의 미묘함을 찬사하는 것을 방해하지 못한다. 유리창은 훼손되었고 한 사람은 남들의 소홀로 야기된 손상을 보수하려고 힘썼다. 우리는 보수한 것들의 결점을 알아 볼 수 있다. 계획이 본질적으로 완전하였다는 것 또한 알 수 있으며 계획자의 지혜를 찬양하고 찬사를 보낸다.

하나님의 말씀도 그러하다. 그 계획에 보여진 완전함을 숨길 수 있는 것은 아무 것도 없다. 인간은 신앙에 대해 거짓되었다. 그는 전에 청지기의 특징을 나타내던 충실함으로 그것을 지키지 않았다. 하지만 인간은 충실하지 않았기 때문에 하나님의 신실함을 묻지 않을 것이다. 인간은 하나님의 이 귀중한 선물을 적절하게 돌보지 않았기 때문에 그 선물의 완전함을 묻지도 않을 것이다.

그러나 이것이 인간이 해 왔고 하고 있는 것이다.—그 자신의 죄와 소홀함과 우둔함의 결과를 하나님의 탓으로 돌린다.

하나님은 이 "생명의 양식"을 인간에게 주셨고 인간은 그것을 먹는 대신 분석하고 있다! 하나님은 인간에게 그의 말씀을 주셨고 인간은 그것을 믿는 대신 비평하고 있다. 인간의 지혜가 "시대에 뒤진" 것이다. 이것이 그의 지혜가 가장 높은 비행을 하는 것이다—"고등 비평(higher criticism)"이다! "이 세상이 자기 지혜로 하나님을 알지 못하는 고로"(고전 1 : 21). 그것은 과거에 알지도 못했고 미래에 절대 알지도 못할 것이다. 인간의 지혜는 하나님으로부터 기인한다. 19세기의 지혜가 그러하다! 인간이 하나님의 말씀을 비평하는 것이 매우 영리하고, 매우 용감하며, 매우 현명한 것처럼 보였을지 모른다. 기록된대로 현재도 그것은 진실이다(고전 3 : 19).

"세상의 지혜는 하나님께 미련한 것이니"

그런즉 인간의 지혜를 멀리하라! 우리는 그것을 원하지 않는다. 우리가 원하는 것은 하나님의 진리이다. 인간의 지혜가 성경과 일치하지 않는다면 인간의 과학에 대해서는 더욱 일치하지 않는다. 우리는 구원에 이르게 하는 지혜를 원하고 주 예수님의 말씀인 "너희가 성경도, 하나님의 능력도 알지 못하는고로 오해하였도다"(마 22 : 29)를 기억하기 때문에 세상의 눈으로 바보스럽게 보던 자들은 하나님의 말씀으로 돌아올 것이다(딤후 3 : 15).

제2부
숫자가 나타내고 있는 영적의미

〈서 론〉

지금까지 하나님의 사역과 말씀 속에서 수의 사용의 초자연적 계획을 살펴 보았고, 확립했듯이 이제 우리는 수 자체의 영적 의미를 살펴보자.

수들이 순서를 가지며 단지 문장이나 사물의 목록뿐만 아니라 우선 수의 의미를 정의 설명하고 언급된 사물의 수, 단어와 사물의 발생수, 하나의 사물에 사용된 단어들의 수와 단어의 글자들 그 자체로 만들어지는 수를 사용하면서 적용된 그 의미와 가르침을 설명하는 것이 각각 주어졌다고 하자. 마지막 것을 고대엔*Gematria*라 한다. 이것은 형상이 아니라 알파벳 글자들의 사용법이다. 고대의 많은 나라들이 상대적으로 현대적 고안품인 아라비아 숫자를 알거나 사용했었을 리는 없다.

따라서 히브리인과 그리스인들은 다음과 같은 그들의 문자를 사용했다.

히브리 문자
(The Hebrew Alphabet)

히브리문자는 22(2×11) 글자로 구성되고 9의 세열, 혹은 모두 합하여 27을 만들기 위해 마지막 다섯 개가 추가되었다.

Aleph	א	=1	Yod	י	=10	Koph	ק	=100	
Beth	ב	=2	Kaph	כ	=20	Resh	ר	=200	
Gimel	ג	=3	Lamed	ל	=30	Shin	ש	=300	
Daleth	ד	=4	Mem	מ	=40	Tau	ת	=400	
He	ה	=5	Nun	נ	=50	Koph	ך	=500	끝에 오는 글자
Vau	ו	=6	Samech	ס	=60	Mem	ם	=600	
Zayin	ז	=7	Ayin	ע	=70	Num	ן	=700	
Cheth	ח	=8	Pe	פ	=80	Pe	ף	=800	
Teth	ט	=9	Tsaddi	צ	=90	Tsaddi	ץ	=900	

헬라 문자
(The Greek Alphabet)

그리스 글자는 24개이고 필요 수(the required number) 27을 채우기 위해 6에 해당하는 "ς"혹은 ϛ (*Stigma*로 불리우는)와 90에 해당하는 *Koppa*, 900에 해당하는 *Sampsi*로 불리우는 두 개의 임의의 기호를 추가하였다.

Alpha	$\alpha=1$	Iota	$\iota=10$	Rho	$\rho=100$
Beta	$\beta=2$	Kappa	$\varkappa=20$	Sigma	$\sigma=200$
Gamma	$\gamma=3$	Lambda	$\lambda=30$	Tau	$\tau=300$
Delta	$\delta=4$	Mu	$\mu=40$	Upsilon	$\upsilon=400$
Epsilon	$\epsilon=5$	Nu	$\nu=50$	Phi	$\phi=500$
Stigma	ϛ[1]$=6$	Xi	$\xi=60$	Chi	$\chi=600$
Zeta	$\zeta=7$	Omicron	$o=70$	Psi	$\psi=700$
Eta	$\eta=8$	Pi	$\pi=80$	Omega	$\omega=800$
Theta	$\theta=9$	*Koppa*	Ϙ $=90$	*Sampsi*	ϡ $=900$

1) ϛ(stigma라 불리우는)는 숫자 6을 나타낸다. 이 글자와 문자가 서로 관련이 된 이유를 알 수는 없지만 이들은 고대 이집트의 신비(mysteries)와 긴밀히 연관되어 있다. 세 글자 sss(그리스어로 ΣΣΣ)는 Isis의 상징이었다. 따라서 이것은 666과 관련이 있다. 사실상 이 숫자의 표기 χξϛ는 χριστός(Christos), 그리스도라는 단어의 첫자와 마지막 자, χ와 ϛ와 그들 사이에 사탄의 상징 숫자를 넣음으로써 이루어진다. χ－ξ－ϛ.

일(1)

이 최초의 수의 의미에 대해 어떠한 의혹도 있을 수 없다. 모든 언어에서 그것은 단일성(*Unity*)의 상징이다. 기수로서 단일성을 상징하고 서수로서 최고(*primacy*)를 상징한다. 단일성은 나눌 수도 다른 수로 이루어질 수도 없으므로 다른 모든 것으로부터 독립적이고 다른 모든 것의 근원이 된다. 그래서 전지전능한 신을 나타낸다. 가장 큰 첫번째 이유는 모든 것으로부터 독립적이기 때문이다. 모든 것이 그를 필요로 하는 위치에 있으며 그는 어떤 것으로부터도 도움이 필요없다.

"하나(*one*)"는 모든 차별을 배제한다. 따라서 조화를 이루거나 갈등을 일으킬 수 있는 두번째가 존재하지 않는다.

"들어라, 오 이스라엘아, 주 너의 하나님은 하나이신 주시로다"로 기록되었을 때 그것은 삼위일체론을 부정하는 것이 아니라 다른(*another*) 주를 전적으로 배제하는 것이다. 따라서 모든 우상을 배제한다.

그러므로 제1계명은 이르기를 "너는 나 외에 다른 신들을 네게 있게 말지니라"(출 20 : 3).

하나님 안에는 어떤 다른 것도 필요없는 충족(*sufficiency*)과 다른 어떠한 것도 인정하지 않는 독립성(*independence*)이 있다고 단언한다.

하나는 시작(*beginning*)을 나타낸다. 우리는 하나님과 함께 시작해야 한다. 모든 우리의 단어와 일은 성경의 첫 마디로 특징지어져야 한다. "태초에 **하나님이**." 그와 함께 시작하지 않는 것은 어느 것도 옳지 않다. "하나님 우선(*God first*)"이 성경의 음성이다. "너희는 먼저 그의 나라와 그의 의를 구하라. 그리하면 이 모든 것을 너희에게 더하시리라"(마 6 : 33)고 그리스도는 증거하신다. "하나님 우선"은 위대한 선언이다. 천사들은 "가장 높은 곳의 하나님께 영광을"이라 노래했다. 이것이 그들 노래의 시작이었다. 그리고 나서 인간을 향한 "선한 의지(good

-will)"를 노래했다. 이는 또한 모든 우리의 증거와 일을 통치하시는 위대한 원천인 것이다. 우리가 사람에게 선한 일을 하지 않고는 "하나님께 영광을" 드릴 수 없다. 하나님을 영화롭게 하기 위한 욕망으로부터 나오지 않는 인간을 위한 실제적 선한 의지는 없다.

이 마지막 때의 커다란 징조인 급속한 타락은 이 위대한 원칙을 무시하는 것에서 기인한다. 하나님을 가로막고 인간을 찬양했다. 그러므로 "하나님의 복음"(롬 1 : 6)이 하찮은 복음(gospel of sanitation)인 인간의 복음으로 급속히 그리고 거의 우주적으로 교체되고 있으며 실제로 현재 "기독교적 사회주의(*Christian Socialism*)"로 공공연히 불리워진다. 하지만 그것은 그리스도가 없는 사회주의이다. 그것은 하나님의 영광으로 시작하지 않고 그러려고도 하지 않고 인간에게 어떠한 좋은 것으로도 끝날 수 없다. 그것은 인간으로 시작한다. 그 대상은 하나님을 떠난 오래된 본성을 개선하는 것과 육체를 새롭게 하는 것이다. 그리고 그 성공의 척도는 "하나님"을 배제하고 인간이 "선하게" 될 수 있다고 하는 것이다.

인간의 생각과 방법은 하나님의 것과는 정반대에 위치한다. 하나님은 "먼저 구하라"고 하신 반면 인간은 "제일을(*number one*) 돌보라"고 이야기한다. 그의 눈에는 "제일"이 있으며 그의 최대 목표는 하나님에게서 독립하는 것이다. 하나님 안에서의 독립은 그의 영광이다. 인간 안에서의 독립은 죄악이요, 반역이며 수치인 것이다. 따라서 하나님 말씀에 하나님이 우선이고 모든 것보다 앞선다.

"이스라엘의 왕인 여호와,
이스라엘의 구속자인 만군의 여호와가 말하노라 :
나는 처음이요, 나는 마지막이라 ;
나 외에 다른 신이 없느니라." (사 44 : 6).

"야곱아 나의 부른 이스라엘아 나를 들으라 ;
나는 그니 나는 처음이요 단 마지막이라.
과연 내 손이 땅의 기초를 정하였고,

내 오른손이 하늘에 폈나니." (사48 : 12, 13).

"내 앞에 지음을 받은 신이 없었느니라,
나의 후에도 없으리라.
나 곧 여호와라;
나 외에 구원자가 없느니라." (사43 : 10, 11).

"나는 알파와 오메가라,
처음과 나중이요." (계1 : 11, 17; 2 : 8; 22 : 13).

그러므로 여호와는 이 위대한 근본 진리를 강조하셨다. 인간이 그것을 인식하기를 거절한 곳에 모든 것은 혼란이 있었으며 그것을 소유했을 때 모든 것은 평화 속에 있었다.

첫번째(*first*)는 오직 하나뿐이다. 첫번째는 두 개의 처음이 있을 수 없다. 실제로 첫번째 두 개(the first two) 혹은 첫번째 세 개(the first three)등을 의미할 때 인간은 "두 개의 첫번째"(two first) 혹은 "세 개의 첫번째"(three first)라고 무지하게 말한다. 하나님의 말씀은 무지하게 말씀하시지 않는다. 그는 유일하신 분이다. 그는 시간적 선취전에 있어서도 가장 먼저시다. 그는 지위의 우월함에 있어서도 가장 먼저시며 절대적 주권에 있어서도 가장 먼저이시다.

구속과 구원은 하나님에게서 시작되었다. 그것을 처음으로 밝힌 것은 그의 말씀이었다(창3 : 15) 그것을 처음으로 의도하신 것은 그의 의지였다(히10 : 7) 그리고 그것을 성취하신 것은 그의 권세였다. 그러므로 "구원은 여호와께로서 말미암나이다"(출14 : 13; 대하20 : 17; 욘2 : 9 등을 보자). 모든 것이 그의 의지로부터 발생하였다. "오 주여 내가 주의 뜻을 행하기 위해 왔나이다"(시40 : 7, 8; 히10 : 7)라고 그 "의지"를 행하기 위해 오신 구세주께서 말씀하셨다.

주 예수의 첫번째 기록된 말씀

이 말은 충족한 의미가 있다.

여기에는 성경에서 쓰여진 수의 의미의 또 다른 설명이 있다. 주 예수는 모든 아이들이 말하는 때부터 말씀하셨음에 틀림없지만 열두 살이 될 때까지 그가 말한 단 한마디도 성령은 성경에 기록하시지 않으셨다. 그 후 그의 탄생으로부터 그가 세례를 받고 선교사역을 시작할 때까지 하나(one)의 말씀만 있을 뿐이다. 29년 동안의 말씀한 것 가운데 오로지 한 문장뿐이다. 성령에 의해 뽑혀진 말씀은 의미로 가득차 있을 것이 확실하다. 그것은 무엇일까? 우리를 위해 그것은 누가복음 2 : 49에 기록되어 있다. "내가 내 아버지 집에 있어야 될 줄을 알지 못하셨나이까?"

엄숙한 말씀! 의미 심장한 말씀! 특히 이 첫번째 말씀의 빛은 그의 마지막 말씀으로 투사된다. "다 이루었다." 무엇을 이루셨다는 것인가? "아버지의 일"이다. 그렇다 그것은 아버지의 의지였다. "오 나의 하나님, 당신의 뜻을 행하기 위해 왔나이다." "나를 보내신 이의 뜻을 행하려 함이니라 나를 보내신 이의 뜻은 내게 주신 자 중에 내가 하나도 잃어 버리지 아니하고 마지막 날에 다시 살리는 이것이니라"(요 6 : 39). 구원은 하나님께 어떠한 재고도 없었다. 그것은 그의 영원한 의도중의 일부분이었다. 그것은 그의 "의지"에서 비롯되었다. 그것은 단지 인간의 유익을 위한 것이 아니라 우리가 지금 혹은 지금까지 보지 못한 일천 가지의 방법으로 하나님의 영광을 위한 것이었다. 따라서 예수께서 그의 사역을 아버지의 손에 다시 넘겨줄 때 그는 말할 수 있었다. "아버지께서 내게 하라고 주신 일을 내가 이루어 아버지를 이 세상에서 영화롭게 하였사오니"(요 17 : 4).

우리는 다음을 조사해 봄으로써 "하나" 혹은 "첫번째"의 의미의 또 다른 설명을 발견할 수 있다.

주 예수의 첫번째 직무적 말씀

그가 세례받을 때(마 3 : 13~17) 그의 직무를 위해 성별되었고 그 뒤를 읽으면 "그 때에 예수께서 성령에게 이끌리어 마귀에게 시험을 받으러 광야로 가사" 40일 동안 금식하시고 시험받으셨다. 40일동안 그의 입술을 통해 나온 말은 한 마디도 기록되어 있지 않다. 하지만 그의 직무의 바로 첫 기록된 말씀은 "기록되었으되"였다. 세 번 더 언급되었는데, "기록하였으되," "기록하였으되," "기록하였으되".

그의 공적인 직무는 요한복음 17장에 배신으로 인하여 겟세마네 동산에서 나와 마지막 때가 가까와지는 때에 그의 죽음을 수 시간 앞두고 아버지께 드리는 그의 대제사장적 기도로 끝을 맺었다. 그의 직무의 마지막 말 가운데에 하나님의 말씀에 대해 동일한 세 번의 언급이 있다. "아버지의 말씀은 진리이니이다"(17절), "내가 아버지의 말씀을 저희에게 주었사오며"(14절), "나는 아버지께서 내게 주신 말씀을 저희에게 주었사오며"(8절).

이 사실은 우리에게 무엇을 말하는가? 우리가 듣는 귀가 있다면 "모든 사역의 시작과 끝은 하나님의 말씀이다"라고 말할 수 있다. 그렇다. 그것은 증거의 모든 것이며 본질이다. 따라서 주는 하나님의 말씀을 찬미하셨고 그의 첫번째 사역적 말씀의 의미로 인하여 우리에게 커다란 교훈적 감동을 주셨다.

첫번째 책
(THE FIRST BOOK)

성경의 첫번째 책은 우리에게 또다른 설명을 줄 수 있다. 창세기에서 우리는 하나님의 통치와 주권을 알 수 있다. 생명을 주고 생명을 유지시킴으로써 창조물을 통치하신다.

하나님께서 족장들에게 그 자신을 특별히 밝히신 이름은 El-Shaddai(전능하신 하나님)이다(출 6 : 3). 이 이름은,

$$\left.\begin{array}{ll}\text{창세기에} & 6\text{번}\\ \text{나머지 모세오경에} & 3\text{번}\end{array}\right\}=9\,(3^2),$$

모두 합쳐서 9번, 하나님의 완전수 삼(3)의 평방수이다.

"전능하신" 이름의 첫번째 나타남은 역시 교훈으로 가득차 있지만 다섯(5) 항목 이하에서 살펴보기로 하자.

이 첫번째 책을 통해서 우리는 하나님의 통치와 주권을 알 수 있다—선택(election)과 부르심(calling)으로써 의지의 통치, 아브람만을 부르심(행

7 : 2),이스마엘이 아니라 이삭을 선택하심(창 17 : 18~21), 에서가 아니고 야곱(창 25 : 23 등), 므낫세가 아닌 에브라임(창 48 : 19, 히 11 : 21).

첫번째 책은 한권의 책이다. 이 책은 다른 모든 책들의 시작을 포함하여 "성경의 모판"(the seed plot ot the Bible)이라 흔히 불리웠다. 그 거룩한 표제는 **"시작"**, 즉 첫번째이다 : "태초에 하나님이" 즉 여기에는 생명의 시작이, 예언의 시작이 있다(창 3 : 15). 여자의 씨가 예언되었고 그녀의 씨앗과 사탄의 씨앗 사이에 적대의 시작이 예언되었다.

아브라함과 맺은 언약(창 15)은 계약 당사자가 유일하였기 때문에 무조건적이었다. 율법은 중개자였다. 따라서 그 언약의 당사자는 2명이었다. "중보는 한편[1]만 위한 자가 아니나 오직 하나님은 하나이시니라"(갈 3 : 20) 하나님이 홀로 이 언약을 만드셨기 때문에 "**약속**의 언약(the convenant of PROMISE)"이라 부른다.

그리고 요셉을 통하여 미리 보여준 예수 그리스도의 고통과 장차 올 영광이 있다. 대속물로써 그의 죽음은 이삭의 수양으로 보여 주셨다. "가인의 방법"과 하나님의 방법은 가인의 소산물과 아벨의 양으로 보여 주었다. 이로써 하나님께 다가가는 진실하고 유일한 근거와 하나님께 경배드리는 것을 보여 주셨다.

따라서 계시의 맨앞에서 인간은 행위가 아니라 은혜로만 구원받을 수 있다는 것을 보여 주었다. 모든 진리의 기초는 여기에 있다. 복음의 진실은 여기에서 밝게 빛난다. 모든 것은 하나의 책에 있으며 그것은 바로 첫번째 책이다.

첫번째 계명
(THE FIRST COMMANDMENT)

"이것이 크고 첫번째 되는 계명이요." 마태복음 22 : 37, 38, 혹은 마가복음 12 : 29, 30, "이스라엘아, 들으라. 주 곧 너희 하나님은 유일한 주시라.

1) 이 ellipsis는 창 3 : 20에서 잘못되고 있다. 그것은 반복되고 있는 중보(mectiatar)라는 단어가 아니라 19절에서 나타나는 계약당사자들(contracting party)이다.

네 마음을 다하고 목숨을 다하고 뜻을 다하고 힘을 다하여 주 너의 하나님을 사랑하라."

신 6 : 4의 언급도 있다. 이것은 순위적 "우선(first)", 시간적 우선 그리고 중요성의 우선이다. 따라서 이것은 필요성(necessity)에서도 범위(extent)에서도 성질(nature)에서도 "가장 위대한" 것이다. 율법의 첫번째요 율법에서 가장 큰 것이기 때문에 그것은 유대의 성구함에 쓰여진 네 문장중의 하나였다.

히브리 단어들은 여러 가지로 표현할 수 있지만 성령에 의해 복음서에 기록된 주 예수의 인용구는 그 단어의 의미를 확정시킨다. 히브리어에서 그 순서는 "들어라, 오 이스라엘, 여호와 우리의 엘로힘, 여호와 한 분"이다. 유태인들은 오늘날까지 그것을 "들으라, 오 이스라엘, 우리 주 하나님, 주는 한분"으로 반복하고 전체적 모임에서는 "한 번(one)"을 수분동안 반복한다.[1)]

주가 그 의미를 확정시키는 동사를 주시지 않았다면 삼위일체론을(그들에게 무의식적으로) 확정시키기 때문에 우리도 유태인들처럼 읽었을지 모른다. 세 사람의 이름이 명명되었고 그들이 하나(*one*)라고 밝혀졌다. "주 우리 하나님, 주는 하나이다." 즉 그 셋 성부, 성자, 성령은 하나이다.

하지만 이 문장에는 더욱 특이한 점이 있다. 모든 사본에 그리고 인쇄된 본문들에서 첫 단어와 마지막 단어의 글자가 언제나 대문자(즉 다른 문자보다 크게)로 기록되거나 인쇄되었다.

"쉐마 이스라엘, 야웨, 엘로헤누, 야웨, 에카드"

히브리어에서 이 커다란 두 글자는 첫번째 것이 ע(아인)이고 두번째 것이 ד(달렛)이다. 랍비 Bochin은 이에 대해서 말하기를 "마음이 그로부터 멀리 있으면서 입으로 하나이신 하나님을 고백하는 것은 불가능하다. ע과

---

1) "Elohim"은 복수이므로 "Elohenu"를 수분동안 반복해야할 많은 이유가 있었을지도 모른다.

ד 이 대문자인 이유는 עד (한 증인, a witness)을 이루는 체래(‥)[1]를 밑에 붙여서 하나님이 증인이시고 만물을 아시기 때문에 모든 이가 하나님의 단일성을 고백할 때는 그의 마음이 전념해야 하고 다른 모든 생각으로부터 자유로워져야 한다는 것이다[2]". 이 두 글자가 더 큰 진실한 이유가 될지도 모르지만 그 의미에 따라 단어들의 실제적 의미는 들어라, 오 이스라엘, 여호와(영존하시는 한 분) 우리의 엘로힘(우리의 삼위일체의 하나님) 여호와는 "하나이시다".

여기에서 여호와에 대해 서술된 것은 하나님의 단일성이 전혀 아니지만 여호와라는 이름은 당연히 그에게 속한다는 것과, 그는 하나이며 유일한 하나님, 그 외에 다른 어떤 것도 있을 수 없다는 것이다. 유신론(*Theism*)과 이신론(*Deism*)의 모든 형태는 한편으로는 다신론(*polytheism*) 그리고 다른 편으로는 국가적 혹은 지방신들에 대해서와 같이 인간의 창작물인고로 똑같이 반대적인 입장이다. 모든 진술은 계시로 본다. 이스라엘만이, 여호와는 "우리의 하나님"(our God)이라고 말할 수 있었다. 왜냐하면 그 자신을 알도록 하셨기 때문에-"그의 행위를 모세에게, 그 행사를 이스라엘 자손에게"(시 103 : 7) 알게 하셨다.

이것은 하나(one)로 사용된 엑하드와 일치한다. 히브리어에는 숫자 "하나"로 사용되는 두 단어가 있다. אֶחָד (에카드), "하나"(unus)와 יָחִיד (야키드) "유일"(unicus)이다.

후자인 야키드(יָחִיד)는 완전한 단일성 혹은 유일성, 오직하나(only one)를 의미한다. 이 말은 구약에 12번 나온다(3×2^2) 즉,

모세오경, 3
나머지 구약 9(3^2)

창세기 22 : 2, "네 아들, 네 사랑하는 독자 이삭을 데리고(Take now thy son, *thine only* son Issac)"

창세기 22 : 12, 16 "네 아들 네 독자를 아끼지 아니하였은즉(Hast not

1) tsere는 히브리 발음기호로서 히브리 문자 밑에 붙이는 기호임.
2) J. H. Mich, 히브리 성경.

withheld thy son, *thine only* son)".

사사기 11 : 34, "그녀는 그의 무남독녀라(She was his *only child*)".

시편 22 : 20, "내 유일한 것을 …구하소서(Deliver …my darling)" (란외. 유일한)

시편 25 : 16 "나는 외롭고 괴롭사오니(I am desolate and afflicated)".

시편 35 : 17 "내 유일한 것을 건지소서(Rescue … my darling)"(란외. 유일한)

시편 68 : 6 "하나님은 고독한 자로 가속중에 처하게 하시며(God setteth *the solitary* in families)".

잠언 4 : 3 "나도 … 내 어머니 보기에 유약한 외아들이었었노라(I was … tender and *only* beloved in the sight of my mother)".

예레미야 6 : 26 "독자를 잃음같이(Mourning as for an only son)".

아모스 8 : 10 "독자의 죽음을 인하여 애통하듯하게 하며(I will make it as the mourning of an *only son*)".

스가랴 12 : 10 "독자를 위하여 애통하듯 하며(As one that mourneth for his *only son*)".

이것들이 야키드라는 단어에서 나온것이다. 그리고 여기서 그 단어의 의미를 알아보자. 신명기 6 : 4에서 사용된 단어는 이것이 아니며 여호와에 대해 쓰여진 적은 없다. 그것은 유일하게 낳은 아들인 주 예수에 대해 사용되었으나 여호와(the Triune God)에 대해서는 절대로 쓰여지지 않았다.

그러나 **אֶחָד** (에카드)는 완전한 단일성이 아닌 복합적 단일성을 의미하기 때문에 그렇게 사용되었다. 언제나 하나를 만드는 것은 다른 것들 중에서 하나이다. 그 첫번째로 나타난 것은,

창세기 1 : 5 "첫째날(The first day)"(일곱날 중에서).

창세기 2 : 11 "첫째의 이름을 비손이라"(즉 넷 중의 하나).

창세기 2 : 21 "그가 그 갈빗대 **하나**를 취하고."

창세기 2 : 24 "둘이 **한** 몸을 이룰지로다."

그러므로 그것은 두 번씩 사용될 때, 반복해서 사용될 때 "하나, 하나"는 하나(*one*)와 다른 하나(*the other*)로 해석되었지만 그것은 늘 다른 것들(*others*)이 존재하는 곳에서 하나이다. (따라서 가끔씩 민 7 : 85에서와 같이 각(*each*)으로 사용되기도 하였다.)

창세기 49 : 16 "이스라엘의 한(열둘중) 지파같이."

민수기 43 : 23 "(많은) 포도(중) 한 송이를 달린 가지."

심지어 복수형 에카딤(엘로힘처럼), 하나들(*ones*)도 가지고 있다. 이스라엘과 유다를 상징하는 두 개의 막대기에 관해서 말하면, 에스겔 37 : 19에 이르기를 그들은 "네 손에서 하나들이 되리라."

시편 34 : 20 "그 모든 뼈를 보호하심이여 그 중에 하나도 꺾이지 아니하도다."

여기저기의 모든 곳에서 에카드는 복합물(*composite*)이다. 다른 것들 중의 하나이므로 신명기 6 : 4의 여호와(성부) Elohim(성자) 그리고 여호와(성령)에서 사용된 단어는 에카드 : -한 삼위일체 하나님(One Triune God)이다.

이것이 첫번째 계명에 적용된 것처럼 수 일(1)의 교훈이다. 주는 유일하신 분이다. 결과적으로 그 마음(the heart)을 나눌 다른 어떤 것도 존재하지 않는다. 그래서 당신은 당신의 온 마음을 다해 주를 사랑할 것이다. 지금까지 그 주장의 이유가 처음으로 언급되었고 주어진 첫번째이자 위대한 계명은 그것을 기초로 한다.

그러나 스가랴 14 : 9에서 다른 예를 보게하라.

일천 년의 법칙
(THE ONE MILLENNIAL RULE)

스가랴 14 : 9에는 또 다른 설명을 보여 준다.

"여호와께서 천상의 왕이 되시리니
그 날에는 여호와께서 홀로 하나이실 것이요

그 이름이 홀로 하나이실 것이며."

그 영광의 날에는 여호와의 법칙을 논박할 사람이 아무도 없을 것이다. 그 때에는 율법 혹은 의지, 법칙의 차이가 하나도 없을 것이다. 모든 것이 조화를 이루며 통일될 것이다. 이것이 천 년 평화의 비밀이다. 주기도문에는 하나의 결과로 다른 하나가 오는 두 개가 함께 배치되어 있다.

"나라이 임하옵시며."

"하늘에서 이룬 것 같이 땅에서도 이루어지이다."

하나보다 더 많은 의지가 있는 곳에는 평화나 안식이 있을리 없다. 그 곳에는 분명히 갈등과 혼란이 필연적으로 있을 것이다.

이것이 가족들, 정당들과 나라들 속에 있는 모든 혼잡의 비밀이다.

우리는 가끔 "이중관할(Dual Control)"에 대해 듣지만 그것은 가공(fiction)이다. 그것은 말로만 존재할 뿐이고 실제로는 존재하지 않는다!

이것이 마음의 안식을 위한 비밀이다.—"하나의 의지(one will)." 두 개의 의지가 있는 한 평화는 존재할 수 없다. 우리의 의지가 하나님의 의지에 예속되지 않는 한 우리는 어떠한 안식도 모른다.

인간으로서의 주 예수가 발견했던 것은 배척받으신 중에 안식하셨다. 마태복음 11장에서 세례요한은 의심을 가졌다(2, 3절). 그 세대의 사람들은 그를 거절했다(16~19절). 그의 전능하신 사역을 보았던 도시들은 믿지 않았다(20~24절). 그리고 다음 25, 26절을 읽어보면 "**그 때에** 예수께서 대답하여 가라사대 천지의 주재이신 **아버지여** 이것을 지혜롭고 슬기있는 자들에게는 숨기시고 어린 아이들에게는 나타내심을 **감사하나이다**. 옳소이다. 이렇게 된 것이 **아버지의 뜻이**니이다. 이는 당신이 보시기에 좋기 때문입니다." 그런 후에 피로에 지친 그의 수종자들—귀찮고 보잘것없는 것 같은—에게 말씀하시기를 "수고하고 무거운 짐진 자들아 다 내게로 오라 내가 너희를 쉬게 하리니."

즉, 안식은 아버지의 뜻에 복종할 때만 찾아지는 것이다. 이것이 우리 영혼을 위한 현재의 안식의 비밀이다. 이것이 세상을 위한 천년의 평화와 축복의 비밀이다.

얼마나 단순한가! 이 안식에 대해 우리는 아직도 이방인인 것은 아닌가! 주의 종들은 이 위대한 축복을 찾기 위해 이리로 저리로 얼마나 분주했으며 아직도 그 곳에 들어가지 못하고 있지 않은가! 이것은 어떤 이유에서일까? 그것은 우리가 그의 뜻이 우리의 것보다 더 낫다는 것을 믿지 않기 때문이 아닌가? 우리 자신 대신에 주님이, 우리의 축복 대신에 축복 주시는 자가 우리를 사로잡고 계신다면 우리는 곧 그의 은혜와 영광과 권능의 느낌과 같은 그의 뜻이 우리의 것보다 나음을 확신할 수 있을 것이다. 우리 자신의 일에 몰두하거나 우리 의지를 어떻게 포기할 것인가 하는 것을 묻는 대신에 우리는 그의 뜻이 너무 선하셔서 실제로 우리가 우리 자신을 싫어하고 그의 의지만을 원한다는 것을 알아야 한다.

이 축복은 어떤 굴복행위(act of surrender)나 신앙의 행위(act of faith)에 의해서 얻어지는 것이 아니라 전적으로 은혜로워지는 것과(all-gracious) 모두 선해지는 것(all-good)을 보는 것같이 우리의 의지가 그의 뜻의 계획하에 있는 것 뿐이다.

인간의 현대적 방법은 모두 잘못된 결말로 끝난다. 그들은 그들 자신으로 시작하고 그들 자신에 사로잡혀 있으므로 실패하게 된다. 하나님의 방법은 "하나님 우선"이므로 그 결말은 보장된다.

우리가 그의 방법의 경이로운 지혜와 그의 뜻의 완전함, 향기로움과 축복을 배우는 것은 바울같이 하나님 앞에서 그러하고 또 하나님께 그러할 때에 된다. 우리는 그것을 몹시 소유하기를 원하며 갈망한다. 그리고 그 기쁨을 누리기를 바란다. 우리의 의지는 헛되이 사라질 것인데 그것을 알지 못한다면 앞으로 행복한 경험에 의해 일어난 것을 발견할 때까지 그러할 것이다.

천 년 이후에는 이것이 모든 세상의 축복이 될 것이다. 그 날에 하나의 왕, 하나의 의지가 있을 것이다. "하나이신 주와, 그의 유일하신 이름"이다.

영의 단일성
(THE UNITY OF THE SPIRIT)

이것은 한몸이신 그리스도의 지체들, 동일한 성령에 의해 생기를 부여받은 모든 자들의 단일성이다. 그것은 우리가 그리스도 안에 거함으로 되어진다. 우리는 단지 그것을 보존하고 "평화의 기반(the bond of peace)"이신 성령님에 의해 그 능력 안에서만 살 수 있을 뿐이다. 그것은 교회와 지체들의 단일성에 대한 모든 인간적 사고에 반대되기 때문에 사실상 주의깊게 보존되는 것이 필요하다. 그것은 영적 단일성이다.

에베소서 4 : 4~6에는 몸과 그 지체의 단일성이 설명되었다. 그리고 그 일곱 겹의 본성에 주목하라. 그것은 *Epanodos*로 설명된다. 예를 들면, 첫 해답이, 마지막에서 두번째에 있는 것처럼 문장이 역으로 배열되어진다. 주는 전체의 한 가운데 위치하심으로 찬양 받으신다.

A | 하나의 **몸**이 있다,
B | 그리고 하나의 **성령**,
C | **소망** 가운데 당신의 부르심을 (또한) 들었을 때
D | **하나의 주**,
C | 하나의 **믿음**,
B | 하나의 **세례**,
A | 모든 것 위에(혹은 당신의 위에), 그리고 모든 것을 통하여(혹은 당신과 함께) 그리고 당신의 모든 것 안에 계신 모두(이 몸의 지체들)의 하나이신 하나님과 아버지

여기에서, A와 *A*안에서를 주목해 보면, 한 몸을 갖는다. B와 *B*안에서 성령과 그의 세례를 갖는다. C와 *C*안에서 "믿음"과 "소망"의 은혜를 갖는 반면 D에서 주는 이 한 몸의 위대한 머리, 하나님의 진실하심의 아치의 쐐기돌(keystone)로써 명백해진다.

첫번째로 나타나는 단어들
(FIRST OCCURRENCES OF WORDS)

이것들은 언제나 중요하다. 고대 유태의 해석자들은 그것들에 특별한 관심을 기울였고 늘 어떤 의미를 갖는 것처럼 그것들에 큰 강조를 두었다. 그것들은 일반적으로 단어의 의미를 고정하는데 도움을 주거나 관련된 어떤 교훈을 지적해준다.

단어를 예를 들면 "할렐루야(*Hallelujah*)"는
그것은 어디에서 처음으로 나오는가? 시편 104 : 35,

> "죄인을 땅에서 소멸하시며,
> 죄인을 다시 있지 못하게 하실지로다.
> 내 영혼아 여호와를 송축하라,
> **할렐루야.**"

그리고 신약에서 처음으로 나오는 곳은 요한계시록 19 : 1~3이다. "내가 들으니 하늘의 허다한 무리의 큰 음성 같은 것이 있어 가로되 할렐루야[1] 구원과 영광과 능력[2]이 우리 하나님께 있도다. 그의 심판은 참되고 의로운지라 음행으로 땅을 더럽게 한 큰 음녀를 심판하신 자기 종들의 피를 그의 손에 갚으셨도다. 하고 두번째 가로되 **할렐루야** 하더니[3]"

이 모든 경우 즉 구약과 신약에서 "할렐루야"의 첫번째 나타나는 것은 심판과 연관된 곳에 위치한다. 이것은 찬양이 하나님께 돌려지기 때문이다. 이것은 거짓된 교훈과 현재의 배반적인 관용과는 일치하지 않는다. 성경의 영에 고취된 여호와의 종들은 그와 그들의 적들을 파괴하기 위해 그를 찬양

---

1) 할렐루야의 헬라어 철자는 Alleluia(알레루이아)이다.
2) "과"(and)의 반복은 Polysyndeton의 전형적 형태이다.
3) 이는 Epanadiplosis라 부르는 전형적 반복형태이다. 강조하기 위해서 그리고 그와 관련된 어떤 중요한 교훈에 우리의 관심을 돌리기 위해서 문장을 시작하는 동일한 단어가 문미(end)에 오도록 반복되는 것이다.

하며 또 할 수 있다.

"선지자 (*Prophet*)"

이 단어가 처음 나오는 곳은 창세기 20 : 7인데 아브라함과 관련되어 있다. 하나님은 그랄왕 아비멜렉에게 말씀하시기를 "이제 그 사람의 아내를 돌려 보내라 그는 **선지자**라 그가 너를 위하여 기도하리니 네가 살려니와."

이로부터 선지자라는 말이 단순히 앞의 일을 미리 말하는 사람이 아니라 하나님의 대변인(*His spokesman*)[1]으로써 하나님을 대신해서 증거하는 사람임을 알 수 있다. 히브리 단어로 출애굽기 7 : 1에 "네 형 아론은 네 대언자(*prophet*)가 되리니"라고 나오는 반면 같은 단어가 4 : 16에 번역된 것은 "그가 네 대언자가 되리니"이다. 그 단어가 의미하는 것은 하나님을 대신해서 말하는 사람은 하나님의 사람(예를 들면 하나님 같은 사람)으로서 인식되었다.

"거룩한(*Holy*)"

קדש (코데쉬), "거룩한(*Holy*)"은 출애굽기 3 : 5에 처음 나온다. 시작의 책(창세기)에서가 아니다. 하나님이 애굽에서 그의 백성들을 어떻게 구속하셨는가를 기록한 구속의 책-출애굽기를 열어 보아야 비로소 등장한다(출 15 : 13). 피조물은 구속이라는 개념을 모르고는 거룩에 대해 아무것도 이해할 수 없다.

"신부(*Bride*)"

단어 "신부"(כלה, 칼라)가 처음 나오는 곳은 여호와의 신부로 적용된 이사야 44 : 18이다. 이 단어는 이스라엘에게만 적용된 용어적 의미를 고정하고 있으며 초자연적인 그리스도신비(Christ mystical)의 부분, "그리스도의 몸", 즉 신랑의 일부인 교회에 적용되지 않았다. 따라서 이스라엘이 신부라는 사실을 지적할 수 있다. 이사야 61 : 10, 62 : 5을 비교하라.

"주의 날(*The Day of the Lord*)"

이 중요한 표현은 이사야 2 : 12에 처음 나오며 성령에 의해서 우리에게 주어진 말씀으로 그 표현을 읽는다면, 그것의 목적뿐만 아니라 그 특성과 대

1) 동일 저자의 The Man of God을 보라.

상을 주목한다면, 우리는 그 의미를 명확히 이해할 것이다.

주님이 세상을 무섭게 흔들어 일으키시는 때가 그 날이다. 그 때에 인간은 초라해지고 낮아질 것이며 하나님만이 높임을 받으실 것이다.

이사야 2 : 10~22의 전체 문장을 읽고 그것이 어떻게 강조되었으며 *Polysyndeton* 아홉절에 20번의 "과"(and)가 사용되고, *Synonymia* 즉, 유사 의미의 다른 단어들을 모아서 반복 사용함을 병행하여 사용함으로써 그 중요성을 얼마나 깊이 보여 주고 있는지 주목하라. 여기에는 인간의 본성적 교만의 높이(*loftiness*)와 "주의 날"에 낮아지고 초라해질 깊이(*depth*)를 보여주기 위해서 일곱개의 단어와 그것의 20회 반복을 하고 있다.

이 표현이 처음 나오는 곳은

> "**주**의 날이 교만하고 높은 자에게 임하고
> 높이는 자에게 임하면 그는 낮아지고,
> **여호와**께서 홀로 높임을 받으시리라"(11절)

첫번째 질문
(THE FIRST QUESTIONS)

신구약에 걸친 첫 질문들 역시 교훈으로 가득 차 있다.[1)]

창세기 3 : 9, "네가 어디 있느냐?"

이 질문은 그의 거룩한 존재로부터 숨은 죄인에게 평결을 내리시기 위해서, 그가 잃어 버린 것과, 죄 지은 것과 파멸된 것을 보여 주기 위해 하나님께서 하신 것이었다. 죄를 아는 것과 평결로 죄인을 만드는 것은 율법이다.

첫 계명은 "너는 너의 온 마음을 다해 **주** 너의 하나님을 사랑하라" 등이다. 이 계명의 복종 불가능성을 죄인에게 그의 무능(impotence)함을 판결하고 하나님의 전능하심(omnipotence)에 자신을 감사히 맡기고 구세주를 찾도록 한다.

---

1) 창 3 : 1은 난외가 설명하듯이 질문이 아니다.

따라서 신약의 첫 질문은, 마태복음 2 : 2에, " 나신이가 어디에 계시뇨? "이다. 내가 필요로 하는 이 구세주는 어디에 계신가? 그가 나를 찾았고 나를 판결하셨다. 내가 찾아야 할, 알아야 할, 경배해야 할 그리고 섬겨야 할 그는 어디에 계신가?

신약에 나타난 예언의 첫 성취
(THE FIRST FULFILMENT OF PROPHECY IN THE NEW TESTAMENT)

이것은 문장에 담겨진 그리고 성령이 그 자신의 예언을 해석하시는 원칙을 보여 주는 교훈의 광범위한 분야를 열어 준다. 그것은 마태복음에 있다(1 : 22, 23).

A|"이 모든 일의 된 것은 주께서(*υπό*, 로 말미암아) 선지자로(*διά*, 을 통하여) 하신 말씀을 이루려 하심이니 가라사대

B|보라, 처녀가 잉태하여 아들을 낳을 것이요,

B|그 이름을 임마누엘이라 하리라,

A|하셨으니 이를 번역한 즉 하나님이 우리와 함께 계시다 함이라."[1)]

먼저 여기서 예언이 이사야 7 : 14에서 인용된 것을 주목하라. 마태복음에는 특히 "주께서 말씀하신"으로 기록되었고 이사야에는 "주께서 친히 징조로 너희에게 주실 것이라"로 기록되어 있다.

따라서 이는 "예언은 언제든지 사람의 뜻으로 낸 것이 아니요 오직 성령의 감동하심을 입은 사람들이 하나님께 받아 말한 것이니라"(벧후 1 : 21)라는 사실을 강조한다.

이것이 신약에 나타난 구약의 예언의 첫번째 기록된 성취이듯이 우리는 모든 예언의 일반적 특성과 성령 자신의 해석의 총괄적 예를 발견할 수 있을 것이다.

---

1) 역으로, 즉 A와 A 안에서, 예언과 해석을, 한편 B와 B 안에서 예언의 성취(B에서 그의 이름과 B에서 그의 이름)를 갖는다는 것에 주의하라.

따라서 여기에서 성취된 예언은 이사야 7 : 14에 기록되어 있다. "보라 처녀[1]가 잉태하여 아들을 낳을 것이요 그 이름을 임마누엘이라 하리라."

그러나 이와 관련된 또 하나의 예언이 다음 장에 기록되어 있다.

> "앗수르왕이 … 유다 위에 덮을 것이라 …
> 그가 넘쳐 흘러 들어 와서 …
> 임마누엘이여 그의 펴는 날개가 네 땅에 편만하리라 하셨느니라.
> 너희 민족들아 훤화하라 필경 패망하리라 ; …
> 너희는 함께 도모하라 필경 이루지 못하리라 ;
> 말을 내어라 시행되지 못하리라.
> 이는 **하나님이 우리와 함께 하심이니라**(עִמָּנוּ אֵל, 임마누-엘)."
> (사 8 : 7~10)

이제 성취된 예언의 첫 인용구에서 교훈적인 다음 사실들에 주목하라.

1. 우리가 알아 보았듯이 예언은 **여호와**와 단지 도구나 대리인일 뿐인 소위 선지자들에 의해 말씀되었다. 이는 베드로후서 1 : 20, 21과 일치한다. "성령의 감동하심을 입은 사람들이 말한 것임이니라."

이제 여호와라는 단어는 영원 전부터 존재하시고 영원후에도 존재하시는 하나님을 나타낸다.

구약에는 그 단어(여호와)의 해석을 암시하는 말이 있다. 한편 계시록에

---

1) R.V.는 A.V.처럼 해석하지만 난외주가 있다 ; "the maiden is with child and beareth" 동사가 2번 나온다. 창 16 : 11, 삿 13 : 5, 7과 12절은 탄생이 절박했음을 나타낸다. 명사로 처녀는 הָעַלְמָה Ha-almah이며 "처녀(maiden)" 혹은 "소녀(damsel)"이다. Almah는 7번 나오며 창 24 : 43 ; 출 2 : 8 ; 시 68 : 25 ; 잠 30 : 19 ; 아 1 : 3 ; 6 : 8 ; 사 7 : 14. "처녀(maid)" 혹은 결혼하지 않은 여자(unmarried woman)를 뜻한다. 여기에서의 "처녀(the maid)"는 우리에게가 아니라 선지자에게와 아하스(Ahaz)에게 잘 알려진 어떤 특별한 처녀이다. 기술적 의미로 처녀에 해당하는 히브리어는 בְּתוּלָה, Bethulah이다(50번(2×5^2) 나온다. 첫번째는 창 24 : 16). 모든 Almah가 반드시 Bethulah는 아니다. 아래에서 볼 수 있듯이 예언은 이러한 진실의 승인으로 그 메시야적 특성과 힘을 한 조각도 잃지 않는다. 아하스 시대에 성취되었을때(filled)는 단지, Almah이었지만 그것이 완전히 성취되었을때(filled full) 성령은 그것을 그리스어 *παρθένος*로 해석하므로 그녀를 기술적으로 처녀라 정의한다.

는 그 단어가 "전에도 계시고 이제도 계시고 장차 오실 이"를 의미하는 해석이 있다(1：4, 8； 4：8).

따라서 모든 그의 이름 위에 그의 말씀을 크게 하셨기 때문에 "주" 혹은 여호와의 이름은 그의 말씀을 이해하는 열쇠가 된다(시 138：2). 따라서 더욱 중요한 의미에서 그의 말씀은 **과거**(was), **현재**(is)와 **미래**(to come)와 관련될 것이다.

그러나 신약(계시록)에서 인간의 아들로서 여호와 예수는 곧 모든 그의 거룩한 약속을 성취하실 것과 모든 책임을 수행하실 것에 주목하라. 따라서 그의 이름은—

구약에 계실자	이제도 계시고	전에도 계셨고	장차오실자(He is to come)
계시록에 …	이제도 계시고	전에도 계셨고	

미래는 현재가 되고 현재의 것은 과거와 합쳐졌다.

헬라어에서 현재는 분사(participle—한정적 시작 혹은 끝에만 적절한 직설법 동사가 아닌)—로 표현되기 때문에 과거와 현재 사이에서 예언의 연장된 성취를 나타내며 그 범위가 예언의 공포로부터 절정기까지 미친다.

계시록에는 세겹(three-fold)의 문장이 두 번 더 나온다(11：17； 16：5). 하지만 이들은 그리스도의 오심 이후 시기에 관한 것이므로 그 이름의 미래적 모습은 보이지 않게 된다. 그를 "현재와 과거에 존재하는(which art and wast)[1]"분으로만 말했다.

그러나 단순히 "현재와 과거있던(who is and was) 자"가 될 것이다. 그의 오심은 일어났던 것으로 간주되었고 주의 날은 시작되었다. 따라서 이름 속에 미래가 예언의 말씀과 관련되어 남아 있는 것은 하나도 없다.

그 말씀이 "여호와께서 말씀하신" 사실은 그들 예언의 설명에 대한 첫번째 열쇠를 준다.

---

1) "and art to come"은 후에 어떤 필경자에 의해 앞부분(1：4,8)으로부터 삽입된 것이며 사본으로서의 어떠한 권위도 가지고 있지 않다. 그것은 Griesbach, Lachmann, Tischendorf, Tregelles, Alford, Wordsworth, Westcott, Hort and the R. V에 의해 제외되었다.

2. 예언의 주제는 그리스도이다. "예수의 증거는 대언의 영이기 때문이다"(계 19 : 10).

3. 이 예언은 원래 아하스의 사람—인간의 실패에 관하여 언급되었다(사 7 : 10—14). 창세기 3 : 15의 예언은 인간의 실패—아담—과 관련되어 주어졌으며 선지자들은 이스라엘의 실패에 관한 특별명령을 받은 증인으로서 처음 들어 올려졌다. 따라서 성령은 여러 가지 다른 말과 그들을 하나로 조합하므로써 이 예언에 인간의 실패와 메시야의 약속을 관련짓고 있다. 따라서 예언은 인간의 실패 이후에 시작되었다는 원칙을 세울 수 있다.

4. 한편, 그는 그들 본래의 주장의 직접적 원인이었던 그 조합으로부터 단어들을 고른다. 따라서 예언은 성령에 의해 그 요소들로 나뉘어졌고 그에 의해서 그 요소들은 그의 계획과 일치하게 재조합되었다.

5. 그는 실제로 인용된 한 문장뒤의 몇 줄의 문장을 다루신다. 기록된 말씀들의 최초의 조합이 말하여지거나 기록되는 그 시간에 예언의 완전한 성취가 왜 허락되지 않는가를 설명하기 위해서.

6. 그는 단순한 단어들 보다는 예언의 요점을 잡아서 이름들의 의미와 예언의 진실을 관련짓는다. 그는 이방의 적들과 언약을 한 아하스를 우상숭배를 하고 불신하는 유태인으로 간주한다.

7. 아들을 낳은 여자가 처녀일 것이라는 것 때문에 그는 히브리 단어 알마의(궁극적인 성취) 원래의 힘을 발전, 정의 그리고 추가했다. 이사야서에서 알마의 사용은 역사적 성취를 위해 바로 잡았지만 미래로 보는 자(*Futurist*)의 성취를 불가능하게 했다.

8. 따라서 이사야 7장과 8장의 전체 예언은 성취를 세부분—과거로 보는 자(*Preteritist*), 현재로 보는 자(*Presentist*), 미래로 보는 자(*Futurist*)—로 구별하는 것만이 그 성취를 받을 수 있다. 그리고 우리가 알아 보았듯이 말하는 사람은 여호와, 주인 것같이, 전에도 계셨고 영원히 존재하시는 하나님처럼 과거, 현재, 미래를 구체화하는 그의 이름의 의미에 따라서 해석되었다. "이제도 계시고, 전에도 계시고, 장차 오실"(계 1 : 4, 8) 주님이다.

따라서 예언의 어떠한 해석도 세 부분 중의 하나만으로 국한하고 다른 두 개를 부정하는 것을 옳다고 할 수 없다. 이것은 "단어의 진실함을 올바르게 나누는 것"이 아니다.

또한 예언을 나누는 힘과 재조합된 세 부분은 예언의 저자, 주 성령의 것이 틀림없다.

그러므로 이 세 원칙 중에 하나(*one*)를 다루는 해석가들은 그들 원칙 중 다른 하나(*another*)를 다루는 자들에 대해서 반대적이고 호전적으로 나누어지게 된다. 하지만 여기에서 성령에 의해 놓여진 원칙을 움켜 쥐고서 그것들 모두 그리고 그것들 모두를 합쳐서 적용을 해야 비로소 예언을 이해할 수 있다.

이제 이 세 원칙을 증명해 보자

첫째-과거로 보는 자(*First- The Preteritist*)

에브라임과 수리아의 연합에 크게 요동한 아하스는 앗수르의 왕과 반대연합(counter-confederacy)을 만드는데 유혹되었다. 그것은 철회된 것이기 때문에 그 유혹에 굴복하지 않도록 그가 필요한 표적을 주셨다. 아이는 한 처녀에게서 낳을 것이고 그 아이는 임마누엘이라 불릴 것이다. 그 아이가 선과 악을 구별하는 것을 알기 전에 그가 싫어한 땅(즉 하나로서 간주된 에브라임과 수리아) 두 왕을 위한 것일 것이다.

다음 장에는 아하스에게 주신 다른 표적이 있다. 마헤르-살랄-하쉬-바즈라 불리우는 여자 예언자에게 말씀하신 이시간에 아이가 다시 태어날 것이고 그가 "아버지"나 "어머니"를 부를 수 있기 전에 수리아와 에브라임은 앗수르에 의해서 해를 받을 것이다.

마태복음 1장에서 인용된 말은 이사야 7 : 14에서 부분적으로 취해진 것이고 아하스는 그리스도의 탄생이 약속된 "표적"(sign)을 보기 위해 기다리지 않았으나 그것은 그의 날에 일어났었다는 것을 확실히 나타낸다. 사실 그러하다. 이런 이유로 과거에 성취된 과거로 보는 자의 해석법이 있다.

두번째—미래로 보는 자(*Second—The Futurist*)

그러나 마태복음 1장에서 인용구의 일부분 "하나님이 우리와 함께"는 시편 2편에서와 같이 세상의 왕들이 메시야에 대적하여 도모하는 그 동일한 시간에 확실히 이르게 하는 이사야 8 : 10에서 인용되었다. 따라서 미래로 보는 자들이 배타적으로 존재한다.

"앗수르왕이 … 유다에 들어와서 창일하고
그의 펴는 날개가 네 땅에 편만하리라 하셨느니라.
너희 민족들아 훤화하라 필경 패망하리라.
너희 먼 나라 백성들아 들을지니라.
너희 허리를 동이라 필경 패망하리라.
너희 허리를 동이라 필경 패망하리라.
너희는 함께 도모하라 필경 이루지 못하리라.
말을 내어라 시행되지 못하리라.
이는 **하나님이 우리와 함께 하심이니라**. **(임마누 엘)**.
여호와께서 강한 손으로 내게 알게 하시며,
이 백성의 길로 행치 말것을 내게 결성시켜"

(사 8 : 8—12. 개역)

이것은 21절로 계속되며 계시록의 심판이 지상에 이르는 어두움의 시간이 되듯이 확실히 미래로 보는 자이다(사 8 : 8~9 : 7을 보라)

9 : 1에서 "고통받는 여자"는 분명히 시온이고 "한 아기가 태어날" 마지막 때에 있을 시온 혹은 나라이다. 그것은 그리스도가 시온에서 나심을 보여주는 계 12과 시 87의 그 때이다. 그것은 그가 왕국을 갖고 그의 천년통치를 세우는 때이다(눅 1 : 31~33)

그러므로 이 세 부분중의 한 부분은 미래로 보는자의 문장을 제외하고는 완전히 해석되어질 수 없는 것이 확실하다.

셋째-현재로 보는 자(*Third-Presentist*)

현재로 보는 자의 문장 혹은 과거(예언자의 시대)와 미래(절정의 시대) 사이의 시대에 해당하는 것 또한 분명히 구별할 수 있다.

7 : 17에서 이 신비한 아기의 탄생의 예언뒤에 곧 나오는 문장을 읽어 보면,

> "**여호와**께서 에브라임이 유다를 떠날 때부터
> 당하여 보지 못한 날을
> 너와 네 아비집에 임하게 하시리니
> 곧 앗수르왕의 오는 날이니라." (사 7 : 17)

이것을 이해하기 위해서는 느브갓네살이 앗수르왕들의 전승에 들어 간다는 것을 알아야 한다. 따라서 바벨론을 앗수르인이라 불리웠으며 심지어 *Anabasis*에서[1]그렇게 기록한 Xenophon의 시대까지도 그러했다. 그리고 우리가 미디아인이었다고 알고 있는 다리오왕도 하나님 말씀에서 "앗수르왕"으로 불리웠다(에스라 6 : 22을 보고 왕하 23 : 29과 대하 35 : 23을 비교해보라).

따라서 이사야의 예언에서 "앗수르인"은 마지막 때에 되살아난 앗수르의 왕이 절대로 아니고 앗수르 왕의 이 예언들이 다니엘서에 기록된 네 개의 이방국가의 대리까지 이른다는 것을 알 수 있다.

이사야의 이 장에 기록된 앗수르 왕의 예언은 이교도의 시대의 전체를 포함하는 연장된 현재로 보는 자의 성취에 관한 것이다.

이 현재로 보는 자의 성취의 필요성의 또다른 증거는 사 8 : 13에 있다.

> "만군의 여호와, 그를 너희가 거룩하다 하고
> 그로 너희의 두려워하며 놀랄 자를 삼으라.
> 그가 거룩한 피할 곳이 되시리라.

1) 헬라의 역사가 Xenophon이 쓴 고레스의 파사원정기

그러나 이스라엘의 두 집에는 거치는 돌, 걸리는 반석이 되실 것이며,
예루살렘 거민에게는 함정, 올무가 되시리니.
많은 사람들이 그로 인하여 거칠 것이며, 넘어질 것이며, 부러질 것이며
걸릴 것이며, 잡힐 것이니라.
너는 증거의 말씀을 싸매며,
율법을 나의 제자중에 봉함하라.
이제 야곱집에 대하여 낯을 가리우시는
여호와를 나는 기다리며 그를 바라보리라.
보라! 나와 및 **여호와**께서 내게 주신 자녀들이
이스라엘 중에 징조와 예표가 되었나니
이는 시온산에 계신 만군의 여호와께로 말미암은 것이니라."

(사 8 : 13~18, 개역)

여기에는 로마서 9~11장에서 이스라엘의 눈먼 시기로 묘사되었듯이 하나님의 섭리의 현재적 특성이 있다. 이것은 이사야 8 : 14과 로마서 9 : 32,33을 비교해 보면 명확해진다.

그리스도는 많은 사람들에게 넘어지게 하는 돌이고 거스르는 돌이다. 하지만 "은혜로운 선택에 의해서 남겨진" 그의 제자들 중의 남은 자는 그를 믿었다. 제자들은 주의 "자손"으로 여겨졌기 때문에, 그 날에 그리스도와 그의 제자들은 이스라엘에 주의 "표적과 예표"와 같다.

"후손이 그를 봉사할 것이요,
대대에 주를 전할 것이며"

(시 22 : 30)[1)]

이것은 사용된 모든 이름의 의미에서 더욱 확고해진다. <u>여호와의 구속</u>(이사야라는 이름의 의미)은 여호와가 <u>그의 백성과 함께</u> (**임마누엘**)하심으로 성

---

1) 사 8 : 18이 현재신자와 미래신자의 성취를 둘 다 가지고 있다는 것은 히 2 : 13로부터 분명하다.

취될 것이다. 앗수르가 그 나라를 약탈하고 해친 결과로 그 구속을 필요로 하고 초래하였다(MAHER—SHALAL—HASH—BAZ). 그리고 나머지는 돌아온 것이다. 즉 회개(SHEAR—JASHUB, 사 7：3)하고 여호와께 거하고 그를 기다린다.

이것이 이사야의 전체예언의 목적과 교훈이다. 그를 따로따로 구분해서 알아보았음에도 불구하고 그 부분들의 전체적이고 완전한 하나의 예언이 있다.

그 이름 여호와—"이제도 계시고 전에도 계시고 장차 오실"—의 의미에 따라서 성령이(혹은 성령의 인도하심으로 우리가) 과거로 보는 자, 현재로 보는 자, 미래로 보는 자의 성취를 구분할 때에 그 예언을 하나의 유기적 총체로써 이해할 수 있는 것으로부터 이것이 신약에 기록된 최초의 예언의 성취라는 중요한 교훈을 가르쳐 준다.

단 한번만 나오는 단어들 (WORDS THAT OCCUR ONLY ONCE)

이 단어들은 흔히 교훈적이다.그들은 헬라어로 ἅπαξ λεγόμενα(하팍스 레고메나)로 불리운다. 이제 몇 가지 예를 상세히 다루어 보자.

(1) κριτικός(크리티코스), "비평, 감찰(critic)", 히 4：12

이것이 "감찰"이라는 단어의 어원이다. 헬라어로는 크리티코스이고 따라서 "critic"은 문자 그대로 옮겨진 단순한 영어식 철자이다. 그것은 판단할 수 있는 혹은 판단에 능숙한과 단순히 판단을 의미하기도 하지만 언제나 판단하는 사람의 사고적 능력과 함께 쓰인다. 이 말은 "감찰자"로 번역된 히 4：12에만 쓰였다.

전체의 문장은 검이라(엡 6：17)고 기록된 말씀과 살아있는 말씀(그리스도) 둘 다와 관계가 있다.

두 절의 구조는 하나님과 그의 말씀을 구별한다.

A|12—. **하나님**의 말씀은 경이롭다.

B|-12-. 그의 말씀에 **있는** 것(살아 있고, 운동력이 있고, 예리한 검 등)

C|-12-. 그의 말씀이 **하는** 것(찌르고 쪼개는 것 등)

B|-12-. 그의 말씀에 **있는** 것(능숙한 판단)

A|13. **하나님**은 전지하시다.

여기에서 우리는 A와 *A*안에서, 하나님은 전지하신 분인 것과 B, C와 *B* 안에서 그의 말씀을 알 수 있다.

그리고 하나님의 말씀에는 판단력이 있는데 너무나 경이로와서 마음의 생각과 의도를 구별하고 그것들을 판단한다는 것을 알 수 있다.

동일한 말씀이 이후에 우리를 심판하실 것을 주님 스스로 입증하신다-요한복음 12 : 48에 보면 "나를 저버리고 내 말을 받지 아니하는 자를 심판할 이가 있으니 곧 나의 한 그 말이 마지막 날에 저를 심판하리라"고 기록되어 있다.

엄숙한 진실. 따라서 하나님이 그것을 한 번만 사용하심으로써 그의 말씀에 전유(專有)했던 "**비평**(critic)" 혹은 "판단"이다. 이 하나의 단어를 인간이 감히 취하거나 그 자신에 적용할 때 얼마나 더 엄숙해야 하는 것일까? 그리고 인간이 판단하려고 하는 것은 무엇일까? 하필이면 왜 바로 이 하나님의 말씀을! 크리티코스라는 단어가 자주 나왔다면,여러 일과 사람들에게 사용되었다면 인간은 어쩌면 자신을 그들 중에서 어떤 하나의 판단으로 간주되었을 것이다. 그러나 하나님은 오로지 한 번만(only one) 사용하셨으므로 그것을 하나의 것-그의 말씀-에만 국한시켰다. 그러므로 인간이 그 단어를 자신에게 전가하는 것은 두려움을 모르는 주제넘는 것이다. 하지만 인간은 이것을 하고 있을 뿐만 아니라 이 작업을 "고등비평(higher-criticism)"이라 부르기도 한다. 하나님의 말씀이 아니라 사본에 관한 인간의 일(man's work)을 판단하는 합법적인 비평이 여기 있다.

이것은 본문비평이라 하며 고등비평과는 전혀 다른 것이다. 그러나 이 "higher criticism"은 인간적 추론(reasoning)이다. 그것은 인간의 마음에서 나오는 상상-말씀이 판단한 바로 그 생각과 의도-에 지나지 않는다.

얼마나 혼란스러운가! 얼마나 잘못되었는가! 그리고 얼마나 바보스러운가! 과격한 인간적 비평은 증거(evidence)의 영역을 벗어나 이성(reason)의 영역으로 들어갔기 때문에 "고등(higher)"이라고 부른다. 즉 숙련된 판단력을 가진 것처럼 적게 행동할수록 그의 판단력을 더 높이는 것이다! 오, 불쌍한 인간아. 이 말씀에 너 자신을 굴복시킬 수 없단 말인가! 은혜의 날에 그것이 너를 판단하고 유죄의 평결을 하거나 마지막 날에 너의 판단이 될 것이므로 그 때에는 모든 입이 멈출 것이고 너는 "말할 수 없고", "변명의 여지"가 없게 될 것이다.

(2) *καπηλεύω*(카펠레우오), "부패하다, 혼잡하게 하다", 고린도후서 2:17

이것은 한 번만 나오는 또 다른 단어이며 다른 모든 단어들처럼 교훈으로 가득 차 있다. 이 단어는 *κάπη*, 구유 혹은 여물통, 그 곳에서 빨리 먹다 *κάπτω*, (라틴어, capio, 잡다)에서 유래되었으며 *κάπηλος*, 식량을 파는 사람(특히 식량공급자나 포도주 양조자)이 되었으며 동사 *καπηλεύω*는 *κάπηλος*, '선술집을 지키다, 음식과 음료(특히 포도주)를 팔다'라는 뜻이다. 다른 단어들과 마찬가지로 그 단어의 역사에는 인간의 타락한 본성[1]을 증언하고 그러한 모든 상인들이 섞음질해서 포도주의 질을 떨어 뜨렸기 때문에 동사는 단순히 '…의 품질을 떨어 뜨리다'를 의미하게 되었다. 이것은 이사야 1:22을 히브리어로 언급함으로써 보다 확실히 나타낼 수 있다.

> "네 은은 찌끼가 되었고
> 너의 포도주에는 물이 섞였도다."

를 70인역(Septuagint)으로 하면

> "너의 포도주 상인(*οἱ κάπηλοί*)은 포도주에 물을 섞었다."

---

1) 118면과 Note를 보라.

그것은 바로 사도 바울이 말하는 "우리는 수다한 사람과 같이 하나님의 말씀을 혼잡하게 하지 아니하고", 즉 말씀의 질을 떨어뜨리고 "물을 섞는(혼잡하게 하는)" 자들을 고린도후서 2 : 17에서 의미하는 것이다.

성령은 이 동사의 사용을 하나님 말씀의 봉사에만 제한하므로써 **수다한** 이들의 관행에 가능한한 최대의 강조를 하신 것이다. 그는 그의 말씀에 대한 사역이 죽음에서 죽음의 어떤 맛을 느끼게 하는 것을 가장 엄숙히 밝히셨다. "수다한" 이들은 모든 하나님의 충고를 밝히려고 하지 않고 물을 섞었으며 진실을 분별하고 순조로운 것을 예언하는 것의 질을 떨어 뜨리고(딤후 2 : 15) 하나님께서 승인한 것들을 연구하는 대신에 사람들을 즐겁게 하는 것을 찾고 있다.

흠정역(A. V.)의 난외에는 "속임수로 거래하다"가 기록되어 있다. 한편 본문에 "부패한(corrupting)"으로 해석한 개정판(R. V.)는 난외에 "상품을 만들다"라는 선택적 번역을 넣으므로써 전체의 진실의 질을 떨어 뜨리고 있다. 그것은 문장의 엄숙함과는 거리가 먼 것이나 그 진실을 예증한다.

(3) δολόω(돌로오), "기만하다 (to handle deceitfully)", 고후 4 : 2.

이 단어는 한 번만 사용된 또 다른 단어이고 그것에 대해서는 하나님 말씀과 관련되어 있다. 실제로 셋-히브리서 4 : 12, 고린도후서 2 : 17과 4 : 2에 나오는 이 단어-은 잘 비교된다. 한 번만 나오는 다른 단어들처럼 그 의미는 일반적으로 더 많이 사용되는 다른 단어들만큼 명확하거나 확실하지 않다. 따라서 우리는 그 의미를 조사해야 한다. 우선 όω로 끝나는 모든 동사는 명사에 적절한 행위를 수행하는 사역동사이다. 따라서 δοῦλος(둘로스)는 종이며 δουλόω(둘로오)는 다른 이의 종이 되게 하다. 노예가 되다의 의미이다. πόλεμος(폴레모스)는 전쟁이다. 따라서 πολεμόω(폴레모오)는 전쟁을 일으키다 혹은 호전적이 되다를 의미한다.

이제 이 단어에 관해서 살펴보면 명사 δόλος(돌로스)는 속임수로 잡는 어떤 교활한 방법을 의미한다. Homer는 Penelopé(역자주. 헬라神 (Cllysses의 아내)의 옷을 그것[1]으로 사용한다. 그녀는 많은 구혼자를 속이는 방법으로써 사용했으며 그녀는 결심하기 전에 그것을 만드는 것을 마쳐야만 했다. 그는 또한[2] Vulcan이 Mars를 잡는 것으로 그물을 사용한다. 그리고 트로이의 목마를[3], 쥐덫을[4] 사용한다. 그러므로 δόλος는 어떤 속임수(trick) 혹은 장치(contrivance) 혹은 다른 사람을 속이는 모략을 의미한다.

뜨리는 것을 의미한다. 헬라의 작가들은 저질의 금, 물탄 포도주[5], 염색한 옷[6], 변장 등을 그것으로 사용하였다.[7]

따라서 이 문장에서는 하나님과 함께 행동하지 않았다는 것을 사도 바울이 밝히는 것을 뜻한다. 그는 포도주 양조자들이 했던 것처럼 그것을 사용하여 포도주에 물을 섞거나 포도주의 질을 떨어 뜨리거나 하지 않았다(고후 2 : 17). 그는 또한 속임수, 술책, 교활함, 혹은 모략으로 그들을 잡기 위해서 사기꾼이나 협잡꾼을 사용하지도 않았다.[8]

무지한 이성론자들이 하나님의 말씀을 다루는 방법에 대한 예가 될 수 있다. 어떤 이들은[9] 이를 증명하기 위해 예레미야 7 : 22의 여호와께서 "번제나 희생에 대하여 명하지 아니하고"를 인용한다. 그 단어들이 한정하고 제

1) Od. 19. 137
2) Od. 8. 276
3) Od. 8. 494
4) Batr. 116
5) Luc. Hermot. 59.
6) Poll.
7) Soph. Phil. 129.
8) 속임수의 여러 형태에서 인간의 타락한 본성에 대응하기 위해 사용된 많은 단어들을 주목하는 것이 좋을지도 모른다.

πλανάω(플라나오)는 타락하게 하다. 교리의 잘못 혹은 종교적 기만에 사용되었다.
παραλογίζομαι(파랄로지조마이), 잘못된 추론으로 기만하다.
ἀπατάω(아파티오), 거짓 진술로 현목하다.
καπηλευω(카필레오), "혼합물을 섞음으로써 질을 떨어 뜨리다"
δολόω(돌로), "모략으로 기만하다".
ψεύδω(쏘도), "거짓말로 기만하다".
ρασχαίνω(비스카이노), "마술로 속이다".

9) 1894년 4월 the Contemporary Review에 실린 "The Policy of the Pope,"의 저자.

한하는 언급—"너희 열조를 애굽 땅에서 인도하여 낸 날에"—을 삭제한 채로 이것은 양손에 무지나 악의로 가득 찬 협잡꾼의 전형적인 예이다.

이런 하나님 말씀을 "기만적으로 다루는 것"은 인용된 단어들이 그들의 문맥과 떨어졌을 때 가장 흔히 보여진다. 물론 성경은 어떠한 것을 증명하기 위해 만들어졌을 것이다. 이것은 진실을 추구하고 사랑하는 자들에게도 실수할 풍부한 원천이 된다.

이 계획적 기간의 전형적 예는 글에서 볼 수 있다. "네가 술을 마시지 못하리라." 따라서 하나님의 심판의 징조로써 언급된 것은 하나님의 계명으로써 주어졌다. 마가복음 6 : 15을 보라.

(4) ἄρτιος(아르티오스), "온전한(perfect)", 딤후 3 : 17

이 단어는 하나님의 말씀에서 한 번만 나타나는 또 다른 단어이다. 그것은 온전하게 주어졌으며 그 뜻은 꼭 맞는(fitted)이고, 어떤 주어진 사용의 특별한 적합성에 대한 언급을 한다. 동절에 사용된 동사는 전치사 ἐξ, 밖의(out)를 접두사로 한 ἐξαρτίζω(엑사르티조)로 형성되었고 항해용 선박으로서 완전히 준비하다라는 뜻을 갖는다. 따라서 두 단어는 어원이 같으며 유사하게 번역되어져야 한다. 게다가 그들은 강조를 목적으로 우리의 관심을 끌기 위해서 그들의 위치를 벗어나기도 한다. 하나는 문장 초두에 그리고 다른 하나는 끝에 위치한다. "준비된(equipped) 것은 하나님의 사람일 수도 있다. 왜냐하면 모든 선한 일은 완전히 준비되었으므로(fully equipped)" 혹은…완전히 준비된 혹은 완전히 구비된. 바꾸어 말하면 "구원으로 현명하게 되었고" 하나님께서 영감을 주신대로 거룩한 성경을 계속 사용하므로써 이득을 얻은 하나님의 말씀을 "깨달은" 그리고 "확신하는" 자는 "하나님의 사람", 즉 선지자이며 따라서 하나님의 대언자로써 그가 말하는 것은 성경으로부터 아는 것이다.[1] 인간(man's)의 책들을 연구하는 사람은 사람들중의 사람(man of men)이 될것이지만 하나님의 책을 연구하는 자는 "하나님의 사람"이 될 것이다. 더욱이 그는 모든 위급상황에 대비해서

---

1) 동일 저자의 "The Man of God"를 보라.

준비할 것이고, 모든 부족에 대해 갖출 것이며 모든 위급상황에 기꺼이 부딪힐 것이다. 마치 먼 항해를 대비해 장비를 갖춘 무풍과 폭풍에 대비해 준비된, 기꺼이 친구를 돕거나 적을 물리칠 준비가 되어 있는, 화재 및 모든 사고에 대비한—선박처럼 성경의 연구로 진정 이득을 얻은 하나님의 사람은 모든 위급상황에 만반의 대비가 되어 있다.

(5) ῥητῶς(레토스), "분명하게(expressly)", 딤전 4 : 1

이 단어 ῥητῶς(레토스)는 ῥητός, 말하여진, 또는 말로 표현된(*exprssed in words*)에서 유래되었다. 명사 레토르(ῥήτωρ)는 백성들에게 말하고 조언을 하는 사람으로 사용되었다. 또한 고용된 연설가로 사용되었고 웅변술(*rhetoric*)은 그가 사용한 기술로 사용되었다. 그러므로 여기에서 성령이 디모데전서 4 : 1의 엄숙한 단어들을 그 경외함과 진실의 확실성을 강조하기 위해서 사도의 귀[1]에 들릴 수 있도록 실제적으로 공포하셨다는 것을 의미할지도 모른다. (문맥을 보라)

(6) βασκαίνω(바스카이노), "꾀다(to bewitch)", 갈 3 : 1

"어리석도다 갈라디아 사람들아 예수 그리스도께서 십자가에 못 박히신 것이 너희 눈 앞에 밝히 보이거늘 누가 너희를 꾀더냐."

이 단어는 현혹하다라는 뜻이다. 사실 현혹이라는 말은 라틴어의 첫 글자 *f*가 헬라어 *β*의 자리를 차지함으로써 파생되었다. 이교도 중에는 이 현혹이 눈으로 되었다(신 38 : 54, 56 ; 전 14 : 8 ; 지혜서 4 : 12). 갈라디아서 3 : 1에는 확장된 의미로 사용되었고 성령은 그것을 한 번만 사용함으로써 강조하시며 하나님의 백성들에게 언제나 위험이 있다는 것을 지적하신다. 그들이 이 선생에게 "미혹되거나(charmed)", 그 대변인에 "현혹되었다(fascinated)"는 것을 시인할 때 그들은 사실 자신들이 "어리석음"(ἀνόητος,[2] 이해 못하는)을 증명하는 것이다. 왜냐하면 그들은 "매혹되었고" 그들 재능의 사용을 박탈당하여 기만의 커다란 위험에 빠져 있으며 진

---

1) 다른 경우로써 행 10 : 19,20 ; 8 : 2 등.

2) 눅 24 : 25 ; 롬 1 : 14 ; 갈 3 : 3 ; 딤전 6 : 9 ; 딛 3 : 3.

실로부터 외면하기 때문이다.

(7) ἐπιούσιος(에피우시오스), 마 6 : 11

이 단어 에피-우시오스는 한 번만 나온다. 단순히 한 번만 사용된 것이 아니라 다른 어느 곳에서도 심지어 헬라어 표기에서도 나타나지 않는다. 그 이유는 주 예수 스스로 이 단어를 만드셨기 때문이다. 그러므로 성령을 제외한 그 어느 것도 그 의미를 이해하는데 도움을 주지 못한다.

그것은 "매일의(daily)"로 번역되었다. "우리에게 일용할 양식을 주옵시고"(마 6 : 11).

이 단어는 여러가지로 이해되었고 번역되었다. 개역판(R.V.)에는 난외에 생략법으로써 취급하고 있으며 "날(day)"이란 단어를 사용한다. "헬라어. 다가올 날을 위한 우리의 양식." 하지만 34절에 "내일 일을 염려하지 말라"로 표현되어 정반대의 입장이 있으므로 그것은 바른 것일 수 없다. 게다가 "다가올 날을 위한 우리의 양식을 이날에 주옵시고"는 날마다 우리에게 필요한 것이 공급되었다는 위대한 사실의 부정이다. 우리는 미래의 쓸 것을 위해서 비축된 어떠한 은혜도 갖지 못한다는 것이 진실이다. 어떤 특별한 날에 필요한 것은 하나님께서 전이나 후가 아니라 우리가 필요한 그날, 바로 그 순간에 공급하신다. 개역판(R.V.)이 헬라어로 "다가올(coming)"을 뜻한다고 쓴 것은 맞는 것이지만 전치사 ἐπί(에피), 위에(upon)[1]의 참뜻을 유지하면서 "coming upon(~에게 요구되는)"이라 쓰는 것이 더 정확한 것이다.

우리는 어떠한 영어 단어로 표현할 수 없는 주 예수의 이 특별한 단어 속에 그러한 충만함은 가지고 있다고 기대해야 한다. 이 단어는 "양식"이란 단어를 한정한다. 그것은 에피우시오스, 즉 우리에 요구되는 양식이다. 그것은 썩어 없어지는 양식이 아니라 하늘에서 내리는 하늘의 양식(살아 있는

---

1) Ἐπιούσιος는 분사가 ἐποῦσα이었을 것이기때문에 ἐπί, 위의(upon)와 εἰμι, μί, 존재한다(to be), 에서 유래되었을 리 없다. 이것의 분사는 여기에서처럼, ἐπιοῦσα, ~에 의하다(going upon) 혹은 ~에게 요구하는(coming upon)이므로 ἐπί와 εἶμι, 가다(to go) 혹은 오다(to come)에서 유래했음이 틀림없다.

하나님의 말씀 예수)이다(요 6 : 32, 33). "사람이 떡으로만 살 것이 아니요 하나님의 입으로 나오는 모든 말씀으로 살 것이라." 다시 말하면 이 기도에서 우리 아버지에게 요구하는 것은 지상으로부터 올라가는(cometh up) 양식이 아니라 하늘로부터 내리는(cometh down) 양식, 즉 그리스도—살아있는 말씀—그리고 성경—기록된 말씀—이다. 이것들에 의해서만 우리는 진실로 살아있다.

(8) σκόλοφ(스콜롶스), "가시(a thorn)", 고후 12 : 7

이 단어는 바로 "내 육체에 가시를 주셨으니"에 한 번만 나온다. 더욱 문자적으로 말하면 육체에 대한(τῇ σαρκὶ)이다. 주석가들과 해석가들은 이 "가시"가 무엇인지를 설명하기 위해 그들의 솜씨를 모두 쏟았지만 성령은 진실한 해석을 다음에 나오는 단어에서 주셨다. "가시"가 무엇인지에 관해 실수를 저지를지 모르는 것은 즉시 ἄγγελος Σατανᾶ, "사탄의 사자"[1]를 덧붙이는 것이다. 즉 이 "육체에 가시"는 "사탄의 사자"였으며 "나를 괴롭히기 위해" 허락되었다(ἵνα με κολαφίζῃ). 이 κολαφίζω는 주먹으로 한 대 치다는 뜻이다.[2] 어떤 "가시"도 이렇게 할 수 없었다. 하지만 사탄이 보낸 이 악마의 사자는 그럴 수 있었고 허용된다. 그가 받은 계시가 너무 크므로 자고하지 않도록 하기 위해 그렇게 가시가 사도 바울의 육체에 있도록 허락되었다.

우선 "가시"라는 단어를 가지고 있고 "사탄의 사자"라는 뜻도 가지고 있다. 우리는 더 이상 무엇을 찾고 이미 주어진 설명에 무엇을 더 설명한다는 것인가? 기록되지 않은 것을 찾으려고 하는 대신에 실제로 기록된 것에 만족하려 하지 않은가? 이 단어와 어구는 그것이 주는 교훈의 중요성을 보여주기 위해서 이 절에서만 나타난다.

사도바울은 "그것이 떠나기를" 세 번 기도했다. 문자적으로 "나로부터 물

---

1) "the messenger of Satan"은 아니다. 그러한 기사는 없다. 하지만 σκόλοφ(thorn) 가시를 설명하기 위해 주어가 병치되어 있다. Received Text에는 "사탄"이라는 단어가 역시 주격으로 있지만 이것은 사자(angel)—사자 자신이 천사였다—를 설명하는 경우에 한한다. L., T., Tr., A와 W. H는 Σατανᾶ, 사탄의(of satan)으로 기록한다.

2) 마 26 : 67 ; 막 14 : 65 ; 고전 4 : 11 ; 벧전 2 : 20에만 나온다.

러 가도록 혹은 떠나가도록"(ἵνα ἀποστῇ ἀπ' ἐμοῦ). 하지만 그의 기도는 거절되었다! 왜? 그가 필요하지 않은 것을 구했기 때문에! 그리스도의 은혜는 완전히 충분하였다. 그는 낮아지는 것이 필요했다. 이를 이루기 위해 사탄의 그 괴롭힘은 그 자신의 계획을 물리치도록 사용되었다. 사탄의 계획은 하나님의 종을 교만하게 높이는 것이다. 그러나 여기서 사탄의 사자의 괴롭힘은 그의 목적을 물리치도록 기각되었으며(over-ruled) 사탄은 자신의 술책에 빠지게 되었다.

(9) ἀλλοτριοεπίσκοπος(알로트리오-에피스코포스) 벧전 4 : 15.

알로트리오-에피스코포스는 한 번만 나오는 단어인데 어떤 헬라의 고전 작가도 사용하지 않았다. 이것은 두 단어 ἀλλότριος(알로트리오스), "다른 것에 속함"과 ἐπίσκοπος(에피스코포스), "감독자"로 구성된다. 이에 따르면 다른 것들과 자기 일 외의 남의 일을 간섭하는 사람을 뜻한다. 따라서 개역판(A.V.)에는 "다른 사람의 일에 참견하기 좋아하는 사람"(busybody, 개역판, 간섭자)으로 기록되었다. 하지만 이것은 확실히 의미가 약하며 실제적으로 문맥에 언급된 사실에 많이 부족하다. 기독교인은 대박해에 관하여 이 서신서로 훈계되어 왔다. 그것이 무엇을 의미하든지간에 그들은 "살인자", "도적", "악을 행하는 자" 그리고 "알로트리오-에피코포이"로 비난받았으며 심지어 박해는 그로 인하여 시작되었다. 이 단어가 의미하는 것은 그러한 중죄인으로 분류하므로써 단순한 "참견자"나 "간섭자"보다 확실해졌다. 이 박해가 대중적 비난으로 시작된 것은 사실이다. "기독교인들"은 일반인들의 증오의 대상이 되었으며 그들에게는 보통 살인자, 선동자 등의 죄명이 씌워졌다. 하지만 그들 대부분은 세상을 증오한다든지 사회에 대해 적대감을 갖는다든지 하는 것들로 기소되었다. 이 후자의 범죄에 대한 기술적 용어는 *odium humani genersis*[1]이고 기독교인들이 사회의 결속력을 느슨하게 하고 가족을 분할시키고 부모에 대해 아이들이, 아이들

---

1) "인류의 증오대상"(hatred of human kind)이 아니다. 로마인들 간에 genus huminum은 문명화된 사회를 의미한다.

이 부모에 대해 반감을 품게 하며 불법적이고 주술적인 기술로 이 모두를 수행하는데 전념한다는 것을 의미한다. 이런 혐의는 그들을 죽이는데 절대적으로 필수적인 것이었다. 그 이유는 로마제국에서 사형을 가하는 권한은 몇 명의 고위 공직자에게만 속했으며 죽음은 마술사들에 대한 처벌이었다.

로마의 공직자들은 단순한 종교적 혐의를 보잘것없는 것으로 생각했다(행 18 : 15~17, 19 : 37 등을 보라).

그러므로 *ἀλλοτριοεπίσκοπος*라는 단어는 로마의 odium humani generis라는 기소를 헬라어로 표현하기 위해 만들어졌을 것이다. 그런 탄성적 기소는 대중의 흥분시대에 쉽게 검증될 수 있었다. 기독교인들은 가정생활의 평화를 깨며 노예에 대하여 불만과 불복을 일으킨다는 죄로 기소되었다. 그들이 로마 사회의 악덕에 적대감을 갖는 것은 사실이며 그들을 비난한 것은 의심의 여지가 없다. 따라서 사회는 자기 방어적으로 기독교인들을 없애야만 했다! 이것이 이 단어가 내포하는 가르침이다. 그것은 다른 이들의 조소나 조롱을 무시하라는 단순한 충고가 아니다. 그것은 박해가 시작되었을 때 살인자 혹은 도적, 혹은 선동자—사회의 적—로서가 아니라 기독교인으로서 고통받았었다는 엄숙한 훈계인 것이다. "대답할 것을 항상 예비하되[1]"(벧전 3 : 15). "의를 위하여 고난을 받으면 복있는 자니 저희의 두려워함을 두려워말며"(벧전 3 : 14). 그런 지독한 기소와 거짓혐의로 고통받는 것이 아니라 "기독교인"으로서 고통받아라 이를 부끄럽게 여기지 말고 그 이름으로 하나님께 영광을 돌리라(벧전 4 : 12~16).[2]

많은 기독교인들이 오늘날 무지하므로 이 경건한 훈계가 의미하는 것을 염두에 두지 않는다. 그들은 백성의 지도자로서 "사회 복음"(a social gospel)과 "백성들의 복음"(the gospel of the people)이라 공공연히 불리우는 것을 가르침으로써 사회의 적들에게 도움을 주고 "기독교 사회주의"(Christian socialism)라고 부르는 가면하에 평화의 방해자인 우리가 선동

---

1) *ἀπολογία*, apologia는 공식기소에 대한 변호(a defence)를 나타내는 엄밀한 법적 용어이다.

2) 동일저자의 The Spirits in Prison을 보라.

자(agitators)라 불리는 위치에 놓이고 있다. 그런 선생들은 그런 혐의에 대하여 변호를 잘 하기 위해서 그 훈계에 복종하는 것이 어렵다는 것을 알게 될 것이다. 왜냐하면 그들이 기소되는 경우에는 모든 것이 진실이고 거짓이 아닐 것이기 때문이다.

(10) δωδεκάφυλον(도데카퓔론), "열 두 지파", 행 26 : 7

이 단어 도데카퓔론은 사도행전 36 : 7에 사도바울이 부활의 소망에 관해 말하면서 사용하였다. 그는 말하기를 "이 약속은 우리 열 두 지파가 밤낮으로 간절히 하나님을 받들어 섬김으로 얻기를 바라는 바인데".

이는 "잃어 버린" 열 두 지파의 사상이 널리 알려진 잘못이라는 것을 나타낸다.

구약의 예언서에 "유다"라는 용어를 유다 왕국에 대해, "이스라엘"이라는 용어를 열 지파에 대해 기술적으로 사용하였을 것은 사실이다. 하지만 오늘날 이 단어의 보편적 사용이 동일한 정확성을 나타내는 것은 아니다. 우리는 오늘날 아브라함의 모든 씨앗을 "유대인"으로 말하지만 이 단어를 사용할 때 오로지 유다 족속만을 포함하는 사실을 결정하는 것은 아니다! 십자가에 달리셨을 때 유다 족속만이 그 땅에 있었고 주 예수의 죽음에 대한 책임을 진다는 것이 일반적 신앙이다.

그러나 두 왕국이 분리될 때에 "유다 성읍들에 사는 이스라엘 자손," 역대하 10 : 17과 11 : 3에는 "유다의 모든 이스라엘"로 기록된 것은 사실이다. 열 지파의 흩어짐과 유다의 포로되기 오래전에 모든 족속으로부터 나온 무리들은 이스라엘 왕들이 우상을 받아 들였기 때문에 유다 왕국에 합쳐졌다.

역대하 11 : 13, 16, 17에 "그 모든 지방에서부터 온 이스라엘의 제사장과 레위 사람이 그에게 돌아오니(유다 왕 르호보암)…이스라엘 모든 지파중에 마음을 오로지하여 이스라엘 하나님 여호와를 구하는 자들이 레위 사람을 따라 예루살렘에 이르러 그 열조의 하나님 여호와께 제사하고자 한지라 그러므로 3년동안 유다 나라를…강성하게 하였으니."[1)]

1) 그러나 3년 동안만 이 강성함이 계속되었다. 그리고 그들은 다시 우상 숭배에 빠져들었고 더 이상의 강성함도 없었으며 약화되었다.

역대하 15 : 9에는 선지자 아사랴에게 감동받은 유다왕 아사가 성전을 중수하였다. "또 유다와 베냐민의 무리를 모으고 에브라임과 므낫세와 시므온 가운데서 나와서 저희중에 우거하는 자를 모았으니 이는 이스라엘 사람들이 아사의 하나님 여호와께서 그와 함께 하심을 보고 아사에게로 돌아오는 자가 많았음이더라.[1)]"

요세보스는 유태인(Jews)이란 용어에 대해 말하기를(Ant. 11 : 5,7) "그들은 바벨론으로부터 올라온 날부터 그 이름으로 불리웠으며 그 이름은 이 장소들에 처음 온 유다 지파에서 따온 것이다. 그렇게 해서 그들과 그 나라는 같은 명칭을 얻게 되었다." 하지만 이 단어는 곧 더욱 넓게 적용되었고 바벨론에서의 포로생활로부터 돌아왔을 때 우리가 "유다"라고 부르는 것은 원래의 지파만에 국한되는 것이 아니라 이스라엘의 모든 다른 지파들 중에서 많음(abundance)과 함께 유다와 베냐민의 왕국을 포함하였다.

복음서에는 "아셀(Asher)지파, 바누엘의 딸, 안나라 하는 선지자"(눅 2 : 36)라 하고 있다. 그러므로 여기에 그녀의 족보를 추적할 수 있는 열 지파 중의 하나가 있으며 그녀는 여전히 그 땅에 살고 있었다.

열 두 사도에게 교훈을 하신 후에 예수는 특별히 그들에게 명하셨다. "이방인의 길로도 가지 말고 사마리아인의 고을에도 들어가지 말고 차라리 이스라엘 집의 잃어 버린 양에게로 가라"(마 10 : 5, 6). 또 이르시기를 "나는 이스라엘 집의 잃어 버린 양 외에는 다른 데로 보내심을 받지 아니하였노라"(마 15 : 24).

모든 나라(全國－the whole nation)가 이방인들에 의해 "유대인"(Jews)이라 불리운 것과 "유대인"과 "이스라엘 사람"(Israelites)이란 용어로 불리웠던 것은 현대적 용법이 그들에게 준 차이를 가진 채 신약성서에는 사용되지 않았다.

에스더서에서 파사와 다른 곳에 그들이 "유대인"으로 알려졌고 또 불리웠다는 것은 분명하다.

---

1) 히브리어는 בֹּר , rhōυ이고 "다수(multitude)"를 뜻한다. 창 16 : 10 ; 32 : 12 ; 신 1 : 10 ; 28 : 62 ; 여 11 : 4 ; 삿 6 : 5 ; 7 : 12 등을 보라.

예레미야 34 : 9에는 "유다인"이라는 용어가 "히브리"(Hebrew)라는 용어와 공존하고 있다.

또한 스가랴 8장에서는 "유다의 집"(the house of Judah)과 "이스라엘의 집"(the house of Israel)은 조심스럽게 구별하고 있고(13절) "한 유다 사람"은 모든 나라(全國)로 분명히 사용되었다(23절).

그러나 우리는 신약에서 "유대인"과 "이스라엘인"이 구별되지 않고 동일하게 사용되는 것을 볼 수 있다. 오순절에 베드로는 그들을 "유대인들"(men of Judah)이라고 불렀고(행 2 : 14) 22절에는 "이스라엘 사람들"이라 불렀다. 그리고 다시 사도행전 4 : 8에는 "베드로가 성령이 충만하여 가로되 백성의 관원과 장로들아… 너희와 이스라엘의 모든 백성들은 알라."

더욱이 사도행전 4 : 27에는 유대인들이 예수의 죽음에 유죄를 선고한 것은 "이스라엘 모든 백성들"이었다는 것이 확실히 기록되어 있다.

베드로와 야고보는 *Diaspora*,[1] "흩어진(Dispersion)" 즉 "외국에 흩어진 열 두 지파"에게 서신을 보냈다.

마지막으로 바울을 통하여 성령은 아버지께서 하신 부활의 약속에 대해 말씀하신다. "이 약속은 우리 열 두 지파가 밤낮으로 간절히 하나님을 받들어 섬김으로 얻기를 바라는 바인데"(행 26 : 7) 따라서 우리가 "유대인"으로 부르는 이들이 "열 두 지파"와 동일하다는 것을 알 수 있다.

우리나 그들이 지금 그들을 구별하거나 분별하지 못한다 할지라도 "아직도 살아 있는" 참 요셉이 그들을 그의 앞에 차서대로 앉히운바 되었을 때 보여준 그 "놀라움(marvel)"과 유사한 것을 보게 될 것이다(창 43 : 33).

이상으로 하팍스메나의 중요성, 혹은 한 번만 성경에 나타나는 단어들의 예로는 충분할 것이다. 이러한 단어들은 많기 때문에 성경연구의 이 흥미로운 분야를 철저히 연구하고자 하는 이들을 위하여 목록(결코 쓸모없는 것이 아닌)을 첨부한다.

דַּל (달), 시 141 : 3, "문(the door)"

---

1) 이 단어는 요 7 : 35 ; 약 1 : 1 그리고 벧전 1 : 1에만 나온다.

זעה (제가), 창 3 : 19, "땀이 흘러야 (In the sweat of)"
זרזיף (자르지프), 시 62 : 6 "물 (water)"
חפף (카화흐), 신 33 : 12 "그를 보호하시고 (shall cover him)"
חבב (카바브)[1], 신 33 : 3 "여호와께서 사랑하시고 (he loved)"
בחן (보칸), 사 38 : 16 "시험한 (tried)"
כנף (카나프), 사 30 : 20, "너의 스승 (shall thy teachers)"
כשלון (키샬론), 잠 16 : 18 "넘어짐 (a fall)"
לח (레아흐), 신 34 : 7 "기력 (natural force)"
רן (론), 시 32 : 7 "~의 노래 (songs of)"
רהב (로하브), 시 99 : 10 "그들의 힘 (their strength)"
טפש (타파쉬), 시 119 : 70 "살쪄 (is fat)"
רגש(라가쉬), 시 2 : 1 "분노하며 (do rage)"
יונק (요네크), 사 53 : 2 "연한 순 같고 (as a tender plant)"
רגע (라게악), 시 35 : 20 "평안히 거하는 자들 (them that are quiet)"
ילל (이렐), 신 32 : 10 "울부짖는 (howling)"
ימם (에밈) [2], 창 36 : 24 "온천 (the mules)"
קשט (코셋트), 시 60 : 4 "진리 (the truth)"
יסודה (이수다), 시 87 : 1 "그의 근원 (His foundation)"
קפאון (키파온), 슥 14 : 6 "빛이 없겠고 (nor dark)"
בטחה (비트카흐), 사 30 : 15 "신뢰 (confidence)"

---

1) 이 단어는 위대한 현대적 유대사회의 명칭(חובבי ציון), 코베베이 치온의 유래가 되었다. 그 의미는 시온을 사랑하는 사람들(the Lovers of Zion)이다. 동사 חָבַב 는 가슴에 숨기다, 세심하게 보호하는 사랑으로 열렬히 사랑하다를 뜻한다. 그 사회는 팔레스타인의 식민지 건설을 위해 형성되었으며 회복된 이스라엘의 국기를 채택하였다.

2) יוּם, 로부터 처음에는 חום , 소동, 선동을 일으키다. 달아오르다.
산스크리트어에서 야무나는 강의 이름이다 ; Syr에서는 강, 바다(waters)를 의미한다. A. V는 탈무드의 오류를 따르고 있다. R. V는 정확히 "온천(hot-springs)"으로 기록하고 있다. 온천이란 말은 פְּרָדִים 이다.

קריאה (크티아), 욘 3 : 2 "선포(preaching)"
בלימה (블리마), 욥 26 : 7 "없음(nothing)"
בלם (발람), 시 32 : 9 "단속하다, 참다(held in)"
יעט (야가드), 사 61 : 10 "그가 내게 입히시며(he hath covered me)"
צפין (차휜) 시 17 : 14 "주의 숨긴(with thy hid)"
כמה (카마), 시 63 : 1 "앙모하다(longed)"
צוק (초크), 민 9 : 25 "그 때 곤란한(even in troublous)"
כרכרות (키르카로드), 사 66 : 20 "약대에 태워다가(and upon swift beasts)"
פלמוני (팔모니), 단 8 : 13 "그 어떤~에게(unte that certain)" (Marg. "Heb. Palmoni ; 비밀을 세는 사람 혹은〈the numberer of secrets), 혹은 경이롭게 세는 자(the wonderful numberer〉")
מושעות (모솨오트), 시 68 : 20 "구원의(of salvation)"
מושכות (모슈코트), 욥 38 : 31 "~의 띠(the bands of)"
נשיה (느쉬야), 시 88 : 12 "잊음(forgetfulness)"
נבך (네베흐), 욥 38 : 16 "근원(springs)"

신약에서도 예를 들면,

ἀγρεύω(아그레우오) 막 12 : 13 "책잡으려(to catch)"
ἄγνωστος(아그노스토스)[1] 행 17 : 23 "알지 못하는(unknown)"
ἄδολος(아돌로스)벧전 2 : 2 "신령한(sincere)"
αἱματεκχυσία(하이마테크휘시아) 히 9 : 22 "피흘림(shedding of blood)"
αἱρετίζω(아이레티조) 마 12 : 18 "택한(have chosen)"
ἀνόμως(아노모스) 롬 2 : 12 "율법없이(without low)"

---

1) 이 단어에서 "불가지론자"가 유래됨.

ἀπαράβατος(아파라바토스) 히 7 : 24 "갈리지 아니하나니 (unchangeable)"

ἀπάτωρ(아파토르) 히 7 : 3 "아비도 없고 (without be refused)"

ἀπόβλητος(아포브레토스) 딤전 4 : 4 "버릴 것이 (to be refused)"

ἀπαύγασμα(아파우가스마) 히 1 : 3 "광채 (brightness)"

ἀποκλείω(아포크리오) 눅 13 : 25 "닫은 후에 (hath shut to)"

ἄῤῥητος(아레토스) 고후 12 : 4 "말할 수 없는 (unspeakable)"

ἀρχιποίμην(아르키포이멘) 벧전 5 : 4 "목자장 (chief shepherd)"

ἄπειρος(아피로스) 히 5 : 13 "경험하지 못한 (unskilful)"

ἀποβλέπω(아포블레포) 히 11 : 26 "바라보다 (have respect)"

βοήθος (보에도스) 히 13 : 6 "돕는 자 (helper)"

βραβεύω(브라베우오) 골 3 : 15 "주장하다, 관장하다 (rule)"

γυναικάριον (귀네카리온) 딤후 3 : 6 "어리석은 여자 (silly woman)" (중성, 두 성(性)을 가진 바보스런 여자를 포함한)

δακρύω(다크뤼오) 요 11 : 35 "예수께서 눈물을 흘리시더라 (Jesus wept)"

δειλιάω(데일리아오) 요 14 : 27 "두려워하다 (let it be afraid)"

δήπου(디푸) 히 2 : 16 "실로, 정말로 (verily)"

διανυκτερεύω(디아뉘크테레우오) 눅 6 : 12 "밤이 맞도록 (continued all night)"

δικαιοκρισία(디카이오크리시아) 롬 2 : 5 "의로우신 판단 (righteous judgment)"

δότης(도테스), 고후 9 : 27 "기증자 (giver)"

δυσνόητος(뒤스노에토스) 벧후 3 : 16 "알기 어려운 (hard to be understood)"

ἐγκατοικέω(엥카토이케오) 벧후 2 : 8 "저희중에 거하여 (dwelling among)"

ἐγκρατής(엥크라테스) 딛 1 : 8 "절제하며 (temperate)"

εἰρηνοποιέω(이레노피에오) 골 1 : 20 "화평을 이루사(having made peace)"

εἰσδέχομαι(이스데호메) 고후 6 : 17 "영접하여(will receive)"

ἐμέω(에메오) 계 3 : 16 "토하다(spue)"

ἐμπεριπατέω(엠페리파테오) 고후 6 : 16 "행하여(walk in)"

ἐμφυσάω(엠휘사오) 요 20 : 22 "숨을 내쉬며(breathed on)"

ἤπερ(에페르) 요 22 : 43 "~보다(than)"

θαῦμα(데마) 계 17 : 6 "기이함(admiration)"

θεόπνευστος(데오프네스토스) 딤후 3 : 16 "하나님의 감동(inspiration of God) (*i.e.* God breathed)

θρόμβος(드롬보스) 눅 22 : 44 "위대한 땀방울(great drops)"

ἱδρώς(히드로스) 눅 22 : 44 "땀(sweat)"

ἱερουργέω(히에루르게오) 롬 15 : 16 "직무를 하게 하다(ministering)"

ἱκανότης(히카노테스) 고후 3 : 5 "만족(sufficiency)"

καρτερέω(카르테레오) 히 11 : 27 "참았으며(endured)"

κατανάθεμα(카타우아데마) 계 22 : 3 "저주(curse)"

καταμανθάνω(카타만다노) 마 6 : 28 "생각하다(consider)"

κατάλειμμα(카탈럼마) 롬 9 : 27 "남은 자(a remnant)"

κατανύσσω(카타위소) 행 2 : 37 "~에 찔려(were pricked)"[1]

κατοπτρίζομαι(카토프리조마이) 고후 3 : 18 "거울을 보는 것같이(beholding as in a glass)"

κέλευσμα(켈뤼스마) 살전 4 : 16 "호령(a shout)" (*i.e.* an assembling shout)

κνήθω(크네도) 딤후 4 : 3 "가려움(itching)"

---

1) 이 단어들이 그들의 마음에 찔렸다는 것에 주목하라. 한편 행 5 : 33과 7 : 54에는 διαπρίομαι(디아프리오마이)이다. 그들이 마음에 찔렸다(cut to the heart)—이것에는 차이가 있다.

λειτουργικός(레이투르기코스) 히1 : 14 "부리는(ministering)" (*i. e.* worshipping)

μέγιστος(메기스토스) 벧후1 : 4 "지극히 큰(exceeding great)"

μετριοπαθέω(메트리오파데오) 히5 : 2 "~을 용납하다(have compassion)"

μίασμα(미아스마) 벧후2 : 20 "더러움(pollutions)"

μώλωψ(몰로프스) 벧전2 : 24 "채찍(stripes)"

νύττω(뉘토) 요19 : 34 "찌르다(pierced)"

ὁλοτελής(올로테레스) 살전5 : 23 "온전히(wholly)"

ὀρθοτομέω(오르도토메오) 딤후2 : 15 "옳게 분변하여(rightly dividing)"

πάλη(팔레) 엡6 : 12 "씨름(wrestle)" (*i.e.* the wrestling)

παραλλαγή(파랄라게) 약1 : 17 "변함(variableness)"

πενιχρός(페니흐로스) 눅21 : 2 "가난한(poor)"

περιούσιος(페리우시오스) 딛2 : 14 "친(親) 전용의(peculiar)"

πλατύς(프라튀스) 마7 : 13 "넓어(wide)"

πλάσμα(프라스마) 롬9 : 20 "지음받은 물건(thing formed)"

πολυποίκιλος(포뤼포이키로스) 엡3 : 10 "각종(manifold)"

πολυμερῶς(폴론메로스) 히1 : 1 "여러 부분(sundry times)"

πολυτρόπως(폴뤼트로포스) 히1 : 1 "여러 모양(divers manners)"

πρᾶος(프라오스) 마11 : 29 "온유하고(meek)"

προβλέπω(프로브레포) 히11 : 40 "예비하셨을(having provided)"

πρόδρομος(프로드로보스) 히6 : 20 "앞서 가신다(forerunner)"

προελπίζω(프로엘피조) 엡1 : 12 "전부터 바라던(who first trusted)"

σάρκινος(싸르키노스) 고후3 : 3 "육의(fleshy)" 인간(육으로 이루어진)의 본성을 나타냄 ; 한편 σαρκικός(fleshly)는 세속적인 정신의 경향을 나타낸다.

σεβάζομαι(세바조마이) 롬 1 : 25 "경배하고(worshipped)"
σινιάζω(시니아조) 눅 22 : 31 "까부르다(sift)"
στίγμα(스티그마) 갈 6 : 17 "흔적(marks)"
συναυξάνομαι(순아욱크사노마이) 마 13 : 30 "함께 자라다(grow together)"
συνωδίνω(수노디노) 롬 8 : 22 "함께 고통하다(travaileth in pain together)"
συστενάζω(수스테나조) 롬 8 : 22 "함께 탄식하다(groaneth together)"
σωφρονῶς(소프로노스) 딛 2 : 12 "근신함으로(soberly)"
τάγμα(타그마) 고전 15 : 23 "차례(order)"(rank).
ταρταρόω(타르타로오) 벧후 2 : 4 "지옥에 던지다(cast down to hell)"
τεκμήριον(테크메리온) 행 1 : 3 "확실한 증거(infallible proofs)"
τελειωτής(텔레이오테스) 히 12 : 2 "온전케 하시는 이(finisher)"
τροποφορέω(트로포호레오) 행 13 : 18 "소행을 참으시고(suffered he … manners)"
ὑδροποτέω(휘드로포테오) 딤전 5 : 23 "물 … 마시다(drink … water)"
ὑπερείδω(휘페레이도) 행 17 : 30 "허물치 아니하였다(winked at)"
ὑπερχινάω(휘페르키나오) 롬 8 : 37 "넉넉히 이기다(more than conquerors)"
ὑπερυψόω(휘페 소오) 빌 2 : 9 "지극히 높여(highly exalted)"
ὑπέχω(휘페호) Jude 7 "형벌(suffering)"
ὑπόδιχος(휘포디코스) 롬 3 : 19 "심판의, 유죄의(guilty)"
φιλία(휠리아) 약 4 : 4 "벗(friendship)"
φιλοπρωτεύω(휠로프로테우오) 3 John 9 "으뜸되기를 좋아하다(loveth to have the pre-eminence)"

φιλοσοφία(휠로소피아) 골 2 : 8 "철학 (philosophy)"
φλογίζω(홀로기조) 약 3 : 6 "~을 불사르다 (setteth on fire)"
φρυάσσω(흐뤼앗소) 행 4 : 25 "분노했다 (did··· rage)"
φωσφόρος(호스호로스) 벧후 1 : 19 "샛별 (day-star)"
χλιαρός(클리아로스) 계 3 : 16 "미지근한 (lukewarm)"
χρώς(크로스) 행 19 : 12 "몸 (body)"
ψευδώνυμος(프쉬도뉘모스) 딤전 6 : 20 "거짓되이 일컫는 (falsely so called)" (pseudonym)
ψύχομαι(프쉬코마이) 마 24 : 12 "식어지리라 (shall wax cold)"
ὠρύομαι(오뤼오마이) 벧전 5 : 8 "두루다니며 (walking about)"

한번만 나오는 단어들이 진실인 것처럼 또한 한번만 나오는 어구들도 진실이다.

한번만 나오는 어구들
(PHRASES WHICH OCCUR ONLY ONCE)

이 어구들은 매우 중요하다. 우리는 전에 (97면) "사탄의 사자"를 살펴보았다. 많은 것들이 있지만, 여기에서는 한 두 예만 살펴보자.

πνεῦμα Χριστοῦ(프네우마 흐리스투), "그리스도의 영"
로마서 8 : 9.

"만일 너희 속에 그리스도의 영이 거하시면 너희가 육신에 있지 아니하고."(흠정역과 개역<R.V>)에는 "영"이란 단어를 대문자 "S"로 기록함으로 성령의 인격 (the Person of the Holy Spirit)을 의미하는 것같이 대부분의 주석가들이 그렇게 해석한다.

그러나 *πνεῦμα Χριστοῦ*는 괄목할만한 표현이다. 첫째 "영 (Spirit)" 혹은 "그리스도" 앞에는 "the"라는 관사가 없다. 둘째 두 단어의 조합은 다른 곳에 나오지 않는다.[1] 따라서 이 표현은 특별한 중요성을 나타내며 이 어구

1) 벧전 1 : 11에 분명히 유사한 표현이 있지만 관사를 가지고 있다.

를 이해하기 위해 다른 문장에 그것을 적용함으로써 얻을 수 있는 도움은 없다.

*Πνεῦμα Χριστοῦ*는 문자적으로 "그리스도-영(Christ-Spirit)"이다. 그것은 "그리스도 안에" 있는 모든 이들에게 성령이 만들어낸 "새로운 피조물" 혹은 "새로운 창조"이다(고후5 : 17). 이 새로운 본성을 *σάρξ*(싸르크스), 육체에만 반대되는 *πνεῦμα*(프네우마) 혹은 영(spirit)이라 부른다. 그것은 "하나님의" 성품을 닮는 이라고도 한다. 로마서 8 : 9에는 *πνεῦμα Θεοῦ*(프네우마 데우), 하나님의 영(Spirit of God 혹은 Divine Spirit)이라 불리웠다. "너희 안에 그리스도"(Christ in you)라고도 했다(골1 : 27). 그것은 영원한 생명이다. 그것은 실제로 우리 안에 계신 그리스도이다. 부활하시고 승천하신 그리스도는 "우리의 생명"이고 이 생명은 그 추상적 특성과 본질로 인식되어 여기(롬8 : 9)에서 *πνεῦμα Χριστοῦ*(프네우마 흐리스투)로 불리웠다. 그 다음절이 그 문장으로부터 나오는 결론을 포함하기 때문에 이것의 설명을 그 문맥이 하고 있다. "그리스도께서 너희 안에 계시면 몸은(*μεν*, 참으로) 죄로 인하여 죽은 것이나 영은 의를 인하여 산 것이니라"(롬8 : 10). 성령이 우리의 영으로 입증하실 수 있기 전에 성령의 피조물인 우리안에 *πνεῦμα Χριστοῦ*가 있음이 확실하다! 그러므로 하나님의 자녀가 16절에 기록되기 전에 우리 안에 그리스도 생명(Christ-life)은 이 놀라운 장의 주제이다.

바울은 "다시 태어난다"는 것 혹은 "변화받는" 것에 대해 아무런 이야기도 하지 않는다. 우리 안에 *πνεῦμα Χριστοῦ*, 그리스도 영(Christ-spirit)은 이것과 이것보다 더한 것을 암시한다. 요한복음3 : 12의 *τὰ ἐπίγεια*(타 에피게이아) 혹은 땅의 일, 왕국의 지상의 몫 때문에라도 "다시 태어난다"거나 "변화받는" 것은 필요하다.

그리스도가 지상에 오셨을 때 지금도 그런 것처럼 그는 인간의 생명이셨다. 하지만 지금은 사망에서 들리워져 하나님의 우편에서 높임을 받으시기 때문에 그는 특별한 방법—부활의 생명—으로 우리의 생명이 되셨다. 그리고 이 생명은 영광스러운 소망과 같은 성령의 창조적 사역으로 우리 안에 형성된 그리스도 혹은 *πνεῦμα Χριστοῦ*이다. 그리스도는 "생명을-주는 (life-giving) 영"이라 불리웠으며(고전 15 : 46) 주 그리스도와 연합된 그는 한 영이다(고전 6 : 17).

그러므로 우리는 성경에서 다음을 알 수 있다.

(1) 바로 하나님은 영이다(요 3 : 24). *πνεῦμα ὁ Θεός* ;

(2) 바로 그리스도는 영이다, *πνεῦμα*(고전 15 : 46) ;

(3) 바로 성령은 영이며 *πνεῦμα* ;

(4) 바로 영으로 태어난 것이 *πνεῦμα*이기 때문에 우리의 새로운 본성 또한 *πνεῦμα*이다(요 3 : 6).

그러므로 우리 하나님과 아버지의 놀라운 은혜로 인하여 우리는 하나님의 성품에 참여하는 자들이다(벧후 1 : 4). 로마서 8 : 9에서 *πνεῦμα Χριστοῦ*[1]로 불리우는 것은 이 하나님의 성품이다.

곧 교회는 타락하였고 성경의 정경(正經—Canon of Scripture)이 완성되기 전에 다음에 관한 진정한 가르침을 잃었다.

(1) 그리스도의 몸인 하나님의 교회에 관한 "신비"(혹은 비밀)

(2) 신앙원칙에 관한 정당성, 그리고

(3) 성령의 사역 등이다.

종교개혁 당시 <u>두번째</u> 것은 부분적으로 회복되었다. 약 60년전에는 <u>첫번째</u>가 회복되었지만 빠르게 왜곡되었다. 반면 <u>세번째</u>는 결코 완전히 혹은 적절하게 회복되지 않았다. "그리스도 예수 안에 생명의 영"과 "채택된 영"(즉 아들의 영—Sonship spirit)이 내재하고 있는 것과 성령의 인격과를 혼동하지 않은 로마의 주석은 어디에 있는가?

모든 현대의 교파와 모든 현대의 영적운동은 성령의 사역에 관하여 어떤

---

1) *πνεῦμα*는 신약에 약 400번 나온다. 그 중 150개는 바울 서신에 있다. *πνεῦμα*의 여러 용법이 무엇을 의미하는지 진지하게 고찰해 보는 것은 가치있는 일이다. 물론 성령은 관사를 가지고 있다. 그러나 관사가 없고 오순절 전이라면 눅 11 : 13의 *πνεῦμα ἅγιον*는 무엇을 의미할 수 있을까? "너희 천부께서 구하는 자에게 성령을 주시지 않겠느냐?" 요 20 : 22에서는 무엇을 의미할 수 있을까? 예수께서 아직 영화롭게 되지 않으셨기 때문에 그는 아직 주어지지 않았으므로 하나님의 자녀는 확실히 아니다(요 7 : 39).

새롭고 색다른 형태의 그릇된 가르침을 각 경우에 첨가시키므로 그들의 특이하고 기이한 실수를 범하고 있다.

그러나 하나님의 진리는 변함이 없으며 그 말씀은 여전히 성령의 짐이다.

ἔννομος Χριστοῦ[1] (에노모스 흐리스투), "그리스도의 율법아래"
고린도전서 9 : 21.

이것은 또 하나의 난해한 표현이다. 확실한 것은 "율법"이나 "그리스도" 중 하나에도 관사가 없으며 율법에 대해 "the"가 없는 것은 확실하다. 개역판(R.V.)은 관사를 생략하고 "그리스도의 율법아래(under law to Christ)"라 기록했다. 또 하나 확실한 것은 "to"가 없다는 것이다. Χριστοῦ는 여격이 아니라 소유격에 속한다(모든 비평적 본문에 의하면).

이방 기독교인들은 "그 율법" 아래 있는 것을 매우 걱정하였다. 하지만 하나님은 그들을 결코 그 아래 두지 않으셨다. 율법은 모세의 손에 의해 이스라엘에게 하나님이 주셨다. 따라서 이방 기독교인들은 결코 그 율법아래 있지 않았다. 실제로 유대인인 바울은 그리스도 안에 있는 자기 자신과 유대인 동포들에게 확실히 말했다. 로마서 7 : 6 흠정역판(A. V.난 외의 주에 따르면) "이제는 우리가 얽매였던 것에 대하여 죽었으므로 율법에서 벗어났으니". 또는 개역판(R. V)에는 "얽매였던 것에 이미 죽었으므로", 즉 유대인으로써 그들은 그리스도 안에서 율법에 죽었으며 그들의 옛 남편이 더 이상 요구할 수 없도록 부활의 기반에 서게 되었다.

그리고 고린도전서 9 : 20, 21에서 "유대인들에게는 내가 유대인과 같이 된 것은 유대인들을 얻고자 함이요 율법아래 있는 자들에게는 … 율법아래 있는 자 같이 된 것은"이라고 말하고 있다. 여기에는 후대의 전사자가 빠뜨린 중요한 문장이 있다. 하지만 고대의 번역판과 본문 비평에서 모두 발견되었고 개역판(R. V)에서 회복되었다—"**내가 율법아래 있지 아니하나**"라는 말

---

1) ἔννομος는 두번(여기와 행 19 : 39, 정식으로(lawful)) 나오지만, 이 절은 한번이다.

역자주 : 우리말 번역은 개역판(R. V) 보다 잘 되어 있다.

이다. 그리고 계속해서 언급하기를, "율법 없는 자와 같이 된 것은 율법 없는 자들을"(*ἄνομος Θεου*가 아니라 *ἔννομος Χριστοῦ*), 혹은 하나님의 법을 무시하는 자가 아니라 그리스도의 법에 예속된 혹은 하나님의 법이 없는 것이 아니라 그리스도의 법 아래 있는 즉 나는 모세의 율법 아래 있는 것이 아니라 하나님의 법 아래 있다. 어떻게? 나는 그리스도의 계명을 복종하는 자이다. 내가 그리스도의 계명을 지킨다면 어떤 법을 내가 어기는 것인가? 아무 것도 없다! 왜냐하면 내가 그리스도의 사랑 안에서 걸어 간다면 모세의 율법을 완성할 것이며(롬 13 : 10), 내가 사랑안에서 걸어가면 "그리스도의 법을 성취"할 것이기 때문이다(갈 6 : 2).

그러므로 결론은 "율법" 아래 결코 있어보지 아니한 이방인들과 율법 아래 있었던 이스라엘인들 모두가 "그리스도 안에" 있다면, 모세의 율법 아래 있지 아니하고 더욱 숭고하고 더 거룩한 그리스도의 계명 복종하에 있다는 것이다. 따라서 이 구절은 이방인이나 기독교인이나 그 율법아래 있지 않다는 것을 증명하는 것이고 도리어 "그 율법에서 해방된" 것이다.

유일한 단어
(ONLY ONE WORD)

이 위대한 주제의 또 다른 면은 유일한 단어이다. 이것은 그것을 여러번 사용하거나 나타난 것은 어떠한 특정한 것을 가리키기 위해 사용되었다.

히브리 명사로 진리는 이것에 대한 주목할만한 보기가 된다. 많은 단어들이 속임과 거짓말[1])을 나타내는 데 사용되었다. 하지만 진리에 대해서만은 오직 한 단어만 사용되었다. 하나님의 진리는 하나이다! 인간의 거짓말은 거의 무한하다. אֱמֶת (에메트)란 단어는 확고함, 안정, 영구, 안전을 의미한다. 이것이 하나님이 어떤 분이신가를 나타낸다. 이것은 인간은 그렇지 못하다는 것을 분명히 해준다! 인간은 모두 허망한 것이다. "모든 사람은 거짓말장이라"(시 116 : 11). "그 입에는 저주와 궤사(히브리어로는 복수인 궤사들)와 포학이 충만하며 혀 밑에는 잔해와 죄악이 있나이다"(시 10 : 7).

1) p. 94면을 보라.

"저희가 이웃에게 각기 거짓을 말함이여 아첨하는 입술과 두 마음으로 말하는도다"(시 12 : 2).

진리는 하나님 말씀, 자신에 대하여 말씀하시는 살아 있는 말씀인 그리스도 안에서만 발견된다. "내가 … 진리요"(요 14 : 6), 그리고 기록된 말씀인 성경에서 발견된다. "아버지의 말씀은 진리니이다"(요 17 : 17).

하나님의 말씀만이 진리를 말한다. 예수님 만이 그것을 가르치신다. 그러므로 에베소서 4 : 20, 21에 기록된 대로 "너희는 그리스도를 이같이 배우지 아니하였느니라. 진리가 예수 안에 있는 것같이 너희가 과연 **그에게**서 듣고 또한 **그 안에서** 가르침을 받았을 진대" 이것은 완전히 다른 말이 된다! 이는 어떤 진리가 예수와는 동떨어진 곳에서도 발견된다는 것을 암시한다! 그렇지 않다. 개역판(R. V)에는 "예수 안에 있는 바로 그 진리(even as the truth is in Jesus)"라 했다. 즉 예수 안에만 있지 다른 어떤 곳에는 없다. 선천적으로 모든 인간은 야곱과 비슷하다. 그는 사기꾼이었고 속임수로 축복을 얻으려고 노력하였으므로 자기 자신에게 슬픔과 고통을 가져왔다. 하나님이 그를 위해 계획하신 그러한 축복들은 진실하신 하나님에 의해 기록된 대로 사역되었고 또 사역될 것이었다. "야곱에게 진실을 베푸시며"(미 7 : 20).

랍비들은 인간이 완전히 거짓으로 가득 찼음을 지적하였고 하나님은 인간에게 죽음을 말했다. 경건하고 진리를 배우도록 자기의 눈앞에 죽음의 공포로 가득 찬 인간을 지적했다. 따라서 אמת (에메트)로부터 세 단어가 만들어진다(-Notricon 혹은 이합체-Acrostic-의 법칙에 따라)

אָרוֹן (아론) "관"의 첫 글자 א

מִטָּה (밋타) "관대"의 첫 글자 מ

תַכְרִיכִים (타크리킴) "수의"의 첫 글자 ת

그러므로 하나님의 자녀들의 죽음을 "여호와께서 귀중히 보시는도다"(시 116 : 15)라 했다. 왜냐하면 부활할 때만이 그가 잃어 버린 것, 즉 하나님의 형상을 알 수 있으므로 "진리는 땅에서 솟아나고"(시 85 : 11)라 했기 때문이다.

그러나 이 괄목할 만한 단어에 관하여 더욱 단순한 사실은 첫 글자 알레프(א)가 알파벳의 첫 자이며 중간의 글자 멤(מ)이 알파벳의 중간에 있으며 마지막 글자 타우(ת)가 알파벳의 마지막 자라는 것이다. 이것이 우리에게 말하려 하는 것은 주의 말씀이 모두 합하여 진리가 된다는 것이다. 모든 글자와 모든 단어가 처음부터 끝까지 표현하고 내포하고 있는 것은 하나님의 진리라는 것이다. 반면에 예수님은 그 자신이 알파와 오메가[1]요 처음과 끝이며 하나님의 방법, 사역 그리고 말씀의 시작과 끝이시다(계 1 : 8, 17).

우리는 진실 에메트, 진리과, 에므나와 "충실함"을 구별해야 한다.[2] 또한 다른 어원을 갖는 아만, אָמַן (아—만), 부사로서 진실로(truly), 확실히(certainly) 그리고 형용사로서 확고한(firm) 혹은 충실한(faithful) 과도 구별해야 한다. 라틴 사람들은 징조(omens)를 굳게 믿었기 때문에 단어 징조(omen)와 불길한(ominous)은 이 단어에서 유래되었다. 우리는 확실히 믿는 것에 동일한 단어 아멘(*Amen*)을 사용한다.

1) 그리스 알파벳의 첫자와 마지막 자.

2) 합 2 : 4 의로운 사람은 하나님을 믿고 하나님께서 말씀하신 그가 수행해야 할 것에 대한 확고한 기대 속에서 산다. 따라서 그의 믿음은 하나님께서 그를 변명해주는 증거와 증명이 된다. 그러므로 의를 위해 그에게 계산된다. 합 2 : 4은 신약에서 3번 인용되었다. 즉 롬 1 : 17 ; 갈 3 : 2 그리고 히 10 : 38.

이(2)

이제 숫자 이(2-two)의 영적 의미에 대해 알아보자. 우리는 일(1)이 모든 차이를 배제하고 정의한 그것이 통치하는 것을 나타내는 것에 대해 알아보았다. 하지만 이(2)는 차이가 있음을 단언한다-다른 하나(another)가 존재하며 반면 하나(1)라고 할 때에는 다른 하나가 없다!

이 차이는 선한 것일 수도 혹은 악한 것일 수도 있다. 어떤 것이 악과 구별되어 선한 것이 되기도 하고 혹은 선한 것과 구별되어 악한 것이 될 수도 있다. 그러므로 수 이(2)는 문백에 따라서 이중의 색깔을 갖는다.

다른 것으로 나눌 수 있는(divide) 최초의 수이다. 따라서 그를 사용하는 모든 것에서 분할(division) 혹은 차이(difference)의 기본적 사상을 알아낼 수 있다.

이(2)는 특성에는 다를 지라도 증거와 친밀감에 관해서는 하나 일지도 모른다. 두번째 것이 도움과 구조를 줄지도 모른다. 그러나 인간이 관심을 쏟는 곳에 이 수는 인간의 타락이 있다는 것을 증거하고 있다. 왜냐하면 그것은 대립(opposition), 적의(enmity) 그리고 압제(oppression)를 암시하는 차이를 나타내는 것이 더욱 흔하기 때문이다.[1)]

땅이 혼돈으로 뒤덮여 있을 때(창1:2) 그 상황은 우주적인 폐허와 암흑이었다. 창조와 관계되어 기록된 두번째 것은 두번째 것-빛의 시작이었다.

---

1) 많은 다른 단어들처럼; 예를 들면 동사 "방해하다"(prevent)는 원래 하나(one)가 다른 것(another) 앞에 있는 것을 의미한다. 하지만 한 사람이 다른 사람앞에 있을 때마다 늘 방해와 다른 사람에게 상처를 입히기 때문에 이 단어는 점차적으로 방해하다(to hinder)라는 의미를 갖게 되었다. 따라서 인간의 타락을 증명한다. "단순한"(simple)도 그러하다; 본래는 충실한, 열린, 정직한을 의미했다. 하지만 인간의 판단으로는 그런 행동을 하는 사람은 바보(fool)이다. 그러므로 인간은 곧 매우 바보같은 사람을 나타내는 말로써 단순을 사용하게 되었다. 불란서어 Chef도 그러하고 의미는 "주요한"(chief)이다. 하지만 인간이 먹보(a god of his belly)가 되는 것 같이 그 욕망을 최대한 충족시켜줄 수 있는 자는 이 단어에 독특한 요구를 하였다.

하나님께서 어두움으로부터 빛을 나누었기 때문에 그 곳에는 즉시 차이와 분할이 있게 되었다.

그래서 둘째(second) 날에는 중요한 특성인 분할(division)이라는 것이 있었다. "물 가운데 궁창이 있어 물과 물로 **나뉘게** 하리라 하시고"(창 1 : 6). 여기에 둘째날과 연관된 분할(Division)이 있다.

이 위대한 영적 의미는 하나님 말씀 전체를 통하여 나타나 있다. 물론 우리는 책, 장, 절 등의 어떤 인간적 배열이나 분할도 인식할 수 없다. 우리는 단지 분할, 순서 그리고 배열을 하나님이 하신 것을 받아들일 뿐이다.

어떤 것들 중에서 두번째라는 것은 차이(*difference*), 일반적으로 대적(*enmity*)이라는 특징을 가지고 있다.

성경에서 두번째 문장을 잡아보자. 첫번째 문장은,

창 1 : 1인데 "태초에 하나님이 천지를 창조하시니라."

두번째는 "땅이 혼돈하고 공허하며."

여기에서 첫번째 문장은 완전함과 질서에 대해 말하고 있다. 두번째는 밝혀지지 않은 어떤 이유 때문에 어떤 시기에 그리고 어떤 방법으로 사라졌던 폐허와 황량함에 대해서 말하고 있다.[1)]

성경의 분할
(THE DIVISIONS OF THE BIBLE)

앞에서 창세기가 열 두 부분(하나의 서론과 열한 개의 세대<톨도드-Tol'doth>로 이루어진)로 하나님께서 나누셨음을 알아 보았다. 이 분할 중에 첫번째는 하나님의 통치의 완전함을 기록하였다. 두번째(창 2 : 4~4 : 26)는 타락-다툼, 죄, 죽음을 나타내는 옛 뱀 사탄인 원수인 두번째 것의 등장-에 대한 설명을 담고 있다. "원수"는 두번째 분할에서 처음으로 보여진다. "내가 원수가 되게 하리니"(창 3 : 15). 우리는 하나님께서 뱀을 두번째로 한 것을 알 수 있다. 기만당하여 "죄를 지은" 여자는 두번째 **피조물로**, 최

1) 동일 저자의 The New Creation and the Old를 보라.

초의 약속이며 예언의 주제인 여자의 후손은 두번째(second) 사람, 따라서 숫자 이(2)는 그리스도의 화육(化肉)—영원히 찬양받으실 삼위일체 하나님 중에서 두번째 분, "두번째 사람", "마지막 아담"—과 상호연관이 있다.

두번째 "Tol'doth"(창 5 : 1~6 : 8)는 "아담 자손의 계보"로 시작한다. 반면에 "두번째 사람"에 대해 "예수 그리스도의 세계"로 기록하였다(마 1 : 1).

모세오경 전체를 하나의 책으로 간주하면 첫번째 책에서 하나님의 주권(을 알 수 있지만 두번째 책 (출애굽기) 은 "원수들의 압제"로 시작한다. 여기에는 다시 "내가 내려와서 … 그들을 건져내고"(출 3 : 8)라 말한 구원자(the Deliverer)와 구속자(the Redeemer)인 또 다른 것(another)이 있다. 찬양은 그에게 모세의 노래로 드려졌다. "주께서 그 구속하신 백성을 은혜로 인도하시되"(출 15 : 13). 따라서 구속은 성경에 소개되었으며 두번째 책에서 원수(창 3 : 15에 구속자의 첫 약속으로써)와 관련되어 처음으로 언급되었다.

네비임[역주] 혹은 선지자들(여호수아, 사사기, 룻기, 사무엘상하, 열왕기상하, 이사야, 예레미야, 에스겔)라 불리우는 구약의 3개의 대분할 중 두번째는 하나님에 대한 이스라엘의 적의와 하나님과 이스라엘과의 논쟁의 기록을 포함한다. 첫번째 책(여호수아)에는 가나안 땅을 정복하는 데 있어서 하나님의 주권을 알 수 있고 두번째(사사기) 책에서는 그 땅에서의 배신과 적의와 하나님으로부터 떠나 원수들에게 압제 되는 것을 본다. 다시 우리는 여기에서 하나님이 그의 백성을 구원하시기 위해 세운 "구원자들"을 원수들과 병행하여 보게 된다.

"시가서(the Psalms)"라 불리우는 구약의 세번째 대분할에서는 시편으로 시작하기 때문에 두번째 책 욥기를 히브리 정경[1]으로 갖고 있다. 또한 우리는 여기에서 하나님의 자녀를 대적하고 억압하는 원수의 힘과 악의를 알 수 있다. 그리고 우리는 그의 백성의 피난처, 고통중에 매우 신속한 도

역자주 : 선지자들

1) 동일 저자의 The Names and Order of the Books of the Old Testament를 보라.

움이신 살아있는 하나님을 알 수 있다.

사편은 창세기 이외에 어떤 유사한 하나님의 분할을 나타내는 유일한 책이다.

그것은 다섯권으로 이루어진다.

제1권……시 1~41
제2권……시 42~72
제3권……시 73~89
제4권……시 90~106
제5권……시 107~150

시편의 제2권은(출애굽기처럼) "원수들의 압제"로 시작한다(시 42 : 9) 이것이 시편 전체의 주제이며 또한 제2권의 주제이다!

이러한 것은 제2권 뿐만 아니라 다른 권들의 제2편도 각각 그러하다.

제1권의 제2편(시 2)

> 어찌하여 열방이 분노하며,
> [어찌하여]민족들이 허사를 경영하는고?
> [어찌하여]세상의 군왕들이 나서며 관원들이 서로 꾀하며,
> [어찌하여]관원들이 서로 꾀하며,
> 여호와와 그 기름받은 자를 대적하는고?

그러나 6절에 다시 구원자가 등장한다.

"내가 나의 왕을 …… 세웠다."

제2권의 제2편(시 43)은 약속된 구원자를 위한 찬양의 예언과 함께 2절에서 반복된 "원수들의 압제"로 시작한다.

제3권의 제2편(시 74).

"영구히 파멸된 곳으로 주의 발을 드십소서 :"[역자주]

역자주 : 3-4a, 10.

원수가 성소에서 모든 악을 행하였나이다
주의 **대적**이 주의 회중에 훤화하며…
하나님이여 대적이 언제까지 **훼방**하겠으며?
원수가 주의 이름을 영원히 능욕하리이까?…
여호와여 이것을 기억하소서 **원수**가 주를 훼방하며…[1]
학대받은 자로 부끄러이 돌아 가게 마시고…
하나님이여 일어나사 주의 원통을 푸시고…
주의 **대적**의 소리를 잊지 마소서."

제4권의 제2편(시 91)은 전부가 인용되어야 한다. 여기에서는 원수가 앞으로 오실 구원자에게 결국 어떻게 압도당하는가를 기술하고 있다.

제5권의 제2편(시 108).

"주의 사랑하는 자를 건지시기 위하여
우리에게 응답하사 오른손으로 구원하소서…[2]
우리를 도와 대적을 치게 하소서,
사람의 구원이 헛되니이다.
우리가 하나님을 의지하고 용감히 행하리니
저는 우리의 **대적**을 밟으실 자이심으로다."

수 이(2)의 동일한 의미는 신약에서도 나타난다. 2개의 서신서로 이루어진 것은 모두 두번째가 원수들에 관하여 어떤 특별한 언급을 하고 있다.

고린도 후서에서는 원수들의 힘과 사탄의 역사를 힘주어 강조하고 있다(2:11;11:14; 12:7, pp. 을 보라)

데살로니가 후서에서는 "범죄한 자와 무법한 자"를 밝히면서 사탄의 역사에 대한 특별한 설명을 하고 있다.

디모데 후서에서는 딤전에서 통치 속에 있는 교회를 보여주는 것 같이 타

1) 역자주: 18,21,22,23.
2) 역자주: 6절 12,13.

락한 교회를 볼 수 있다.

베드로후서에는 앞으로 올 배교가 예언되고 기록되 있다.

동시에 요 2에서는 "적 그리스도"란 이름을 언급하고 있으며 그 교훈을 가지고 들어오는 자는 집에 들이지 말 것을 기록하고 있다.[1]

우리에게 작(pairs)으로 알려진 수 많은 것들은 이름을 대는 것조차 불가능하므로 하나가 다른 하나에 관해 비교 혹 차이를 통하여 깨닫게 하는 것도 있다.

마태복음 7 : 24~27의 두 기초, 즉 "반석 위에 세웠기 때문에 넘어지지 않는" 하나와, "무너져 그 무너짐이 심한" 다른 하나. 두 염소(레 16 : 7), 즉 두 새(레 14 : 4~7), 두 의견(왕상 18 : 21), 두 주인(마 6 : 24), 두 계명(마 22 : 40), 두 빚진 자(눅 7 : 41), 두 언약(갈 4 : 24), 두 사람(눅 18 : 10), 두 아들(마 21 : 28 ; 눅 15 : 11 ; 갈 4 : 22) 등등.

창세기의 생명 형태
(THE LIFE TYPES OF GENESIS)

창세기의 일곱개의 생명형태(life-type)[2] 중 두번째는 동일한 특성을 갖고 있다.

첫 아담은 무죄, 타락과 추방, 곧 하나님의 목전에서 추방된 첫 부모로 묘사되고 있다(창 3 : 24). 그들이 어떻게 하나님과 다시 동행할 수 있었을까? 이 중요한 문제는 중대한 질문, "두 사람이 합의치 못하고야 어찌 동행하겠느냐?"(암 3 : 3)의 해답으로 주어지는 계시의 첫 머리에 기록된 바로 다음의 말씀으로 해결된다.

해답은 창 4에 두번째 생명-형태(life type)로 주어졌는데 여기에는 두 방법.—"하나님의 방법"(행 18 : 26)과 "가인의 방법"(유 11)이 세상에서 볼

1) Brand(Pop. Ant 3 : 145)는 저자의 서문에서 "영국의 왕들 중에서 2세가 붙은 이름은 매우 불행한 사람들이었다. 예를 들어 윌리암II(2세), 헨리 2세, 에드워드 2세, 리챠드 2세, 챨스 2세 등"을 언급하여 Numerus Infaustus를 인용하고 있다.

2) 동일 저자의 The New Creation and the Old를 보라.

수 있는 두 종교 뿐임이 제시되었으며 기록되었다. 하나는 참된 것인 반면, 다른 하나는 거짓된 것이다.

진실한 종교는 하나이며 변할 수 없는 것이다. 그 말은,

"나의 손으로 아무 것도 가져올 수 없다.
오직 당신의 십자가에 매달릴 뿐이다."

거짓된 종교도 하나이며 변할 수 없는 것이다. 그것에는 많은 변종이 있으나 그 말은 하나이다.

"나의 손으로는 무언가를 가져올 수 있다."

인간들은 존재하게 될 그 어떤 것에 관하여 격렬히 싸운다. 그들은 그것에 대한 논쟁의 과열로 서로를 박해하고 불사르며 파괴한다. 하지만 이 "어떤 것"이 변할지라도 "하나님의 방법"이 아닌 면에서는 하나(one)다. 그것은 하나님께서 지정하신 방법이 아니라 "가인의 방법" 즉 인간의 방법이다. 하나는 "신앙"(faith)이고 다른 하나는 "행위"(works)이다. 하나는 "은혜"이며 다른 하나는 인간적 "공로"이다. 하나는 "생명의 길"이고 다른 하나는 "두번째 죽음"으로 끝난다.

우리는 가인과 아벨의 이 비교 혹은 영원한 차이 뿐만 아니라 심오한 의미와 엄숙한 진실을 나타내기 위해서는 다른 것들도 이런 방법으로 설명할 수 있다.

아브라함과 롯
(ABRAHAM AND LOT)

이들 역시 위의 방법으로 설명할 수 있다. 이 두 사람은 셈으로부터 데라를 통하여 이어지는 삼촌과 조카의 친척관계였다. 둘은 갈대아 우르에서 메소포타미아의 하란까지 함께 출발했다(창 11). 그들 둘은 하란부터 가나안

땅으로 들어가기까지 함께 출발했다(창 12 : 4). 그 후에 그 둘은 애굽에서 함께 나왔다(창 13 : 1). 그러나 곧 둘 사이에는 차이가 명백해졌으며 그들 사이에는 "다툼이 있었다". 그 차이는 명백해졌다.

이 둘 중의 두번째인 롯은 그의 눈을 들어 자기 몫을 선택했다(13 : 11). 반면에 아브라함의 몫은 그를 위하여 하나님께서 택하셨다(13 : 14). 그래서 그들은 "헤어졌다"(13 : 11·14).

우선 롯은 소돔과 고모라라는 성읍이 있는 요단평야를 바라보았고 그것은 "여호와의 동산같이" 보였다(창 13 : 10). 그리고 그는 자기 몫으로 이것을 택했다(13 : 11). 그리고 그는 "그 장막을 옮겨 소돔까지 이르렀다"(13 : 12). 그 후 그는 "소돔에 거하였고" 소돔의 문제와 전쟁에 끼어 들었으며 그 곳에서 쌓아 올린 모든 재물을 잃었다(14 : 12). 이 후에 그는 "소돔 성문앞에 앉아" 있었고(19 : 1) 그들의 불경건한 언행으로 매일같이 "어지러움"에도 불구하고 그곳에서 재판관으로써 역할을 하였으며(벧후 2 : 6—9), 마침내 그 멸망에서부터 생명만을 건졌다.

반면에 아브람은 하나님으로 그의 몫을 삼았다. 그는 믿음으로 행하였다. 그는 단을 쌓을만한 장막만을 쳤다(12 : 8, 13 : 3, 4). 그는 그의 "방패요 지극히 큰 상급"인 하나님과 교제를 가졌다(15 : 1).그는 세상에서는 낯선 사람이었지만 "하나님의 친구"였고 하나님이 의도하시는 비밀을 받았다(시 25 : 14, 암 3 : 7, 요 15 : 15). 확실히 차이가 있었다. 그리고 이 차이는 두 부인에게 있어서 더욱 컸다. 사라는 천국의 예루살렘의 모형인 반면(갈 4 : 21~31), "롯의 아내"는 소금기둥이 되어 영원히 기억될 경고지침으로 남게 된다 ; 눅 17 : 32).

이삭과 이스마엘 (ISAAC ABD ISHMAEL)

이들은 함께 설명된다. 그들은 이복형제였기 때문에 더 가까웠던 인척관계였다. 둘은 모두 아브라함의 아들이었다. 이삭의 어머니는 사라, 이스마엘의 어머니는 하갈이었다. 육체에 따른 인척관계는 아브람과 롯의 관계보다 더 가까왔지만 그 차이는 도덕적으로 그리고 영적으로 더욱 컸다. "아브라함의 씨가 다 그 자녀가 아니라 오직 이삭으로부터 난 자라야 네 씨라 칭하리라"(롬 9 : 7). 오! 얼마나 커다란 차이인가! 이삭은 "영을 따라 낳았으며"; 이스마엘은 "육체를 따라 낳았으므로"(갈 4 : 29, 30), 박해자가 되었다. 우리는 롯에서와 같이 "옳은" 이스마엘, 의로운 이스마엘에 관하여 전혀 읽을 수 없다. 롯의 후손은 모압족속과 암몬족속이었고 모압여인 룻은 예수의 여조상(ancestress)이 되었다. 그러나 이스마엘의 후손은 "흩어졌으며" 오늘날까지 거칠고 정복되지 않은채 계속되고 있다.

야곱과 에서
(JACOB AND ESAU)

이들도 함께 나타난다. 이들의 인척 관계는 더욱 가깝다. 동일한 아버지(이삭)의 자식일 뿐만 아니라 어머니(리브가)도 같았다. 하지만 영적인 차이는 더욱 컸다. 적대관계는 이미 태어나지도 않았을때 "서로 다툴" 정도로 명백했다(창 25 : 22). 그리고 성경에는 "내가 야곱은 사랑하고 에서는 미워하였다"는 사실이다(말 1 : 2, 3; 롬 9 : 13). 에서는 장자의 명분을 무시한 "간음자이며 망령된 자"였다(히 12 : 16, 17). 반면에 야곱은 장자의 명분을 너무 사랑하고 소중히 여겨서 그것을 얻는데 슬프게도 죄를 범하고 말았다. 아브라함과 롯의 후손, 이삭과 이스마엘의 후손에서 볼 수 있는 차이와 같이 여기에서 그 차이는 더욱 현저해진다. 이스라엘은 여호와의 영광, "영원한 나라"인 반면(사 43 : 12, 13; 44 : 7), 에돔 족속은 저주를 받았다. 여호와께서는 아말렉족속에게 맹세하시기를 "아말렉으로 더불어 대대로 싸우리라" 하셨다(출 17 : 16).

두 번 나오는 단어들
(WORDS WHICH OCCUR TWICE)

이제 두번 나오는 단어들 속에 나타난 동일한 의미를 살펴보자. 그 목록은 매우 길게 만들어질 것이다. 히브리어와 헬라어에서 몇 개의 예를 들어

보자. 그런 모든 단어들에서 중요한 교훈을 얻을 수 있다. αποπλέω(아포플레오)에서는 원수들의 사역, 선민을 유혹하는 일(마 13 : 22)이 있을 수 있고 또 믿음으로부터 잘못되게(err) 하는 것(딤전 6 : 10)들이 있음을 알 수 있다.

ἀποπνίγω(아포프니고)에서는 원수들이 씨앗의 기운을 막고(마 13 : 7) 바다에서 스스로 숨막혀 죽는 것을 알 수 있다(눅 8 : 33).

ἀπόλαυσις(아폴라우시스)에서는 하나님께서 우리에게 즐거움을을 주시는(딤전 6 : 17) 것과 죄악의 낙을 주시는 것를 알 수 있다(히 11 : 25).

ἀποκνέω(아포쿠에오)에서는 죽음을 낳는 죄와 진리의 말씀으로 우리를 낳으시는 하나님을 알 수 있다(약 1 : 15, 18).

ἀτμίς(아트미스)에서는 비교된 안개 같은 세상의 생명과 비교된 영원한 생명의 차이를 알 수 있다(약 4 : 14 ; 행 2 : 19).

πανοπλία(파노플리아) (무장)에서는 실제적으로 차이를 알 수 있다. 이 단어는 단순히 두번만(단지 한단어로) 나오는 단어가 아니라 두 의미와 두 곳 즉 사탄의 무장(눅 11 : 22)과 하나님의 전신갑주(엡 6 : 11, 17)로 사용되었다.

"강한 사람"의 무장은 "더 강한 사람"이 빼앗으며 그 영혼은 더 이상 사탄의 영역에 놓이지 않고 구원된다. 그리고 사탄이 믿고 있던 모든 무장은 그에게서 빼앗아(눅 11 : 21, 22) 그의 능력 앞에 있던 불쌍한 죄인들은 이제 "하나님의 전신갑주"를 입게 된다.[1)]

이와 유사한 연구는 다른 단어에서도 가능하다. 심지어 한 단어가 여러번 나오는 곳에서도 구를 이루는 다른 단어와 연관하여 두번만 나올 수도 있다. 이것이 중요할 수도 있다. 예를 들면 ὁ υἱὸς τῆς ἀπωλείας, 멸망의 자식이다. 이 두 단어는 "자식"과 "멸망"은 여러번 나오지만 함께 나오는

1) 사탄이 자발적으로 인간에게서 나가는 경우에는 그렇지 않다. 이 비유는 다른 것과 직접적인 연관으로 주어졌기 때문에 이 경우에 사탄의 무장은 파괴되지 않는다. 그는 쫓겨나간 것이(cast out) 아니다. 그러므로 그 사람은 그의 집을 깨끗이 하고 장식한다. 그는 서약을 하고 뱃지를 달지만 그의 집은 비어있다. 사탄은 온 힘을 다해 돌아오고 그 사람의 처음 상태보다 더욱 악화시킨다.(눅 11 : 24~26, 마 12 : 43~45)

것은 두번뿐이다(요 17 : 12과 살후 2 : 3인데 시 109편을 암시하고 있다). 어떤 이는 이것으로 가룟유다가 다시 죄인으로써 밝혀질 수 있을 것인지에 대해 의심하기도 하였다.

다음은 두 번만 나오는 단어들이 있다.

אבד (오베드), 멸망하다(perish), 민 24 : 20, 24.

אבק (아바크), 씨름하다(to wrestle), 창 32 : 24, 25.

אגרוף (에그로프), 주먹으로(with the first), 출 21 : 18; 사 63 : 4.

אול (올), 힘 또는 권세(strength or might), 왕하 24 : 15; 시 73 : 4.

אכזב (아흐자브), 속이다(liar), 렘 15 : 18; 미 1 : 14.

אסמים (아사밈), 창고(storehouses), 신 28 : 8; 잠 3 : 10.

ארב (에레보), 누워 기다리다(lie in wait), 욥 37 : 8; 38 : 40.

אצעדה (에츠아다), 고리(chains), 민 31 : 50; 삼하 1 : 10.

ארה (아라흐), 따다(to pluck), 시 80 : 12; 아 5 : 1.

ברא (바다), 지어내다(feign), 왕상 12 : 33; 느 6 : 8.

בזר (바자르), 흐트러뜨리다(scatter), 단 11 : 24; 시 68 : 30.

בלק (발락), 황무(waste), 사 24 : 1; 나 2 : 10.

בעט (바가트), 차다(to kick), 신 32 : 15; 삼상 2 : 29.

בתר (바타르), 쪼개다(to divide), 창 15 : 10.

גבהות (가브호트), 높은, 고상한(lofty), 사 2 ; 11, 17.

דחי (드키), 실족으로부터(from falling), 시 56 : 13; 116 : 8.

דחק (타챠크), 부딪히다 또는 괴롭히다(thrust or vex), 삿 2 : 18; 욜 2 : 8.

דמע (다마그), 눈물흘리다(weep), 렘 13 : 17.

חנק(차나크), 목매다(hanged), 삼하 17 : 23; 나 2 : 12.

חסם (차삼), 입에 망을 씌우다(muzzle), 신 25 : 4; 겔 39 : 11.

חסר (차세르), 궁핍, 가난(want, poverty), 욥 30 : 3; 잠 28 : 2.

חשבנות (키쉬바노트), 기계(engines), 대하 26 : 15 ; 지으심(inventions) 전 7 : 29.

חשש (카솨슈), 꽃의 티끌(chaff), 사 5 : 24 ; 33 : 11.

טין (틴), 진흙의(miry), 단 2 : 41, 43.

יון (야웬), 수렁의(miry), 시 40 : 2 : 수렁(mire) 시 69 : 2.

ירט (야라트), 패역한(perverse), 민 22 : 32 ; 욥 16 : 11.

כבל (카발), 착고 고랑(fetters), 시 105 : 18 ; 149 : 8.

כלוא (클로), 옥(prison), 렘 37 : 4 ; 52 : 31.

כסח (카사흐), 작별하다 자르다(cut down), 시 80 : 16 ; 사 33 : 12.

לעג (라에그), 조롱하는 자(mockers), 시 35 : 16 ; 사 28 : 11.

מחתרת (마테레트), 뚫고 들어오다(breaking up), 출 22 : 2.

מלק (말라크), 비틀다(wring off), 레 1 : 15 ; 5 : 8.

משטמה (마스테마), 원한(hatred), 호 9 : 7, 8.

משרה (미스라), 정사(government), 사 9 : 6, 7.

נגח (낙가흐), ~을 받다(push), 출 21 : 29,36.

נדה (나다), 내쫓다(cast out), 사 56 : 5 멀다(put away) ; 암 6 : 3.

נחש (나차슈), 사술(enchantment), 민 23 : 23 ; 24 : 1.

ניר (니르), 갈다 기중하다(to break up), 렘 4 : 3 ; 호 10 : 12.

נכת (느코트), 보물(precious things), 왕하 20 : 13 ; 사 39 : 2.

נקע (나카그), 싫어하다(alienated), 겔 23 : 18 ; 22 : 28.

נשף (나솨흐), 일으키다 불다(to blow), 출 15 : 10 ; 사 40 : 24.

סחף (사차흐), 쓰러지다(to sweep away), 잠 28 : 3 ; 렘 46 : 15.

פרשה (파라솨), 수효(sum), 에 4 : 7 ; 존귀 ; (declaration) ; 에 10 : 2.

צנינים (츠니님), 가시(thorns), 민 33 : 55 ; 수 23 : 13.

קמוש (킴모슈), 엉겅퀴, 찔레(nettles), 사 34 : 13 ; 호 9 : 6.

קמל (카말), 시들다(wither), 사 19 : 6 ; 33 : 9(marg).

שׁאר (레슈), 빈궁(poverty), 잠 6 : 11 ; 30 : 8.

רפס (르파슈), 밟다(stamp), 단 7 : 7, 19.

שׁובב (쇼베브), 패역한(backsliding), 렘 31 : 22 ; 49 : 4.

ἀγγεῖον(앙게이온), 그릇(vessels), 마 13 : 48 ; 25 : 4.

ἄγε(아게), 오늘(to-day), 약 4 : 13 ; 5 : 1.

ἄγναφος(아그나포스), 새로운(new), 마 9 : 16 ; 막 2 : 21.

ἀγνωσία(아그노시아), 알지 못하는(not the knowledge), 고전 15 : 34 무식한(ignorance) ; 벧전 2 : 15.

ἀγοραῖος(아고라이오스), (the public place), 행 17 : 5 저자(baser sort) ; 19 : 38 재판날(law, *αγοραιοι*, public or court days).

ἄδηλος(아델로스), 보이지 않게(appear not), 눅 11 : 44 분명치 못한(uncertain) ; 고전 14 : 8.

ἄθεσμος(아데스모스), 무법한(wicked), 벧후 2 : 7 ; 3 : 17.

ἀθλέω(아들레오), 경기하다(strive), 딤후 2 : 5.

αἰφνίδιος(아이프니디오스), 뜻밖에(unawares), 눅 21 : 34 홀연히(sudden) ; 살전 5 : 3.

ἀκάνθινος(아칸디노스), 가시(thorns), 막 15 : 17 ; 요 19 : 5.

ακρασία(아크라시아), 방탕(excess), 마 23 : 25 ; 고전 7 : 5 절제못함(incontinency).

ἀλαζών(알라존), 자랑을 잘 하는 사람(boasters), 롬 1 : 20 ; 딤후 3 : 2.

ἀλαλάζω(알랄라조), 통곡하다(wailed), 막 5 : 38 ; 울리는(tinkling), 고전 13 : 1.

ἀνακαινόω(아나카이노오), 새롭게 하다(renew), 고후 4 : 16 ; 골 3 : 10

ἀνακαίνωσις(아나카이노시스), 중생(renewing), 롬 12 : 2 ; 딛 3 : 5.

ἀνάπηρος(아나페로스), 병신(maimed), 눅 14 : 13, 21.

ἀναπολόγητος(아나폴로게토스), 핑계치못하다(with excuse), 롬 1 : 20 ; 2 : 1.

ἀνατρέπω(아나트레포), 무너뜨리다(overthrow), 딤후 2 : 18 ; 엎드려 치는도다(subvert), 딛 1 : 11.

ἀνεξιψνίαστος(아넥시흐니아스토스), 찾지 못하다(past finding out), 롬 11 : 33 ; 측량할 수 없는(unsearchable), 엡 3 : 8(그 단어는 찾아낼 수 없는 또는 추적당할 수 없다[1]는 뜻이다).

ἀνθραχιά(아나드라키아), 숯불(the enemy's fire), 요 18 : 18 ; 숯불(the friend's fire), 요 21 : 9.

ἄνοια(아노이아), 분기, 어리석음(madness), 눅 6 : 11 ; 어리석음(folly) 딤후 3 : 9.

ἀνόμως(아노모스), 율법없이(without law) ; 롬 2 : 12(두번).

ἀνόσως(아노소스), 거룩하지 않으며(unholy),

ἀντάλλαγμα(안탈라그마), 바꾸다(exchange), 마 16 : 26 ; 막 8 : 37.

ἀντιμιαθία(안티미스디아), 보응(recompence), 롬 1 : 27 ; 고후 6 : 13.

ἀνωφελῆς(아노휄레스), 무익한(unprofitable), 딛 3 : 9 ; 히 7 : 18.

ἀξίνη(악시네), 도끼(axe), 마 3 : 10 ; 눅 3 : 9.

ἀπειλέω(아페일레오), 위협하다(threaten), 행 4 : 17 ; 벧전 2 : 23.

ἀπεχονόμαι(아페크뒤오마이), 벗다(put of), 골 3 : 9 ; 벗어버리다(spoil), 골 2 : 15.

ἀποβολῆ(아포보레), 손상(loss), 행 27 : 22 ; 버리는 것(casting away), 롬 11 : 15.

ἀποχαραοόχια(아포카라도키아), 고대하는 바(earnest expectation), 롬 8 : 19 ; 빌 1 : 20.

---

1) 한번만 나오는 ανεξερεθνητος(아넥세레니토스)는 이해할 수 없는 것(cannot be understood)과는 다름.

ἀποκυέω(아포퀴에오), 낳다(bring forth), 약1 : 15(자식을); 보다 (beget), 약1 : 18.

ἀπόλαυσις(아폴라우시스), 누리다(enjoy), 딤전6 : 17; 히11 : 25.

ἀποφωρίζομαι(아포훠리조마이), 갈라서다(depart asunder), 행 15 : 39; 계6 : 14.

ἀρσενοκοίτης(아르세노키테스), 남색하는 자(sodomites), 고전6 : 9; 딤전1 : 10.

ἀσβέω(아세베스), 경건치 아니한(live ungodly), 벧후2 : 6; 유15.

ἄσπονδος(아스폰도스), 앙심깊은(implacable), 롬1 : 31; 원통함을 풀지 않는 자(truce—breakers), 딤후3 : 3.

ἀστειος(아스테이오스), 매우 아름다운(exceeding fair), 행7 : 20; 아름다운(proper), 히11 : 23.

ἀστήριχτος(아스테리크토스), 굳세지 못한(unstable), 벧후2 : 14; 3 : 16.

ἀστοργος(아스토르고스), 무정한(without natural affection), 롬 1 : 31; 딤후 3 : 3.

ἀσχημονέω(아스케모노에오), 무례히 행동하다(behave unseemly), 고전7 : 36; 8 : 5.

ἀσχημοσύνη(아스케모쉬네), 부끄러운(unseemly), 롬1 : 27; 계 16 : 15.

ἀτάκτως(아타크토스), 규모없이(disorderly), 살후3 : 6, 11.

ἀτμις(아트미스), 연기(vapour), 행2 : 19; 약4 : 14.

ἀχρειος(아흐러오스), 무익한(unprofitable), 마25 : 30; 눅17 : 10.

ἄχυρον(아휘론), 쭉쟁이(chaff), 마3 : 12; 눅3 : 17.

우리는 수 2(two)를 가진 의미를 조사하지는 않을 뿐더러 수 2(two)가 갖는 의미를 세지도 않지만 그 두개가 이름지워진 곳의 의미를 조사해 보자.

렘 18 : 1－4의 토기장이의 두 그릇이다 (THE POTTER'S TWO VESSELLS OF JER. 18 : 1－4)

그가 만든 첫번째 그릇은 상하였고 두번째 그릇은 토기장이가 원하는 대로 만든 "다른"(another) 그릇이었다.

문맥으로 보아 이것은 이스라엘이 몰락했지만 회복되며 나무가지처럼 잘리었지만 곧 접목될 것이며 스스로 파괴되었지만 하나님의 도움으로 찾게 된다고 해석할 수 있다.

이와 동일한 커다란 차이가 **신구약**에서 나타난다. 첫번째 것은 상처입고, 흠이 없지 않으며, 오래되고 없어져가는 것이지만(히 8 : 7,8,13 ; 10 : 9) 두번째 것은 "더 나은 언약," "새롭고," "세워진" 것이었다(히 8 : 6,8 ; 10 : 9,16,17).

옛 **율법**은 "약하고" "무익한 것"이지만(히 7 : 18 ; 10 : 6,9) 은혜의 율법은 "다가 올 좋은 것"이다.

"**첫 사람**"은 훼손되었고(창 2 : 7 ; 3 : 19) 땅에서 나서 흙에 속하지만 "두번째 사람"은 하늘로부터 오신 주님이시다(고전 15 : 47). 첫 아담은 죽음으로 운명지어지지만 마지막 아담은 영원히 계속해서 산다.

몸(Body)은 타락으로 훼손되고 죽음과 락에 종속되어졌으나 부활할 때에는 영광스런 그리스도의 몸과 같이 만들어질 것이다(요일 3 : 1－3 ; 빌 3 : 21 ; 롬 8 : 23 ; 고전 15 : 42－49).[1)]

저주 아래 있는 **옛 피조물**은 훼손되었고 몰락했다(창 3). "**새 하늘과 새 땅**"은 공의롭게 세워졌고(계 21 : 22),－사실상 커다란 차이가 있다. "거기는 밤도 없고," "태양도 필요치 않으며," "더 이상 슬픔도 없고," "더 이상 저주도 없고," 더 이상 죄 혹은 고통 혹은 죽음도 없다. 오 얼마나 경이로운 차이인가! 그리고 이것은 영원무궁하다. "그는 첫번째 것을 없애시고 두번째 것을 **세우실** 것이다." "주를 찬양하라!" 반역적인 **이스라엘**의 마음은 사라지고 새로운 마음이 주어진다. "사용함으로 멸망하게 되는" **율법**은 하나님이 주신 그리스도에 의해 대치되었다. **인간**은 몰락하고 잃어 버렸지

1) 동일 저자의 The Resurrection of the Body를 보라.

만 영원한 구속으로 구원됐다. 비천한 **몸**은 부패케 되지만 썩지 아니할 것으로 살아난다. **하늘과 땅**은 사라지고 새 하늘과 새 땅이 영광 속에 영원히 세워질 것이다.

그러나 두 개가 있는 곳에 차이는 여전히 존재하지만 이 차이가 좋은 의미로 될 수도 있다는 것을 알았다. 그것이 압제나 방해로 될 수도 있고 혹은 상호교제와 상호협동이 될 수도 있다. 레아와 라헬이 기록된 룻기 4 : 11을 보라,"이스라엘 집을 세운 두 사람" 그것은 사도의 직분과 봉사를 속담과 같은 "두 사람씩"(two and two)이 될 수도 있다. 또는 세례와 주의 만찬의 커다란 표적과 상징이 되는 죽음과 부활에 있어서 그리스도와의 연합이 될수도 있다.

시편 89 : 19에 기록된 구세주이며 전능한 구원자는 특별히 "다른(other)" 것을 나타낸다. "내가 돕는 힘을 능력있는 자에게 더하여라" 했다. **두**(2) 인격-완전한 하나님과 완전한 인간-을 가진 삼위일체의 두번째 인격이다. 참으로 완전한 인간이다. 하지만 오 그것은 완전히 다르다! "노동에 대한 좋은 보수를 받기 때문에 둘은 하나보다 낫다. 그들이 넘어진다면 하나가 그 동료를 일으켜 세워줄 것이기 때문이다. 하지만 그는 그를 일으켜 줄 다른 사람이 없기 때문에 그가 넘어졌을때 홀로 혼자인 사람에게는 화가된다."

거기에는 여전히 "다른" 것이 있지만 그 곳에는 미움 대신에 "도움"이 있다. 둘은 더 이상 다른 것이 아니라, 일치하는 둘이다. 왜냐하면 "두 사람이 합의치 못하고야 어찌 동행하겠느냐"(암 3 : 3).

두 증거는 다를지도 모르지만 하나가 다른 하나를 지지해 주고 강하게 하고 확증할 수 있을지 모른다. 예수께서 말씀하시기를, "두 사람의 증거가 참되다. 내가 나를 위하여 증거하는 자가 되고 나를 보내신 아버지도 나를 위하여 증거하시느니라"(요 8 : 17,18). 또한 율법에도 기록되었다. "두 증인 혹은 세 증인의 입으로" 사실이 세워질 것이다(민 35 : 3; 신 17 : 6; 19 : 15; 마 18 : 16; 고후 8 : 1; 딤전 5 : 19; 히 10 : 28). 율법 전체는

"두 계명"에 의존해 있다(마 22 : 40).

하나님 자신의 계시는 이중으로 되어 있다. 구약과 신약은 인간에게 하나님의 충분한 증거이다. 그리고 그것은 완전히 다르다. 율법과 은혜, 믿음과 행함!

우리는 또한 삼위일체 하나님의 두번째 인격이 특별히 충성된 증인으로 불리운 것을 알 수 있다(계 1 : 5). 충성된 증거와 연관된 숫자 이(2)의 다른 예도 있다. 갈렙과 여호수아는 하나님 진리의 말씀에 두 충성된 증인이었다. 충성되지 않은 사람들은 말하기를, "우리는 능히 올라가서 그 백성을 치지 못하리라 그들은 우리보다 강하니라." 그러나 충성된 자들은 말하기를 "우리가 곧 올라가서 그 땅을 취하자. 우리가 능히 이기리라"한다(민 13 : 30, 31). 그리고 60만 중에 이 두사람만이 그 땅을 유업으로 소유하였다. 오늘날도 역시 충실한 증거는 다수를 의미하지 않는다. 다수의 증거는 과거의 정탐꾼들의 것만큼 오늘날도 잘못된 것일 수 있다. 홀로 진실된 것은 하나님 말씀에 기초한 그 두 사람의 증거이다. 사람의 말에 귀을 기울이지 않고 여호와의 말씀에 주목하는 귀를 가지고 오늘날의 배교시대에 굳게 설 수 있도록 이것이 용기를 북돋아 준다. 전체 회중이 우리를 대항해 반대한다 할지라도 굳게 서야 한다. 우리는 공중에서 주님과 만나게 되기를 기다리는 소수의 사람들이 되어야 한다.

우리의 비밀로 여호와의 충실하심을 가지고 항상 그리고 영원히 "하나님은 진실하시며 모든 인간은 거짓말장이이다"라고 말하라.

다음은 꼭 두번 나타나는 증거에 관한 특별한 언급을 갖는 주목할만한 단어들이다. 예를 들면,

ἀληθεύω(알레데우오), 참된 말(to tell the truth), 갈 4 : 16; 참된 것을 하여(to speak the truth), 엡 4 : 15.

ἀμετάθετος(아메타데토스), 변치 못할(immutable), 히 6 : 18; 변치못할(immutability), 히 6 : 17.

ἀναχεφαλαίοομαι(아나케활라이오마이), 다 들었다(comprehend),

롬 13 : 9 ; 통일되게 하려하다 (gather together in one), 엡 1 : 10.

βεβαίωσις (베바이오시스), 확정 (confirmation), 빌 1 : 7 ; 히 6 : 16.

χεραία (케라이아), 일점 일획 (tittle), 마 5 : 18 ; 눅 16 : 17.

νομοθετέω (노모데테오), 율법을 받았으니 (received the law), 히 7 : 11 ; 세우신 (was established), 히 8 : 6.

ἀμεταμέλητος (아메타멜레토스), 후회없이 (without repentance), 롬 11 : 29 ; 후회할 것이 없는 (not to be repented of), 고후 7 : 10.

ἐγγράφω (엥그라포), 쓴것 (written in), 고후 3 : 2,3.

δικαίωσις[1] (디카이오시스), 의롭다 하심 (justification), 롬 4 : 25 ; 5 : 18.

---

1) 구(9) 항목을 보라.

삼(3)

이 수에는 몇 가지 새로운 현상들이 있다. 우선 기하학적인 형태를 보자. 두 직선은 어떤 공간에서도 밀폐되거나 혹은 한 평면을 만들 수 없다. 두 평면 역시 하나의 입체를 만들 수 없다. 세(삼<3>) 직선은 한 평면을 만들기 위해 필요하다. 길이 넓이 높이의 세 차원은 입체를 만들기 위해 필요하다. 따라서 삼(3)은 육면체(cube)－입체의 가장 단순한 형태－의 상징이다. 둘(2)이 평방 혹은 평면량(x^2)의 상징이다.

그러므로 삼(3)은 입체적, 실제적, 본질적, 전적 그리고 완전한 것을 상징한다. 특히 완전한(complete) 모든 것은 이 숫자 3과 깊은 관련이 있다.

하나님의 속성은 셋이다 : 전지(Omniscience), 무소부재(Omnipresence), 전능(Omnipotence).

시간에는 세개의 커다란 분할이 있는데 그것은 과거, 현재, 미래이다.

또한 문법에서 세인칭(人稱)은 모든 인류의 상관 관계를 표현하며 포함한다.

생각, 말, 그리고 행실은 인간능력의 총합이 된다.

비교의 세 단계는 우리의 질적인 지식을 완성시킨다.

가장 간단한 문장을 완성하기 위해서는 세 부분이 필요하다.

즉 주부(主部), 술부(述部), 연결사이다.

그리고 가장 간단한 이론을 완성하기 위해서는 세 문장이 필요하다.

그것은 대전제, 소전제 그리고 결론이다. 또한 세가지 계(界)가 우리의 사물의 개념을 포괄한다. 그것은 광물계, 식물계 그리고 동물계이다.

성경으로 돌아가서 이 완전은 하나님이 되며 하나님의 완전함 혹은 온전함을 나타낸다.

셋은 네가지 완전수 중의 첫번째이다

3은 하나님의 완전을 나타낸다.

7은 영적 완전을 나타낸다.

10은 예배의식의 완전을 나타낸다.

12는 통치적 완전을 나타낸다.

그러므로 삼(3)은 실제적인, 본질적인, 완전한 실질적인, 완전한 그리고 신적(神的)인 것을 지적해 준다. 인간에게 혹은 인간의 실제적인 것은 하나도 없다. "태양아래 있는" 그리고 하나님으로부터 멀어진 모든 것은 "헛"된 것이다. "가장 좋은 신분에 있는 모든 사람도 다 허망하다"(시 139 : 5·11 ; 62 : 9 ; 144 : 4 ; 전 1 : 2,4 ; 2 : 11,17,26 ; 3 : 19 ; 4 : 4 ; 11 : 8 ; 12 : 8 ; 롬 8 : 20).

"한 하나님 안에 세 분"이 계시기 때문에 삼(3)은 신성과 관련있는 수이다. 천사들은 "거룩, 거룩, 거룩"—삼위일체의 한분마다 하나씩—이라고 세 번 외친다(사 6 : 3). 또한 요한계시록 4 : 8에 살아 있는 창조물도 그렇다.

민수기 6 : 24,25,26에서 주어진 축복은 세번이다.

"**여호와**는 네게 복을 주시고 너를 지키시기를 원하며(성부),
여호와는 그 얼굴로 네게 비취사 은혜 베푸시기를 원하며(성자),
여호와는 그 얼굴을 네게로 향하여 두사 평강 주시기를 원하노라"
(성령).

이 세 축복은 각기 두번씩이므로 각기 두 개의 내용이 있고 여호와의 이름은 세 번 나온다. 이것은 축복의 근원 안에 신적인 축복을 나타낸다. 어떠한 공로도 그것을 이끌어 낼 수 없다. 은혜가 축복의 기원(起源)이었고 평강은 축복의 결과였다.

창세기 18 : 2에는 동일한 세 사람이 아브라함에게 나타난다. 아브라함이 "눈을 들어 본즉 사람 셋이 맞은 편에 섰느니라." 하지만 1절은 "여호와께서 아브라함에게 나타나시니라"라고 밝혀 준다. 아브라함이 한 사람인 동시에 세 사람인 그들에게 말한다는 것은 주목할 만하다. 우리는 13,17절과 20절 등에서 처음에는 "그들(they)이 말하기를" 그 후에는 "그(he)가 말하기를" 그리고 마지막에는 "여호와께서 가라사대"로 기록되어 있다는 것을 알 수 있다. 여호와께서 나타나심으로 시작하는 전체적인 이야기는 "여호와께서 가시니"(33절)로 끝난다.

숫자 일(1)에서 하나이신 하나님의 통치를 알아 보았고 이(2)에서는 제2위(位), 성자, 위대한 구원자를 알아 보았듯이 "삼"(3)에서는 "신성의 충만함"을 나타내고 완전하게 하는 제3위(位), 성령을 알 수 있다. 이 "충만함"이란 단어는 삼위일체의 3위와 연관되어 세 번만 나오는데서 주목할 만하다:

에베소서 3:19, "하나님의 모든 충만함"
에베소서 4:13, "그리스도의 충만함"
골로새서 2:9, "신성의 모든 충만함."

우리는 그의 전능하신 능력으로 충만함을 받기 때문에 "충만함"은 그리스도 안에서 눈에 보이게 명백해졌으며 성령에 의해서 전달되었다(요 1:16).

이것이 아브라함이 하늘의 손님을 위해 "세 스아의 가루"를 준비한 이유이다. 이것이 "세 스아의 가루"가 중요한 소제를 만든 것인가에 대한 이유인 것이다. 왜냐하면 그것은 그리스도의 완전함과 하나님의 성품을 설명하기 때문이다. 레위기에는 가루의 어떤 특별한 양도 규정되지 않았지만 민수기 15:9에는 "소제로 고운 가루 한 에바 십분지 삼(3)에 기름 반 힌을 섞고"로 기록되어 있다. 이것이 소제에 대한 분량이며 신월(新月)과 신년(新年) 등과 같은 특별한 경우에 대한 분량이기도 했다. 또한 그것은 나병환자의 나음에 대한 특별한 분량이기도 했다. 가난한 나병환자는 다른 사람들보다 몇 가지 은혜로운 축복을 가지고 있다. 그만이 선지자, 제사장과 왕들에게만 주어지는 기름부음을 받게 했다! 그만이 제사장의 성별(聖別)을 받았다. 잃어 버렸던 많은 사람들 중에 지금 선택된 자는 죄인들이었다. 그들은 죄로 인하여 죽었으나 성령의 기름부음을 받아 그리스도 안에서 하나님께 왕들과 제사장들이 되게 했다.

그러나 이 "세 스아[1]의 가루"는 더 중요한 것이 있다. 그리스도께서 그의 인격과 그의 사역의 완전함을 지적하시는 비유를 보자(마 13:33). 그 때에 그는 말씀하시기를 "오 하나님 나는 당신의 뜻을 이루기 위해 왔나이다."

1) 역자주: 스아는 양의 단위.

누룩에 대한 여러 의견이 있지만 그것은 "가루"인 것이다. 이것이 해석을 시작하는 요점이다. 대다수의 해석을 따르면 이 순수한 "가루"는 인류의 부패함이며 부풀리는 "누룩"은 순수한 그리스도의 복음인 것이다! "달콤하게 쓴" 또는 "씁쓸하게 달콤한" 이라 부르는 인간의 사악함을 보여주는 것이 전에 있었는가? 인간의 생각이 하나님의 생각에 반대되는 것이라는 것을 보여주는 그러한 증거가 전에 있었는가? 아니다! "세 스아의 가루"는 우리에게 그리스도의 완전함과 그의 복음의 순수함을 지적해 준다. 그리고 숨겨진 "누룩"은 진리에 대한 인간의 부패를 지적해 준다. 우리가 찾아 보아야 하는 타락은 3세기 후가 아니라 제1세기로 해야한다!

그리스도 안에는 죄가 없기 때문에 아무런 누룩도 어떤 희생 혹은 주님께 불로 태워 드리는 제물에 넣을 수 없었다. 따라서 거기에는 누룩이 존재할 수 없었다. 그리스도는 자신에게 있어서 "여호와께 달콤한 향"이었다.

사실은, 한(1) 제물에만은 누룩이 있었다. 하지만 그 차이와 교훈에 유의하라. 레위기 23장에 절기(節期-Feasts)에 대한 목록이 있다.

첫째, 유월절(5절), 14째 일에.

둘째, 안식일 다음날에 첫 이삭의 단을 흔들어 드린다(11절). 누룩이 없기 때문에 달콤한 향으로써 제단위에 태워질 수 있었다(레 2 : 14-16).

셋째, 그리고(50일 후에) 오순절에 첫 이삭을 드림(15~17절). 누룩과 섞였기 때문에 제단위에서 태워질 수 없었다(레 2 : 12).

이의 대형(對型-antitype)에서 그리스도를 알아 보면,

첫째, 우리를 위해 유월절 희생이 되신 그리스도.

둘째, 첫 이삭단의 요제로써 그는 사망으로부터 살아나사 잠자는 자들의 첫 열매가 되셨다(고전 15 : 20). 왜냐하면 그에게는 죄가 없었기 때문이다(따라서 누룩이 없다).

셋째, 그리고 50일 후 오순절에 성령님의 오심으로 첫 이삭의 봉헌물이 되었다. "그 조물중에 우리로 한 첫 열매가 되게 하시려고"(약 1 : 18). 그러나 죄가 없는 그의 백성은 없었으므로 이 봉헌물은 누룩과

섞이었다. 주께 "달콤한 향"으로써 그것을 드릴 수 없었다(레 2 : 12). 그것은 속죄제로 드려질 때만 허락되었다(레 23 : 18, 19). 그리고 제사장은 주님 앞에 요제를 드리기 위해 모든 것을 흔들었다.

이것은 "누룩"이 실수, 악과 죄의 모형이라는 것을 증명한다. 반면에 혼합되고 숨겨진 "세 스아의 가루"는 진리와 그리스도의 순수함과 그의 진리를 모형으로 한 것이지 인류 가운데 나타난 부패성을 상징하는 것이 아니다. 대부분의 해석은 가루와 누룩의 모형을 역으로 하여 누룩을 좋은 것으로, 가루를 나쁜 것으로 해석한다. 그러나 위대한 교사는 그런 실수를 저지르지 않는다.

"교회가 가지는 교리"(Church doctrine)가 성경 진리(Bible truth)는 아니다. 그것은 가루를 누룩화한 것이다.

그러므로 셋 (3) 은 하나님의 충만함의 수로써 사용되었음에 틀림없다. 그것은 그리스도의 일을 하시고 그것들을 우리의 경험 속에서 실제적이고 구체적으로 만드시는 성령을 상징하며 나타낸다. 우리가 영적인 일들을 깨닫게 하시는 이는 성령 뿐이다. 그와 그의 은혜스런 사역이 없으면 모든 것이 피상적인 일이 된다. 모든 것은 평면형이 입체로 되는 것이다(요 3 : 6). 우리 안에서 우리의 모든 일에 간섭하시며 우리가 섬기거나 예배드려야 할 한 분은 바로 그 분이시다(요 4 : 24). 따라서 예배의 중심과 가장 높은 장소였던 지성소가 입방체였다는 것이다.

그러므로 성경의 세번째 책은 레위기인데 그 책에서 진정한 예배가 어떤 것인지를 알 수 있다. 여기에서 우리는 그의 곁에서 그의 백성들을 부르시고 예배의 모든 조목을 규정하시고 그들의 상상이나 취향에는 맡겨 두시지 않고 요한복음 4 : 24의 위대한 예배규정에 반드시 "해야만 하는" 것으로 완성하시는 여호와를 알 수 있다. 진정한 예배에서 우리는 이 참으로 예배하는 자들을 찾으시는 아버지를 알 수 있다(요 4 : 23). 모든 예배의 한(1) 대상인 아들과 예배하는 자들에게 예배드릴 수 있는 힘을 부여하시는 이는 성령님이시다. 지금까지 창세기에서는 생명을 주시는 주권자—만물의 근원이신 성부—를 출애굽기에서는 억압자와 구원자—그의 백성을 구속하시는 성자―를 그리고 레위기에서는 거룩한 예배를 위해 규정하시고 명령하시고 그들에게 힘을 주시는 성령을 살펴 본 것이다.

첫번째 나타남
(THE FIRST OCCURRENCE)

삼(3)이 처음 나오는 곳은 창세기 1 : 13이다. "셋째 날"은 그리스도 안에서 부활 생명의 상징이 되는 땅이 물에서 드러난 날이었다. 그리고 부활 생명을 소유한 자만이 예배나 봉사나 어떤 선한 일을 할 수 있다.

따라서 삼(3)은 예수가 죽음에서 다시 일어나신 것이 셋째 날이기 때문에 부활의 수이다. 이것이 역사하시는 하나님 그리고 요나의 예언적 표적을 보이시는 하나님이시다(마 12 : 39,40 ; 눅 11 : 29 ; 욘 1 : 17). 예수께서 "완전해진" 날은 셋째 날이었다(눅 13 : 32). 그가 십자가에 달리신 때는 제삼시였다. 그리고 어두움이 고통받으시는 구속자를 감쌌던 것도 세 시간(제육시부터 제구시까지) 동안이었다. 그 세시간의 두배의 끝, 즉 "제 구시경에", "큰 소리"로 그는 외쳤다. "나의 하나님, 나의 하나님, 어찌하여 나를 버리셨나이까"(마 27 : 46). 이 말씀은 어떠한 자연도, 어떠한 벗도 혹은 어떠한 세상의 지식도 그 어둠의 시간에 도와줄 수 없다는 것을 확실히 보여준다. 이것이 그 사건에서 우리의 무능을 보여주는 것은 아닐까? 그것이 우리의 본성으로부터 우리 자신을 구속하는데 도울 수 있는 능력이 없음을 증명하는 것이 아닐까?

제 구시에 빛과 함께 예수는 공포하셨다. "다 이루었다." 너무 온전하고 완벽하고 거룩하게 끝났기 때문에 그리스도와 함께 죽은 사람들에게 이제 그런 어두움은 하나도 없다. 빛, 중단되지 않는 빛이 그와 함께 살아난 모든 이들에게 비추인다. "그리스도의 얼굴에서 나오는 하나님의 영광"과 같은 빛, 따라서 그 세 시간의 어두움은 우리의 완전한 부패와 그리고 완전한 구원을 증거하며 그의 백성이 "그의 안에서 완전하게" 되는 것을 보여 준다.

그리스도의 신성의 완전함을 말할 때 이 완전함을 나타내는 많은 표적과 확증에 주목하자.

"성령과 물과 피"는 지상에서 하나님의 은혜에 대한 하나님의 완전한 증거들이다(요일 5 : 7).

그가 열매를 찾은 삼 년은 이스라엘의 완전한 멸망을 증거한다(눅 13 : 7).

그의 세 번의 "기록된 바"는 하나님 말씀이 모든 사역에서 완전함을 나타낸다(마 4장).

그에 관한 하나님의 증거는 하나님으로부터 세 번의 소리로 완전하여졌다(마 3 : 17 ; 17 : 5 ; 요 12 : 28).

그는 죽음으로부터 세 사람을 살리셨다.

세 언어로 기록된 십자가상의 죄패는 인간에게 그가 완전히 거절당한 것을 나타낸다.

선지자, 제사장 그리고 왕으로서 그의 직무의 완전함을 나타내는데 그의 형제 중에서 세워진 것이었다(신 17 : 15 ; 18 : 3–5 ; 18 : 15).

목자의 보살핌에 관한 하나님의 완전함은(요 6 : 39) 다음과 같은 그의 계시에서도 보여진다.

죽음 "선한 목자", 요한복음 10 : 14.

부활에서 "큰 목자", 히브리서 13 : 20.

영광에서 "목자장", 베드로전서 4 : 5.

히브리서 9장에서 그의 세 번의 나타나심을 그가 다시 나타나실 때까지는 거룩하게 완전하고 온전해지지 않을 것을 보여준다.

1. 그는 "죄를 없게 하시려고" 그리고 "많은 사람의 죄를 담당하시려고" 세상 끝에 "나타나셨다"(히 9 : 26,28).

2. "이제 우리를 위하여 하나님 앞에 나타나시고" 그는 하늘로 올라가셨다(24절).

3. 그는 그를 바라는 자들을 위해 죄와 상관없이 다시 "나타나시리라"(28절).

아브라함의 언약
(ABRAHAM'S COVENANT)

구약의 역사로 돌아가서 하나님의 완전수와 관련된 아브라함과 맺은 하나님의 언약을 살펴 보자(창 15). 그것은(다윗과의 언약같이, 삼하 7장) 하나님께서 "모든 것을 명령하셨으며 보장하셨다." 하나님은 한 분이셨다. 즉 그것에 관여한 당사자는 하나였다. 왜냐하면 다른 당사자가 될 수 있는 아브라함은 잠들었었고 계약은 무조건적이었으며 "그의 모든 후손이 약속" 되었다. 하나님의 확증은 각기 삼 년된 세 동물(어린암소[1], 암염소, 숫양)의 선택에서 알게된다. 두 마리의 새(비둘기와 산비둘기)를 합한 것은 통치의 하나님의 부분인 자유은혜(free-grace)의 완전한 역사를 나타내는 다섯(5)을 이룬다.

이스라엘의 완전한 구별
(THE COMPLETE SEPARATION OF ISRAEL)

이것은 하나님께서 당시에는 애굽으로부터 그리고 현재는 세상으로부터 그의 백성을 구별하시는 완전한 구별을 나타내는 "사흘길쯤 광야에 가서"에서 알 수 있다(출 5 : 3), "이 땅에서" 그들의 희생을 우선 드리기를 바라는 바로의 제의와 결국 어쩔 수 없이 그들의 떠남에 동의하는 것을 우리는 이해할 수 있다(출 8 : 25). 하지만 그는 "너무 멀리는 가지 말라"고 덧붙였다. 역시 사탄은 지금도 우리가 "이 땅에서" 예배드리는 것에 물론 동의한다. 그리고 우리가 광야로 나간다면 세상과 그 영향이 쉽게 미치는 범위내에서 동의할 것이다. 여호와는 그렇지 않으시다. 그는 그런 국경선에서의 예배를 받지 않으실 것이다. 그는 "과학적 국경"(scientific frontier), 즉 옛것으로부터 그들을 완전히 구별하는 거룩하게 완전한 "사흘길쯤 광야에 가게" 될 것이다. 많은 기독교인들이 경험하는 "선을 긋는" 어려움은 그것이 굽은 선이었다든가 포함될 수 없는 것을 포함하려고 하는 시도가 있다는 사실에서 초래된다. 적당한 거리에서 그려진 것은 곧게 통치되고 거룩하게 완전해

---

1) 역자주 : 새끼를 낳지 않은 암소.

지거나 효과적일 수 있다.

정탐꾼들
(THE SPIES)

그들은 그 땅의 거룩하게 완전한 선(goodness)을 증거하기 위해 세 가지를 가져왔다. 본질적인 현실이 여호와의 말씀의 진실하심을 증명했다. "포도, 석류와 무화과"(민 13 : 23)이다.

율법을 주었을 때
(AT THE GIVING OF THE LAW)

그 때 이스라엘은 세 번 말하였다. "여호와의 명하신 대로 우리가 다 행하니이다"(출 19 : 8 ; 24 : 3,7). 이것은 이스라엘 측에서 계약성립의 완전함을 나타낸다. 하지만 인간은 하나님과 맺은 어떤 언약도 지키지 않았기 때문에 계약의 완전한 파기의 조짐을 보인다.

아히만, 세새와 달매
(AHIMAN, SHESHAI, AND TALMAI)

그들은 적들의 거대한 힘의 완전함을 나타내는 아낙의 세 자손이었다(민 13 : 22).

요단 강
(JORDAN)

요단은 세번 나뉘었다. 그것은 하나님의 기적의 완전함을 나타낸다(수 4 ; 왕하 2 : 8,14).

사흘간의 수색
(THE THREE DAYS' SEARCH)

엘리야를 찾기 위한 이 수색은 결국에는 그가 발견되지 않았다는 것을 증거한다(왕하 2 : 17).

성전
(THE TEMPLE)

성전은 삼(3)으로, 장막(Tabernacle)은 다섯(5)으로 나타낸다. 지성소는 각각 입방체였다. 장막에 10규빗의 입방체, 성전에는 20규빗의 입방체가 각기 세 부분으로 이루어진다 : —뜰, 성소, 그리고 지성소이다. 성전 주위에는 세 개의 방이 있으며, 놋바다는 삼천바드(Baths)이며 삼백 개의 꽃봉오리 모양의 장식이 삼십 규빗의 줄로 둘려졌다(왕상 7 : 24). 그것을 열두(3×4) 소가 받치고 있다. 셋은 북향, 셋은 서향, 셋은 남향, 셋은 동향 나침반의 지침으로 정해지는 이 순서는 어디서나 같았다. 열왕기와 역대기의 설명은 동일하다(왕상 7 : 25 ; 대하 4 : 4,5을 보라). 이유는 무엇일까? 이것은 복음이 이후에 전 세계로 전파되는 순서였기 때문이 아닐까? 이것이 이유가 될지 안될지 모르지만 복음은 처음에 북쪽으로 전파되었다는 사실이다(사마리아, 다메섹, 안디옥). 그 다음 서쪽으로(가이사랴, 욥바, 구브로, 고린도, 로마). 그 후 남쪽으로(알렉산드리아와 애굽) 그리고 나서 동쪽으로(메소포타미아, 바벨론, 페르시아, 인도) 전파되었다.

큰 절기
(THE GREAT FEASTS)

이것도 셋이었다. 무교절, 칠칠절, 초막절(신 16 : 16).

보자기
(THE SHEET)

큰 보자기는 베드로에게 세 번 내려왔는데 이것은 교회로 이방인들을 빨아드리는 충분한 증거이다(행 10 : 16).

구약
(THE OLD TESTAMENT)

증거는 삼종의 분할—율법서, 예언서, 시가서(눅 24 : 44)[1]—에 온전하고 완전하였다. 그 동일한 분할은 오늘날에도 그 특성을 나타낸다.

"둘 혹은 셋" (TWO OR THREE)

셋(3)이 증거의 완전함과 온전함을 나타내는 것처럼 영적 예배자의 수를 나타내기도 한다. 또한 진정한 영적 예배자는 거의 없다는 것을 암시한다.

백성들의 완전수 (COMPLETENESS OF PEOPLE)

셈, 함, 야벳.
아브라함, 이삭, 야곱.
게르솜, 고핫, 므라리.
사울, 다윗, 솔로몬.
노아, 다니엘, 욥.
사드락, 메삭, 아벳느고.
베드로, 야고보, 요한, 등.

완전한 배교행위 (COMPLETENESS OF APOSTASY)

"가인의 방법."
"발람의 실수."
"고라의 부인."

완전한 하나님의 심판 (COMPLETENESS OF DIVINE JUDGMENT ; 단 6 : 25—28)

메네 : 하나님이 이미 왕의 나라의 시대를 **세어서** 그것을 끝나게 하셨다.

---

1) 동일 저자의 The Names and Order of the Books of the Old Testament를 보라.

데겔 : 왕의 저울에 **달려서** 부족함이 뵈었다.
베레스 : 왕의 나라가 **나뉘어서** 메대와 바사 사람에게 준 바 되었다.

은혜의 세 가지 선물
(THE THREE GIFTS OF GRACE)

믿음, 소망, 사랑, 다섯 번 반복됨.

인간의 세겹의 본성
(THE THREE-FOLD NATURE OF MAN)

영과 혼과 육, 이것들이 분리되어서가 아니라 세 가지가 모두 합쳐서 인간을 이룬다.

유혹의 세겹의 본성(요일 I 2 : 16)
(THE THREE-FOLD NATURE OF TEMPTATION)

"육체의 정욕."
"안목의 정욕."
"이 생의 자랑."
이것들은 우리의 첫 부모에게도 보여졌다(창 3 : 6). 하와가 선악을 알게 하는 나무를 보았을 때 그 나무는,
"먹음직도 하고,"
"보암직도 하고,"
"지혜롭게 할만큼 탐스럽기도 하였다."

성경의 세 겹의 부패
(THE THREE-FOLD CORRUPTION OF GOD'S WORD)

제하거나,
더하거나,
바꿈으로써 이루어진다.

이것이 첫번째 죄를 낳았다.

(1) 하나님께서 말씀하시기를 "동산 각종의 나무의 실과는 네가 **임의로** (FREELY) 먹되"(창 2 : 16). 이것을 반복하면서 하와는 "임의대로"를 생략하므로써(창 3 : 2) 하나님을 그보다 관대하지 못한 분으로 만들었다.

(2) 하나님께서 말씀하시기를, " **선악을 알**게 하는 **나무**의 **실과**는 먹지 말라."(창 2 : 17). 하와는 이것을 반복하면서 "**만지지도 말라**"(3 : 3)를 덧붙임으로써 하나님을 그보다 더욱 가혹한 분으로 만들었다.

(3) 하나님께서 말씀하시기를, "**정녕** 죽으리라"(창 3 : 17, מוֹת תָּמוּת) 하와는 이것을 반복하면서 "**죽을까** 하노라"(창 3 : 3, פֶּן־תְּמֻתוּן) 글자를 바꾸므로써 하나님의 경고의 확실성을 불확실성으로 약화시켰다.

하와가 사탄의 말을 들을 때 하나님의 말씀을 그와 같이 다루어 그녀를 기만하는 그의 교활함에 쉬운 먹이가 될 것은 이상할 것이 없다.

또한 "두번째 사람", "마지막 아담"이 동일한 유혹자에게 유혹되었을 때 마치 하나님의 말씀을 세 번 오용하므로써 타락한 경우에 관심을 돌리셨던 것처럼 "기록된 바"를 세 번 외쳤다. "기록된 바", 나는 그것에서 어떤 것도 생략하지 않을 것이고, "기록된 바", 나는 그것에 어떤 것도 덧붙이지 않을 것이며, "기록된 바", 나는 그것을 바꾸지 않을 것이다. 두 유혹이 여호와의 말씀에 진실하심에 의문을 품은 유혹자에 의해 정확히 동일한 방법으로 시작되었다는 것은 주목할만하다. 전자의 대화에서는 "하나님이 말하더냐?" 후자에서는 "네가 만일 하나님의 아들이어든"(마 4 : 3), 하늘의 음성만이 바르게 공포하였다. "**이는 내** 사랑하는 **아들이라**"(마 3 : 17)

인간의 세 가지 대적
(MAN'S THREE GREAT ENEMIES)

이것은 "**세상, 육체**와 **마귀**"이다.

세상은 **아**버지를 거스리며(요Ⅰ 2 : 15·16).

육체는 성령을 거스리고(갈5：17).
마귀는 아들을 거스린다(살아 있는 말씀, 마4：1；요일3：8；기록된 말씀, 요8：44).

내게 구하라
(ASK OF ME)

하나님께서는 세 사람에게 이 명령을 주셨다.

솔로몬에게(왕상3：5).
아하스에게(사7：11).
그리고 메시야에게(시2：9).

마가복음 5장의 세 기도
(THE THREE PRAYERS OF MARK 5)

이들은 기도와 그 응답에 관한 거룩하게 완전한 교훈을 이루고 있다.

(1) 군대 마귀가 한 기도 "이에 간구하여 가로되, 우리를 돼지에게로 보내어 들어가게 하소서 하니 허락하신대"(12,13절).
(2) 거라사인들이 한 기도 "저희가 예수께 그 지방에서 떠나시기를 간구하매"(17절). 예수께서 허락하시니 곧 떠나니라(18절).
(3) 경이로운 은혜와 치유를 방금 받았던 자가 한 기도 "그 사람이 함께 있기를 간구 하였으나 허락지 아니 하시고"(18, 19절).

이로부터 우리도 기도에 관한 완전한 교훈－"예" 뿐만 아니라 "아니요"도 응답이고 "아니요"도 언제나 "예"와 같이 동일한 전능한 은혜, 무한한 지혜 그리고 완전한 사랑으로 우리는 "기도의 정의"에 대하여 많이 듣고 있다. 어떤 기도가 제일 좋은 것이고 우리에게 현명한 것인지에 관하여 우리가 극심한 무지를 깨닫게 됨은 그의 말씀을 통하여 가르치신 기도의 공로로 분명히 전보다 더욱 한정적으로 말하게 만들 것이다. "주의 뜻이 이루어지이다."

하나님의 속성을 단정하는 세 가지
(Three Things Predicated of God)
(요한복음과 서신서에서)

"하나님은 사랑이시다"(요일 4 : 8, 16). 따라서 우리도 "사랑 가운데서 행해야" 한다(엡 5 : 2).

"하나님은 영이시다"(요 4 : 24 개역 주). 우리에게 "성령을 좇아 행하라"고 훈계되었다(갈 5 : 16).

"하나님은 빛이시다"[1](요일 1 : 5). 우리는 "빛 가운데서 행해야" 한다(엡 5 : 8).

셋으로 이루어진 것 혹은 3가원소는 많이 있으며 그들은 모두 그들이 발견되는 모든 곳에서 동일한 하나님의 완전함과 온전함을 나타낸다.

계시록 1장
(REVELATION 1)

예수 그리스도의 계시록의 첫 혹은 서론 부분은 그 위에 인봉된 이 위대한 하나님의 비밀로 특별히 나타난다. 1장에서—

1절. 계시는—

하나님이 주신,

하나님이 보내신,

하나님이 알리신 것이다.

2절. 요한의 솔직한 기록—

신적인 "**하나님의 말씀**."

---

1) 하나님처럼 빛은 삼중구조이다. 빛은 세개의 커다란 선(rays)을 가지고 있다. 열선(Heat ray)(적색), 이것은 느낄 수는 있으나 보이지는 않는다. 아버지에 관한 증언 "하나님을 볼 사람이 없으되"(요 1 : 18 요일 4 : 12)

광선(Light ray)(황색), 이것을 볼 수 있으나 느낄 수 없다. "아버지를 나타내시는" 예수의 증인(요 1 : 18 ; 12 : 45 ; 14 : 9 ; 골 1 : 15 ; 히 1 : 3)

화학선(Actinic ray)(청색), 보이거나 느껴지지도 않지만 이것의 존재는 화학작용에 의한 효과에 의해 밝혀졌다. 이것은 사진과 같이 변화가 일어난다. 이것은 경이로운 사역으로 알려진 성령의 증인이다(요 3 : 8).

하나님의 증인("예수 그리스도의 증거").
하나님의 이상("그가 본 모든 것").
3절. 하나님의 축복—
읽는자, 듣는 자, 그리고 기록을 지키는 자.
4절과 8절. 하나님의 존재—
과거에 계셨고, 그리고 이제도 계신, 그리고 장차 오실.
5절. 장차 오실 주는—
선지자이신 하나님("충성된 증인").
제사장이신 하나님("죽은 자들 가운데서 먼저 나시고").
왕이신 하나님("땅의 임금들의 머리")으로 나타난다.
5,6절. 그의 백성은 신적이다—
사랑하셨다, 씻으셨다 그리고 관을 씌우셨다.
17,18절. 그리스도를 다음과 같이 나타내셨다.
"처음이요 나중이니"(영원하신 하나님).
"죽었으며 산자"(살아계신 하나님).
"전능한 자"(권능있는 하나님).
19절. 하나님의 계시—
너의 본 것, 이제 있는 일과, 장차 될 일.

세 번 나오는 단어들
(WORD THAT OCCUR THREE TIMES)

이 단어들은 어떤 하나님의 완전한 것에 관하여 여러 가지 방법으로 또한 연관되어 있다. 교훈을 찾기 위해서 연구될 수 있는 몇 가지를 첨부한다.

אדר (아다르) 영광(glorious), 출15:6,11; 사42:21.
אפסי (아프시), 나 외에(beside me), 사47:8,10; 습2:15.
גמולה (그물라), 갚다(recompense), 삼하19:36; 사59:18; 렘51:56.
נכה (나케), 절름발이의(lame), 삼하4:4; 9:3, 회한의(con-

trite), 사56 : 2.

· עתיק (앗티크) 옛적부터 항상 계신 자(ancient), 단7 : 9,13,22.

רפאות (르프오트), 약(medicines), 렘30 : 13 ; 46 : 11 ; 겔30 : 21.

ἀββᾶ(압바), 아바지(father), 막14 : 36 ; 롬8 : 15 ; 갈4 : 6.

αἱρέομαι(하이로마이), 가리다. 택하다(to choose), 빌1 : 22 ; 살후2 : 13. 히11 : 25.

ἀπόκρυφος(아포크뤼포스), 숨기다 감추다(hid), 눅8 : 17 ; 골2 : 3(비밀로하다) 막4 : 22.

ἀποφθέγγομαι(아뽀프뎅고마이), 정신차린 말(speak forth), 행26 : 25 ; 방언(utterance), 행2 : 4 ; 말(say,) 행2 : 14.

ἀχειροποίητος(아키로뽀이에토스), 손으로 짓지 아니한(made without hands) 막14 : 58 ; 고후5 : 1 ; 골2 : 11.

εὐωδία(에브오디아), 향기(sweet savour), 고후2 : 15 ; 엡5 : 2 ; 빌4 : 18.

κατευθύνω(카테브두노), 인도하다(guide or direct), 눅1 : 70 ; 살전3 : 11 ; 살후3 : 5.

μορφή(모르훼), 모양,형체(form), 막16 : 12 ; 빌2 : 6,7.

세 번 나오는 어구들
(PHRASES THAT OCCUR THREE TIMES)

이들 역시 중요한 의미를 가지고 있다.

"세상의 기반 앞에"(πρὸ καταβολῆς κόσμου).

요한복음 17 : 24. "전부터 나를 사랑하심으로", 등.

에베소서 1 : 4 "창세 전에 그리스도 안에서 우리를 택하사" 등.

베드로전서 1 : 20 "창세전부터 정하신 그리스도의 피" 등. (기초로부터 ἀπό "흘린" 피를 말할 때, 등).

그것은 전지전능하신 하나님의 역사이고 편견이 없는 은혜로부터 흘러 나오기 때문에 이 어구는 세 번 나온다.

그러나 그런 행위가 이와 유사하게 연관되어, 즉 우리를 위하여보다는 우리 안에서 그의 역사에 관해 언급될 경우에는 일곱 번 나온다. 왜냐하면 일곱(7)은 영적 완전수이기 때문이다. 따라서 "세상의 기초로부터(ἀπό)"란 어구는 일곱 번 나온다. "일곱" 항목을 보라.

"합당하게 행하는"(walk worthy, περιπατεῖν ἀξίως, 페리파틴 악시오스), 이란 말은 "값어치있게 행한다"이다.

이것은 하나님과 우리의 행위에 관한 완전한 요구로써 세 번 나온다.

"합당하게 행하는"은 우리의 신앙생활에서(엡 4 : 1), 주께(골 1 : 10), 하나님께(살전 2 : 12)이다.

한 수의 삼중 조합(The Three-fold Combinations of a Number)— 이것은 지금까지 말한 수의 의미의 농축, 그런 수의 본질을 나타낸다.

444는 gematria 혹은 세계에서 가장 오래된 도시인 **다메섹**이란 말의 수이다. 사(4)는 세상의 수이다 (사〈4〉)항목를 보라).

666은 인간의 수이다. 따라서 그것은 인간적 지혜의 본질과 불완전함의 본질을 적절히 상징한다(다음에 나오는 육〈6〉과 "666" 항목을 보라).

888은 "예수"라는 이름의 수 혹은 gematria이다 (팔〈8〉 항목을 보라).

999는 심판과 관련된 수이다. 따라서 τῇ ὀργῇ μου(테 오르게 무), 즉 나의 분노라는 어구의 수치는 999이다. 이 수는 소돔의 심판에서 매우 현저하다(다음에 나오는 구〈9〉 항목을 보라).

탈무드
(THE TALMUD)

탈무드는 다른 수들 중에서 셋(3)이라는 수에 관한 많은 언급이 있다. 랍비들은 다음에 대해 이야기한다.

모세가 하나님께 구했던 세 가지

(1) the Schechinah가 이스라엘을 의지하기를

(2) 그것이 이스라엘 외의 어떤 것에도 의지하지 못하기를.

(3) 하나님의 방법이 그에게 알려지기를(fol.7, col 1).

이스라엘에게 준 세 가지 귀중한 선물

(1) 율법.

(2) 땅.

(3) 다가올 세상(즉, 하늘의 소명).

세 사람

세사람은 고대의 지혜와 하나님의 비밀을 후세에 남겼다. 즉 아담, 셋, 그리고 에녹.

이 이후에 대해 어떻게 생각할지라도 하나님 말씀에 숫자 삼(3)의 변함없는 사용에서 하나님의 완전함을 상징한다는 사실에는 어떤 의심도 할 수 없다.

사(FOUR)

우리는 삼(3)이 삼위일체에 관한 특별한 언급과 함께 하나님의 완전함을 상징하는 것을 알아보았다. 제1위 성부는 통치로, 제2위 성자는 화육과 모든 적으로부터 구원하시는 구속으로, 제3위 성령은 우리 안에서 그리고 우리에게 하나님의 일을 깨닫게 하심으로.

수 넷(4)은 셋(3)과 하나(1)로 구성된다(3+1=4). 따라서 삼위일체에서 하나님의 계시를 따르는, 즉 그의 창조적 역사를 나타낸다. 그는 보여지는 것들로 알려진다. 그러므로 기록된 계시는 "태초에 하나님이 **창조하시니라**"로 시작한다. 따라서 창조는 그 다음 것—네번째 것이 되어 수 사(4)는 창조된 모든 것에 관해 늘 언급한다. 그것은 확실히 창조의 수이다. 창조된 것으로써 세상과의 관련을 나타내는 인간적인 반면에 여섯(6)은 하나님의 독립에 반대하는 인간의 수이다. 이 수는 시작이 있는 것, 만들어진 것, 물질적인 것 그리고 그 일 자체를 나타내는 수이다. 그것은 물질적 완전 수이다. 따라서 그것은 세상의 수이며 특히 "도시"의 수이다.

넷째날에 물질적 창조가 끝났음을 알 수 있다(다섯번째와 여섯번째 날에는 살아있는 생명체를 땅에 두시고 살게 할 뿐이었다. 태양, 달, 별들은 그 사역을 완성시켰고 그들은 창조된 세상에 빛을 비추었고 낮과 밤을 주관하였다(창 1 : 14—19).

사(4)는 중요한 요소들의 수이다—흙, 공기, 불, 물.

사(4)는 지구의 방향을 나타낸다—동, 서, 남, 북.

사는 날의 분할들이다—아침, 정오, 저녁 그리고 심야, 혹은 주의 말씀에서 저녁, 심야, 닭이 울때, 혹은 아침에 그의 오심에 대해 이야기한다(마 13 : 35). 우리는 결코 우리 마음속에 그의 오심을 내일 아침 이후로 미루어서는 안된다.

사(4)는 한해의 계절들이다—봄, 여름, 가을, 겨울.

사(4)는 달의 위상(位相-phases)의 중요한 변화를 나타낸다.

창세기 2 : 10, 11에는 낙원의 한 강이 나뉘어서 네 줄기로 되었고 "네번째 강은 "유프라테스"이다. 다른 곳에서도 흔히 그런 것처럼 여기서도 4는 3+1로 이루어진다. 이 강들 중에 셋은 지금 불리워지지 않는다. 반면 하나는 아직도 원래의 이름 "유프라테스"로 알려져 있다.

사(4) 역시 분할을 의미한다. 강은 "분리"되었다. "주요하지" 않은 최초의 수이며 나뉘어질 수 있는 최초의 수이다. 그것은 또한 최초의 제곱(自乘)수이다.

그러므로 그것은 어떤 완전함이라 해도 좋은 것을 나타낸다. 그리고 우리는 그것을 물질적 완전함이라고 부른다.

다음 장에서(창 3 : 22-24) 그룹이 처음으로 언급되었다. 이들은 넷이었고 창조물과 늘 관계를 가지고 있다. 그들은 여기에서 처음으로 나타났고 생명의 나무를 지켰으며, 즉 보호했으며(창 2 : 15) 창조물을 위한 불멸의 축복된 소망을 지킨다. 그들은 그 다음 창조물이 그 신음의 끝을 바랄 수 있는 단 한 가지의 이유를 나타내는 속죄와 관련하여 보여진다. 그들이 "이스라엘의 소망"이라 부르는 그와 피조물의 소망을 묶는 것을 베일 위에 그리고 자비로운 자리위에 나타낸다. 그러므로 그 곳에는 속죄로부터, 그리스도로부터 혹은 이스라엘로부터 떨어진 신음하는 피조물에는 소망이 없다. 계시록에는 동일한 네 그룹이 *Σῶα* "살아 있는 피조물"(계 4 장)이라 불리운다. 이들은 장차 **오**실 **이**를 알린다. 이들은 창조와 만물을 창조하신 이 그리고 창조된 자들의 기쁨을 위해 노래한다(계 4 : 11). 그들이 말하는 모든 것은 땅과 연관되어 있다. 이들이 심판 혹은 재앙-땅에서 강탈자를 내고 땅을 파괴하는 자들을 내며 세상의 모든 나라가 우리 주와 기름부음 받은 자의 나라가 되고 주 하나님이 전능하신 통치를 하실 때 그를 찬양하며 높이는-을 불러내고 있다(계 6장).

그러므로 이 네 그룹의 형태는 황도궁에 위치하며 그렇게 위치하기 때문에 네개의 등부분으로 나누어진다. 따라서 뱀의 머리를 부수고 우주적인 축복으로 장차 오실 여자의 약속된 씨앗을 기다리는 고통받는 피조물의 축복

된 소망을 세우는 열 두 표적을 하나로 합친다.[1)]

동물창조에는 네 부류가 있다. 사자-야생동물, 소-가축동물, 독수리-조류, 그리고 모든 것의 머리인 인간. 우리는 다시 넷을 3+1로 나눌 수 있다. 세 동물과 한 인간.

그들은 저주가 공포되었을 때부터 하나님의 의도를 나타내며 제거될 한 날이 있을 것이라는 표적이다.

다른 특성들은 다른 모든 것들로부터 스랍그룹을 구별한다. 그들은 경배받지 않고 하나님과 유사한 것 모두가 금지되었기 때문에 그들은 신이 아니다. 게다가 그들은 주의 보좌와 연결되었기 때문에 하나님과 그들은 동시에 나타난다. 그들은 천사들과 구별되고 결코 임무를 띠고 가게 하지 않았다. 그들은 요한계시록 5 : 9,10-그들의 정체를 입증하는 것이라 여겨지는 문장-에서 교회와 구별되었다. 9절에 "우리에게"가 생략되었을 것이고-Lachmann, Tischendorf, Alford, Westcott와 Hort 그리고 R. V.-, 10절에 "우리에게"와 "우리는"은 "그들은"으로 되어야 할 것이다(모든 사본의 본문 문맥적 그리고 고대의 권위를 가지고). R. V.에서는 "각 족속과 방언과 백성과 나라 가운데서 사람들을 피로 사서 하나님께 드리시고 저희로 우리 하나님 앞에서 나라[2)]와 제사장을 삼으셨으니 저희가 땅에서 왕노릇하리라."

그러므로 사(4) (다른 수는 하나도 없음)로 이루어진 살아있는 피조물이라는 사실은 그들을 창조와 관련된 것과 저주로부터 구원의 소망이 장차 오실이 구속자의 피흘림과 묶이었다는 상징적 표현으로써 나타낸다.

인류의 4중분할
(THE FOUR-FOLD DIVISION OF MANKIND)

창세기 10장에는 "노아의 아들들의 계보"가 사중기술로 성립된다. 그러나

---

1) 동일 저자의 The Witness of the Stars를 보라.
2) 4중기술에 주의하라.

순서는 변할 수 있지만 수는 변함이 없다:

5절, 지방들, 방언들, 종족들, 나라들.

20절, 족속들, 방언들, 지방들, 나라들.

31절, 족속들, 방언들, 지방들, 나라들.

계시록에 일곱 개의 유사한 기술이 있다. 두 개는 비슷하지 않지만 수 사(4)는 변함이 없다. 요한계시록 5:9; 7:9; 10:11; 11:9; 13:7[1); 14:6; 17:15.

창세기에서의 삼(3)과 계시록에서의 칠(7)은 모두 합하여 열 개의 기술이 된다. 그것은 예배의식의 완전수이다.

대 예언적 세상 권력
(THE GREAT PROPHETIC WORLD-POWERS)

이것은 네 개인데 3+1로 나누어진다. 하나는 다른 세 개에 비해 현저하게 크게 나타난다. 처음 세 야생동물은(사자, 곰, 표범)이라 불리운 반면, 네번째는 기술되었을 뿐 이름은 불리워지지 않았다(단7:7,23).

또한 느브갓네살의 꿈의 이상(理想)에서는 셋은 금속이었고, 하나는 금속과 진흙의 혼합물이었다!

다니엘 7:2,3에는 "하늘의 **네** 바람이 큰 바다로 **몰려** 불더니 큰 짐승 **넷**이 바다에서 나왔는데 그 모양이 각각 **다르니**." 세계의 인간의 권력의 역사도 그러하다—투쟁과 분할!

인류가 창세기 10장에서 나누어지자마자 아브라함은 하나님과 동행하기 위해서 그들로부터 부르심을 받았다(창 11장, 12장). 하지만 그는 곧 투쟁과 적의로 가득찬 세상이 될 것이라는 것을 알았다. 왜냐하면 창세기 14장은 네 왕의 이름으로 시작하고 그 뒤에 기록된 다른 다섯 왕과 "이들이 전쟁을 하였기 때문이다."

---

1) A. V. 계 13:7에는 셋만이 있다. 하지만 G., L., T., Tr., A., W. & H., 와 R. V는 *καὶ λαὸν*(카이 레온), 백성이 있어 합하면 넷이 된다.

네번째 책
(THE FOURTH BOOK)

성경의 네번째 책은 민수기이다. 히브리어로는 브미드바르, 즉 광야로 불리웠다. 브미드바르의 상징수(gematria)는 248(4×62)이다.

그것은 천국과 비교된 광야, 즉 땅과 관련이 있다. 또한 그 곳으로 지나가는 순례자와도 관련이 있다. 그것은 므리바와 다툼(striving) (20 : 13)에 관해 말해주며 불평, 배반 그리고 방황의 역사를 기록하고 있다.

시편의 제 4권
(THE FOURTH BOOK OF THE PSALMS)

시편의 제 4권은 광야의 책이다.[1] 첫 편은 광야의 사람인 "하나님의 사람, 모세의 기도"이다. 모든 설명과 은유 등은 땅으로 묘사되었고 이 네번째 책은 땅과 관련하여 여호와의 도모와 의도를 세우고 있다(시 90~106편을 보라).

시편 제일권(1~41편)의 네번째 편은 땅과 관계가 있다.[2] 그 곳에는 만족함이 없다는 것을 말해준다. 하나님을 떠나서는 세상에 어떤 실제적인 번영도 있을 수 없다.

> "여러 사람의 말이 우리에게 선을 보일 자 누구뇨? 하오니
> **여호와여** 주의 얼굴을 들어 우리에게 비취소서.
> 주께서 내 마음에 두신 기쁨은
> 저희의 곡식과 새 포도주의 풍성할 때보다 더하니이다."—
> (시 4 : 6,7 R.V.)

우리는 또한 시편의 다른 권들의 네번째 편도 주목해야 한다. 즉, —시편 45편(제 이 권의 네번째), 시편 76편(제 삼 권의 네번째), 시편 93편(제 사 권

---

1) 동일 저자의 A Key to the Psalms, 부록을 보라.

1) 첫편은 창세기와 인간을 위한 하나님의 도모를 말한다. 두번째 편은 출애굽과 적들의 손으로부터 구원을, 세번째 편은 레위기—주님의 구속—와 그의 축복이 그의 백성에게 어떻게 임하는가를 말하고 있다.

의 네번째), 시편 110편(제 오 권의 네번째). 이들은 모두 땅에서의 통치와 세상의 의로운 왕과 주님의 다가올 통치에 대해 말하고 있다.

제 4계명은 땅과 관련된 첫 계명이다.

주기도문의 네번째 절은 땅을 언급하는 첫번째 절이다.

일곱과 대조를 이루는 넷
(FOUR IN CONTRAST WITH SEVEN)

칠(7)은 영적 완전함이 있는 모든 것에 나타난다. 왜냐하면 이것은 하늘의 수이며 따라서 땅과 대조를 이루기 때문이다. 그러므로 요한계시록 5:12에 하늘의 많은 무리들이 찬양할때 그들은 일곱 겹의 축복으로 찬양했다.

"죽임을 당하신 어린 양이 (1) 능력과, (2) 부와, (3) 지혜와, (4) 힘과, (5) 존귀와, (6) 영광과, (7) 찬송을 받으시기에 합당하도다."

반면에 13절에는 세상의 피조물들이 찬양할 때-" 땅 위에와 땅 아래와 바다 위에와 또 그 가운데 모든 만물이"-이들이 그들의 찬사를 함께 보낼 때 그것은 불과 네겹이었다-"보좌에 앉으신 이와 어린 양에게 (1) 찬송과, (2) 존귀와, (3) 영광과, (4) 능력을 세세토록 돌릴 지어다."

그리스도의 죽음과 생활
(THE DEATH AND LIFE OF CHRIST)

그리스도의 죽음과 생활은 네 겹의 모형과 기록으로 설명된다.

그의 죽음. 네 가지 큰 제물(시 40:6)[1].

a|"제사(화목제)와 예물(소제-素祭)를 기뻐 아니하시며,
 b|주께서 나의 귀를 통하여 들으시기를.
a|번제와 속죄제를 요구치 아니하신다 하신지라.
 b|그 때에 내가 말하기를 내가 왔나이다." 등

네 복음서에는 그의 생활과 죽음에 복종의 기록이 있다. 이들은 3+1로

1) 여기에 선택적 구조는 "b"와 "*b*"가 넷이 가리키는 다섯번째 큰 제물로써 그리스도의 복종과 관련되는 것을 나타낸다.

나누어진다. 공관(共觀)이라 불리우는 유사한 세 개와 교회들이 모두 소멸된 후에 기록되고 그리스도를 단지 이스라엘이 요구하거나 거절한 분이 아닌 하나뿐이고 연합의 중심이며 그의 배척후에 단일성, 그리고 몰락, 혼란과 타락의 한 가운데에 계신 분으로써 나타내는 네번째 책으로 구분된다.

마태복음 13장의 일곱 가지 비유
(THE SEVEN PARABLES OF MATTHEW 13)[1]

마태복음 13장의 일곱 가지 비유는 넷(4)와 셋(3)으로 나눈다. 셋은 집안에서 제자들에게 말한 것이고(36절) 비의적(혹은 내적설명) 진리를 밝히는 한편 넷은 공개적인 진리와 관련있으며 세상과 관련하여 사물의 외형에 관심을 갖는다. 따라서 집 바깥에서 말하여졌다(1절).

그러나 그 넷은 다음과 같이 이루어진다.

셋 더하기 하나
(THREE PLUS ONE)

셋 더하기 하나는 수 넷(4)의 이상적인 의미를 가장 잘 나타내는 설명이다. "하나"(1)라는 것은 땅에서 선택된 것을 나타낸다.

네 가지 큰 제물중에서, 셋은 피와 생명에 연관되어 있으나, 하나(1)는 가루였다.

소제(素祭 : 제 2장)는 세가지 방법(솥, 화덕, 번철)으로 굽거나, 전혀 굽지 않는 것이었다.

속죄제(레 4장)는 개별적으로 세 부류로 나누어 드렸다.

기름부음 받은 자(3절),
족장(22절),
평민(27절),

---

1) 동일 저자의 The Kingdom and the Church를 보라.

혹은 이스라엘 온 회중을 하나로(13절).

장막의 재료는 네 가지였다. 금속(금, 은, 동)이 셋 그리고 하나는 비금속(나무)이다.

장막의 덮개도 네 가지였다—셋은 동물(염소의 털, 수양의 가죽과 해달 가죽[1]), 그리고 하나는 식물(순수한 아마포)

휘장의 장식도 네 가지였다. 세 색상(청, 자주와 주홍)이 있는 세 가지와, 하나는 형태(그룹)이다.

제사장과 레위인은 네 집단 혹은 사람들이었다. 하나는 아론과 그의 자손(아론인), 셋은 게르손, 고핫과 므라리의 자손(레위인).

만나(출 16 : 14, 31)는 네 겹으로 기술되었다. 셋은 외관에 대한 언급(작고, 희고, 둥근), 하나는 맛에 대한 언급(달콤한).

네 가지 금지된 혹은 부정한 동물중에 셋은 새김질을 하지만 발굽이 갈라지지 않았다(낙타, 산토끼, 토끼). 반면에 하나는 발굽이 갈라졌지만 되새김질을 하지 않는다(돼지). 따라서 돼지는 다른 셋과 현저한 대비를 나타낸다.

하나님의 네 채의 집(하나님의 계획으로 세워진)의 세상에 있는 셋은 구체적이었거나 혹은 구체적인 것이다. 즉, 장막, 솔로몬의 성전과 에스겔의 성전, 반면에 하나는 영적인 집이다(벧전 2 : 5).

네채의 집이 솔로몬에 의해서 지어졌다. 셋은 스스로를 위한 것이었다—자기의 궁(왕상 7 : 1), 레바논 나무로 지은 궁(2절), 바로의 딸을 위한 집(8절). 반면에 하나는 여호와의 전이었다(왕상 6 : 37).

---

1) 해달은 팔레스타인 같은 남부에서는 예전에 발견되지 않았다. תחש (타카쉬)는 불확실한 의미의 단어이지만 그것은 사용된 동물의 가죽에 관한 언급이 있다.(출 25 : 5 ; 26 : 14 ; 민 4 : 6,8 등) 고대 번역판들은 그것을 색깔로 이해하였다(70인역, Chald와 Syr는 적색으로, 아랍은 흑색으로) 그것은 아마 좀 더 큰 희생동물의 붉은 혹은 검은 가죽이었을 것이다 ; 좀 작은 두 동물은 수양과 염소로 불리웠다.

땅에서 하나님의 네 가지 중한 벌(겔 14 : 21). 셋은 생명이 없는 것인(칼, 기근, 온역) 반면 하나는 생명이 있는 것이었다(사나운 짐승).

예레미야 15 : 3에 그들은 여전히 네 가지이지만 셋은 생명이 있는(개, 새, 짐승) 것이고 하나는 생명이 없는 것이다(칼).

고린도전서 15 : 39에 육체의 네 종류 중 셋은 동물인(짐승, 새, 물고기) 반면, 하나는 인간이다.

고린도전서 15 : 40, 41의 네 영광 : 셋은 하늘의 것으로 묘사되었다(해, 달, 별). 반면에 하나는 묘사되지 않은 것으로서 땅의 것이었다.

육체는 부패되기 쉬운 것과 관련된 세 방법으로 심고 다시 산다(고전 15 : 42−44).

"썩을 것으로 심고 썩지 아니할 것으로 다시 살며",
"욕된 것으로 심고 영광스러운 것으로 다시 살며",
"약한 것으로 심고 강한 것으로 다시 살며",

반면에 하나는 "육의 몸으로 심고, 신령한 몸으로 다시 사나니."

씨 뿌리는 자의 비유에는(마 13장) 토양의 종류가 넷이다. 셋은 하나와 대조하여 모든 비슷한 것으로 특징지어진다(즉 길가, 돌밭과 가시떨기). 이들은 모두 준비하지 않은 것들이다! 반면에 하나는 준비하였기 때문에 선한 것이다. 비유의 본질은 여기에 담겨 있다. 네 토양은 둘로 축소되고 123, 124면에서 나오는 두 종교가 어떤 것인지를 확증한다.

잃어 버린 아들의 환영(눅 15장)에서는 세 가지가 물질이었다(옷, 반지, 신발). 반면 하나는 윤리적이었다(입맞춤).

"칠십인"은 네 가지 금기사항을 갖고 갔다(눅 10 : 4). 이중에 셋은 물질과 관련되었고(전대, 주머니, 신을 가지지 말며), 하나는 행위와 관련되었다("길에서 아무에게도 문안하지 말며").

세상에 있는 하나님의 네 증인(히 2 : 4). 셋은 비인격적인 것이고(표적, 기사, 능력), 하나는 인격적이다(성령의 선물).

네 사람들

(FOURS OF PERSONS)

욥기서의 네 사람 : —

엘리바스, 빌닷, 소발(친구들) 그리고 엘리후(중개인).

라멕의 아이들 : —

유발, 야발, 두발 가인(아들들) 그리고 나아마(딸).

놋줄에 묶인 네 사람 : —

삼손(삿 16 : 21)
여호야킴(대하 36 : 6)
시드기야(왕하 25 : 7 ; 렘 52 : 11, 39 : 7)
} 해방되지 못함.

므낫세(대하 33 : 11) ———— 해방됨

이름이 바뀐 네 사람 : —

아브람(창 27 : 5)
사래(창 27 : 15)
야곱(35 : 10 ; 32 : 18)
} 축복으로.

바스훌(렘 20 : 3)——심판으로.

구약의 여선지자 네사람 : —

미리암(출 15 : 20)
드보라(삿 4 : 4)
훌다(왕하 22 : 14)
} 선한.

노아댜(느 6 : 14)—악한

다니엘서의 네 "아이들" : —

다니엘 —홀로.

사드락
메삭
아벳느고
} 함께.

용광로 속의 네사람 : —

사드락
메삭 } 인간.
아벳느고

하나님의 아들 영[1].

다니엘서의 네 임금 : —

느브갓네살(1—4장)
벨사살(5장) } 바벨론의 첫 왕과 마지막 왕

다리오(6장) "메대인"(5 : 31)

고레스(6 : 28 ; 10 : 1(바사인)"

주의 족보에 나오는 네 여인(마 1) : —

다말(창 38 : 27 ; 마 1 : 3).

라합(룻 4 : 20 ; 마 1 : 5).

룻(룻 4 : 13,14 ; 마 1 : 5).

우리아의 아내(삼하 12 : 24 ; 마 1 : 6).

요한계시록 20 : 2에 사탄의 네 명칭 : —

용(배신적이고 배교적).

옛 뱀(유혹적).

마귀(고소하는).

사탄(인성적).

지혜를 구하는 피조물의 무능력을 나타내는 네 증인(욥 28 : 7 · 8) : —

솔개.

매의 눈.

위엄스러운 짐승.

사나운 사자.

---

1) 관사가 없다. 그것은 문자적으로 하나님의 아들(a son of God) 즉 천사이다.

"작지만 지혜로운"[1] 네 가지 (잠 30 : 24－28) : －

개미.

사반.

메뚜기.

도마뱀.

하나님의 심판을 나타내는 놋제단은 네 개의 변이 있고 네개의 뿔을 가지고 있다. 금제단도 그러하다.

천막은 네 개의 모가 있었다.

땅과 그 심판에 관한 특별한 언급을 갖고 있는 무지개는 네 번 언급되었다－구약에 두 번(창 9장 겔 1 : 28) 그리고 신약에 두 번(계 4 : 3 ; 10 : 1).

땅에서의 물질적 축복의 충만함은 이사야 60 : 17에 묘사되어 있다

내가 금을 가져 놋을 대신하며.

은을 가져 철을 대신하며.

놋으로 나무를 대신하며.

철로 돌을 대신하며.

고린도후서 4 : 8,9에 고통의 영역은 네 겹이다

우겨쌈을 당하여도 싸이지 아니하며.

답답한 일을 당하여도 낙심하지 아니하며.

핍박을 받아도 버린 바 되지 아니하며.

거꾸러뜨림을 당하여도 망하지 아니하고.

땅에 관한 특별한 언급을 갖고 있는 스가랴의 예언

1장에는 네 뿔 혹은 이교도의 힘과 그들을 무섭게 하는 네 명의 공장(工匠). 6장에는 네개의 이교도 힘 가운데에서 하나님을 위해 활동하

1) 동일 저자의 Sunday School Lessons, First series, p.37－40면을 보라.

는 하늘의 영들을 상징하는 네가지 색깔의 말들로 된 네개의 병거.

문자로 나타낸 숫자 (GEMATRIA)

이것은 여기에서 취급하기에는 너무 방대한 주제이지만 세계에서 가장 오래된 도시 다메섹 דַּמֶּשֶׂק, (DAMASCUS)와 연관하여 그 농축된 형태에서 수 사(4)를 얻는다는 것은 가장 중요한 것이다.
그 이름의 수는 444이다. 따라서,

ד =4
מ =40
ש =300
ק =100
} 444

이 이름은 39번 나온다. 즉 3×13, 이유는 수 13이하를 보라.

네번 나오는 단어들 (WORDS THAT OCCUR FOUR TIMES)

네번 나오는 단어들은 또한 동일한 의미를 갖고 있다. 알파벳 순서에 따라 몇 가지 예를 들었다. 그것들과 다른 것의 연구는 매우 흥미롭고 교훈적인 정보를 주의깊게 끌어 낼 수 있을 것이다.

אבדה (아베다) "잃은 물건"(lost thing), 출22:9; 레6:3,4; 신22:3.

גבה (가봐), "눈이 높은 또는 교만한"(high-look or proud), 시101:5; 잠16:5; 전7:8; 겔31:3.

גנה (긴나), "뜰"(garden), 에1:5; 7:7,8; 아6:11.

דגל (다갈), "기"(banners), 시20:6; 아5:10; 6:4,10.

דך (닥), "압제당하는 또는 압박당하는"(oppressed or afflicted), 시9:9; 10:18; 74:21; 잠26:28.

חרבה (카라봐), "마른 땅"(dry-land), 8번(2×4).

חרש (케레슈), "공장"(工匠)(craftsmen), 호2:1"가만히"(장인같

이), 대상 4 : 14[1]; 느 11 : 35; 사 3 : 3(공고한).

משכרת (마스코렐), "품삯"(wages), 창 29 : 15; 31 : 7,41; "보상"(reward), 룻 2 : 12[1].

נסח (나사흐), "뽑히다"(plucked), 신 28 : 63; "뽑다"(pluck); 시 52 : 7; "땅에서 뽑다"(rooted out), 잠 2 : 22; "헐라"(destroy), 15 : 25.

נצר (네 체르), "가지"(branch), 사 11 : 1; 14 : 19; 60 : 21; 단 11 : 7.

נשא (나솨), "빚진"(to be in debt), 삼상 22 : 2; 느 5 : 7; 시 89 : 22; 사 24 : 2.

ἄγνοια(아그노이아), "무지함,일치못함"(ignorance), 행 3 : 17; 17 : 30; 엡 4 : 18; 벧전 1 : 14.

ἀγρυπνέω(아그뤼프네오), "깨어 있으라"(watch), 막 13 : 33; 눅 21 : 36; 엡 6 : 18; 히 13 : 17.

αἴτιον(에티온), "죄"(fault), 눅 23 : 4,14,22; 행 19 : 40.

ἀμνός(암노스), "어린 양"(Lamb), 요 1 : 29,36; 행 8 : 32; 벧전 1 : 19.

ἄνθος(안도스), "꽃"(flower), 약 1 : 10,11; 벧전 1 : 24(두번).

ἀστήρ(아스테르), "별"(star), 24번 (4×6)[1].

ἄστρον(아스트론), "성신,별"(star), 눅 21 : 25; 행 7 : 43; 27 : 20; 히 11 : 12[2].

ἀποστολή(아포스토레), "사도,사도의 직분"(apostleship), 행 1 : 25; 롬 1 : 5; 고전 9 : 2; 갈 2 : 8.

---

1) 그러나 "gift"는 5번 나온다.
2) 두 단어 모두 28번 (4×7).

오(FIVE)

오(5)는 사(4) 더하기 일(1)이다(4+1). 지금까지 우리는 하나님의 세 인격과 창조물에서 그들의 나타내심을 알아보았다. 이제 우리는 인류로부터 부름받은, 구속된 그리고 구원받은, 땅에서 하늘까지 하나님과 동행하는 백성의 심오한 계시를 살펴보자. 따라서 구속은 창조뒤에 온다. 인간의 타락의 결과로 인하여 창조는 저주아래 놓였고 "허망된 것들에 매이게 되었다." 따라서 인간과 피조물은 구속되어야 한다. 따라서 우리는,

1. 성부(Father)
2. 성자(Son)
3. 성령(Spirit)
4. 피조물(Creation)
5. 구속(Redemption)을 알아보자.

이들이 다섯 개의 커다란 신비이며 따라서 오(5)는 **은혜**(GRACE)의 수이다.

사(4)가 세상의 수라면 우리가 알아 보았듯이 그것은 인간의 나약함, 무능력과 허망됨을 나타낸다.

그러나 넷 더하기 하나(4+1=5)는 나약함을 완전하게 만드는 하나님의 힘이 첨가되어, 전능하심이 땅의 무능력과 결합된 것, 영향받지 않으며 정복당하지 않는 하나님의 은총을 의미한다.

땅(the earth)이란 단어는 **הארץ** (하-에레츠)이다.

이 단어의 수(gematria)는 4의 배수인 296이다. 반면에 "하늘"은 **השמים** (하-솨마임)이고 그 gematria는 5의 배수인 395이다.

ἡ χάρις(은혜,)의 gematria는 오(5)의제곱의 배수인 725이다($5^2 \times 29$).

"나의 은혜는 네게 족하다(*'Αρχεῖ σοι ἡ χάρις μου*)"의 수치는 1845이다. 그 인수는 $5 \times 3^2 \times 41$이다.

은혜는 은총를 의미한다. 하지만 어떤 종류의 은총인가? 은총에는 여러 종류가 있다. 비참한 이들에게 보여지는 은총을 우리는 자비라고 부른다. 가난한 이들에게 보여지는 은총은 긍휼, 고통받는 자에게 보여지는 은총은 동정, 감당하기 어려운 고통을 받는 이들에게 보여지는 은총은 인내; 하지만 가치없는 이들에게 보여지는 은총을 **은혜**(GRACE)이라고 부른다! 그 근원과 그 특성안에 참된 신(Divine)이 있는 은총, 이것이 참으로 은총이다. 로마서 3 : 24, "하나님의 은혜로 값없이 의롭다 하심을 얻은 자"란 말씀에서 빛이 그 위에 비췄다. 여기에 "값없이"로 번역된 단어는 요한복음 15 : 25에 다시 나오고 "연고없이"(저희가 연고없이 우리를 미워하였도다)로 번역되었다. 그들이 주 예수를 미워한 참된 이유가 있었을까? 결코 아니다! 또한 하나님이 우리를 의롭다 하실만한 어떠한 이유도 우리에게 없다. 따라서 로마서 3 : 24은 "하나님의 은혜로 연고없이 의롭다 하심을 얻은 자"로도 번역할 수 있다. 그렇다. 이것이 참으로 은혜이다—무가치한 것에 대한 은총이다.

아브람의 경우도 그러하다. 하나님께서 그를 부르시고 선택해야 하는 어떤 이유도 그에게는 없었다! 하나님께서 그와 그의 후손에게 무조건적인 언약을 영원히 맺을 만한 아무런 이유도 없었다. 따라서 수 오(5)는 다섯가지 희생을 드리게 함으로써 이 계약에 깊이 관계된다.—암소, 암염소, 수양, 산비둘기, 집비둘기(창 15 : 9).

또한 그 후에 하나님께서 아브람의 이름을 아브라함으로 바꾼 것은 주목할 만하다(창 17 : 5). 그 변화는 매우 간단하였지만 수 오(5)의 상징인 알파벳의 다섯번째 글자, **ה** (헤)를 중간에 삽입시킴으로써(하나님께는 기회가 없었기 때문에) 단순하지만 매우 뜻깊은 것이었다. 그래서 아브람(**אברם**)이 아브라함(**אברהם**)이 되었다(창 17 : 5). 이 모든 것이 은혜로운 것이었고 이 의미를 깊이 말하고 있다. 이 변화가 특별한 순간에 일어났다는 것은 주목할만한 가치가 있다. 그것은 아브라함이 특별한 방법으로 하나님 "앞에 가는" 때였다. 그는 약속된 "자손"을 어떤 세상적인 근원에서도 구하지 않았다. 따라서 그는 "보는 것에 의해서가 아니라 믿음으로 나아갔다." 하나님께서 **엘 샤다이**(EL SHADDAI) 즉 모든 것이 풍족하신 분이라는 이름으로 스스로를 최초로 계시하신 것이 바로 이 순간이었다. 그는 아브라함에게 부족한 모든 것을 공급하실 수 있었다. 그의 모든 필요한 것을 채우실 수도, 그가 필요로 하는 것을 그를 위해 하실 수도 있는 분이시다. 얼마나 은혜스러운가! 얼마나 적절한가! 얼마나 완전한가! 아브라함과 같이 우리도 부르심을 받아 "나와서", "따로 있고" 하나님과 함께 믿음으로 나아가는 것이 고린도후서 6 : 17,18에서와 동일하다. 그는 놀라운 동일한 이름으로(신약에서도 최초로) 스스로를 계시하신다. "너희는 내게 아들과 딸이 되리라. **전능하신 주**(the Lord ALMIGHTY)의 말씀이니라."—당신을 부양하고 유지시켜 줄 수 있는, 당신의 모든 필요를 공급하시는 분. 이것이 은혜이다.

성경의 다섯번째 책
(THE FIFTH BOOK OF THE BIBLE)

성경의 다섯번째 책(신명기)은 하나님의 은혜를 확대시켜 보여주며 이 책에는 특별한 수고, 말하자면 백성들을 위한 것이 아니라 하나님 자신의 이름을 위하여 그들을 부르시고 선택하시고 축복하셨다는 위대한 사실을 강조하고 있다. 신명기 4 : 7,20,32,37 ; 8 : 11,17 등을 읽어라.

시편의 제오권
(THE FIFTH BOOK OF PSALMS)

시편의 제오권은 동일한 위대한 사실을 설명한다. 그 첫번째 편(시 107)은 이를 확실히 보여주며 어떻게 "저가 그 말씀을 보내어 저희를 고치사"(20절), 그리고 계속해서 모든 그들의 고통에서 구속하시는가를 보여준다.

제일권의 제오편
(THE FIFTH PSALM OF THE FIRST BOOK)

제 일권의 제오편은 또한 그의 백성을 에워싸는 하나님의 "**은총**" 혹은 은혜에 관한 특별한 언급이 있다. 시편 5 : 12, "여호와여 주는 의인에게 복을 주시고 방패로 함같이 은혜로 저를 호위하시리이다. (히브리어에선 그를 관 씌운다)"

"돌" 왕국
(THE "STONE" KINGDOM)

돌 왕국은 네가지 커다란 세상의 권력을 계승하며 포괄하고 세상의 모든 영역을 차지하는 다섯번째 나라가 될 것이다. 그때에 이 세상의 나라들이 우리 주와 그의 기름부음 받은 자의 나라가 될 것이고 그는 영광과 은혜로 다스리실 것이다.

애굽에서 나온 이스라엘
(ISRAEL CAME OUT OF EGYPT)

애굽에서 나온 이스라엘은 5열의 순이었다. 출애굽기 13 : 18에, "이스라엘 자손이 애굽땅에서 항오를 지어 나올때에"라 하고 있다. 난외에는 그들이 다섯 חמש란 단어에서 나온 5열씩(חמשים) 나왔다고 기록되어 있다. 열왕기하 1 : 9과 이사야 3 : 5에서와 같이 대열 즉 오십인이 있었을 것이다.[1] 그들이 완전히 나약하고, 무능력, 무방비 상태에서 나왔으나 그들 가운데에 여호와의 임재를 통하여 그들이 정복되지 않았다는 것이 요점이다.

다섯개의 매끈한 돌
(FIVE SMOOTH STONES)

다섯개의 매끈한 돌은 이스라엘의 거인원수를 만나러 갈때 다윗이 선택한

---

1) 수 1 : 14, "너희 용사들은 무장하고 너희의 형제보다 앞서 건너가고" 난외 : "Heb. 오열씩 정리하여" 이것은 5라는 숫자를 만일 실제로 그런 혐오의 이유가 없었다면 애굽인들이 특별히 싫어했었다는 언급일 가능성도 있다. Gardner Wilkinson경은 오늘날까지는 숫자 5가 현대 이집트에서 악마의 수로 인식되고 있다고 말한다. 그들의 시계에는 다섯번째 시간, "V"가 작은 원 "o"로 표시되어 잇다.

것이다(삼상 17 : 40). 그것들은 하나님의 힘으로 보충해 주신 그의 완전한 나약함을 시사하고 있다. 그리고 그는 사울의 전신갑주에서 보다 이 나약함 속에서 더욱 강해졌다. 결국 그가 한개만을 사용하고 나머지 네개는 하나도 사용하지 않았다는 것은 주목할만하다. 그 하나가 가장 강력한 적을 정복하기에 충분하였던 것이다.

다섯번째 책
(IT WAS THE FIFTH BOOK)

다윗의 아들과 다윗의 주가 가장 연약한 타입이었다. 골리앗 같은 그 거대한 원수와의 싸움에서 사용했던 것은 다섯번째 책이었다. 마귀 스스로 패배하게 한 하나의 돌을 구성하는 것은 신명기 뿐이었다(마 4 : 1-11과 신 8 : 3; 6 : 13; 16을 비교하라). 신명기가 사탄의 증오의 대상이 되는 것은 이상할 것이 없다. 오늘날 "의의 일꾼으로 가장한" 그의 일꾼들이(고후 11 : 14,15) 파괴적 비평으로 신명기를 없애려고 하는 시도에 동참하고 있는 사실은 "놀라운 일이 아니다." 하지만 그들의 노력은 모두 헛되다. 왜냐하면 그것은 여호와의 권능과 은혜의 전능하심을 나타내는 수가 깊이 박혀 있기 때문이다.

약속
(THE PROMISE)

"너희 다섯이 백을 쫓고 너희 백이 만을 쫓으리니"(레 26 : 8) 어디서든지 진리를 계시해 준다. "만일 하나님이 우리를 위하시면 누가 우리를 대적하리요"(롬 8 : 31). 그러나 "다섯이 백을 쫓고"라고 기록한 것이 아니라; "너희 중에서 다섯"이라는 것에 주의하라-하나님께서 구속하시고 구원하셨으며 그의 권능으로 강하게 하실 그들 다섯이라는 것을 밝혀준다.

애호
(THE PREFERENCE)

"깨달은 마음으로 다섯마디 말을 하는 것이 일만마디 방언으로 말하는 것보다 나으니라"(고전 14 : 19). 즉 하나님을 경외하면서, 인간의 나약함 속에서, 하나님의 힘과 축복을 의지하면서 한 몇 마디 말이 하나님이 의도하셨던 것을 성취시킬 수 있다는 것이다 ; 반면에 목적없는 말은 헛될 것이다. 인간은 후자에 갈채를 보내고 웅변으로 그의 찬양을 돌릴지 모르지만 하나님은 전자만 소유하실 것이며 믿는 그들 안에서 효과적으로 역사하시는, 이 축복으로 그들을 따라 가신다(살전 1 : 6; 2 : 13).

바로에 대한 여호와의 요구
(JEHOVAH'S DEMAND TO PHARAOH)

바로에 대한 여호와의 요구는 본질적으로는 다섯이 있다. 왜냐하면 그것은 그의 백성을 구원하시는 은총의 표현이기 때문이다. 따라서 그것은 바로에게서 뚜렷한 다섯가지의 반대를 초래했다. 여호와의 요구는 순전히 그 자신의 자발적인 은혜에서 나왔다. 그것을 불가피하게 하는 것은 아무것도 없었다 ; 이스라엘의 비참함이나 이스라엘의 가치도 그것을 끌어낼 수 없었다. "하나님이 그 고통소리를 들으시고 아브라함과 이삭과 야곱에게 세운 그의 언약을 기억하사 이스라엘 자손을 권념하셨더라"(출 2 : 24,25). 그것은 이후에 시내에서 이스라엘과 맺은 것 같은 하나님과 그들의 언약이 아니라 그가 그들의 조상과 맺었던 하나님의 언약이었다. 모두가 은혜이었다. 따라서 바로에 대한 하나님의 요구는(출 5 : 1 속에) 그것이 내포하는 다섯가지 커다란 사실과 깊이 관계되어 있다 :

(1) **여호와와 그의 말씀.**—"이스라엘의 하나님 여호와의 말씀." 이것은 바로의 불복에 반대되는 위치에 있는 것이다(2절), "여호와가 누구관대 내가 그의 말을 듣고?"

(2) **여호와의 백성.**—"내 백성을 보내라." 이것은 바로가 거절했다(10 : 9—11). "갈 자는 누구 누구뇨?" 모세가 가로되 "우리가 남녀노소 등을 데리고 가겠나이다." "불가하니 너희 남정만 가서"(10 : 11), 이것이 바로의 응답이었다. 즉 하나님의 백성은 구속된

자들로 이루어지고; 만일 그들이 애굽에 몇 명 안되는 이들을 남겨 둔다면 적들은 부모님들이 가는 것이나 광야에서 하나님을 섬기는 것에 전적으로 동의했을 것이다.

(3) **여호와의 요구**.—"내 백성을 보내라." 안된다고 바로가 말했다; "너희는 가서 이 땅에서 너희 하나님께 희생을 드리라"(8:25). 그리고 오늘날 많은 이들이 애굽에서 그들이 예배를 드릴 수 있었을 것이라고 생각한다. 하지만 "모세가 가로되 그리함은 불가하니이다"(8:26).

(4) **여호와의 절기**.—"그들이 내 앞에 절기를 지킬 것이니라." 바로의 거절은(10:24) "너희는 가서 여호와를 섬기되 너희 양과 소는 머물러 두고 "라 했다. 얼마나 미묘한 거절인가! 하지만 모세의 응답도 완전하였다(10:26). "우리가 거기 이르기까지는 어떤 것으로 여호와를 섬길는지 알지 못함이니이다." 우리는 하나님의 땅에 서기 전까지 우리를 향한 하나님의 의지를 알 수 없다. 두번째 단계를 위한 빛은 첫번째 단계를 위해 주어진 빛을 사용하기 전까지 주어지지 않을 것이다.

(5) **여호와의 구별**.—"광야에서." 바로가 그들의 떠나감을 완전히 거절하고, "이 땅에서" 하나님을 섬기기를 바랐을 때 모세는 "사흘길쯤 광야로 들어가는" 구별을 주장했다(8:27). 그 곳에는 애굽에서 구속된 자들과 그 모든 속한 것들의 거룩하게 완전한 구별이 있어야 했다.

하지만 이제 바로의 거절은 더욱 미묘해진다. 그가 말하기를(8:28), "내가 너희를 보내리니 너희가 너희 하나님 여호와께 광야에서 희생을 드릴 것이나 너무 멀리는 가지 말라!" 오! 얼마나 많은 이들이 이 유혹에 굴복했으며 언제나 세상의 영향력이 쉽게 미치는 범위 내에 있는가 접경지대에서 사는 그들은 늘 원수들의 유혹에 노출되어 있으며 늘 그의 함정의 위험에 있다.

그러므로 은혜의 완전함은 "여호와께서 대적의 손에서 저희를 구속한"(시

107 : 2) 자들을 위한 여호와의 요구에서 명백했다. 그 다섯겹의 각 부분들은 적들에 의해 강한 저항을 받지만 여호와의 은총으로 결코 패배하지 않는다.

장막
(THE TABERNACLE)

장막의 충만한 수는 오(5)이다 ; 거의 모든 치수가 오(5)의 배수이다. 이런 치수들을 언급하기 전에 우리는 예배 그 자체에 모든 은혜가 있다는 것을 알아야 한다. 아버지가 찾으시고 부르신 자들을 제외한 어느 누구도 예배를 드릴 수 없다(요 4 : 23). "주께서 택하시고 가까이 오게 하사 주의 뜰에 거하게 하신 사람은 복이 있나이다. 우리가 주의 집, 곧 주의 성전의 아름다움으로 만족하리이다"(시 65 : 4).

우리가 레위기라 부르는 책명은 히브리정경(正經)에는 **"그가 부르셨다"**이다. 예배 드릴 자들을 하나님이 어떻게 부르시는가와 그가 어떻게 다가 오시는 가를 보여주는 예배의 책이다. 그 책은 어떤 사람이 주께 제물을 가져오려고 한다면 그가 어떤 어떤 제물을 가져와야 한다는 것을 지시함으로 시작한다. 제사드리는 자와 제사장들은 행했던 모든 것을 상세히 말해야 했다. 그들의 생각에 남는 것이 하나도 없어야 했다.

우리는 레위기가 성경의 세번째 책이라는 것을 알고 있다. 그것은 우리에게 하나님의 완전수로 깊이 새겨져 있다. 시작하는 말은 "그리고 여호와께서 가라사대"이며 그 책에 36번 $(3^2 \times 2^2)$[1] 나오는 표현이다.

실제로 이 세번째 책은 거의 전부가 하나님의 말씀으로 이루어져 있다는 것이 특이하다. 성경의 어떤 책도 하나님의 말씀이 그렇게 완전히 들어 있는 책은 없다. 따라서 수 삼(3)이 그것에 깊이 알맞게 관계되고 있다.

---

1) 레 4 : 1 ; 5 : 14 ; 6 : 1,8,19,24 ; 7 : 22,28 ; 8 : 1 ; 10 : 8 ; 11 : 1 ; 12 : 1 13 : 1 ; 14 : 1,33 ; 15 : 1 ; 16 ; 1,2 ; 17 : 1 ; 18 : 1 ; 19 : 1 ; 20 : 1 ; 21 : 1,16 ; 22 : 1, 17,26 ; 23 : 1,9,23,26,33 ; 24 : 1,13 ; 25 : 1 ; 27 : 1.

"**나는 여호와다**"가 21번 나온다(3×7).[1]

"**나는 여호와 너의 하나님이다**"가 21번 나온다.[2]

"**나 여호와는 …이다**"는 세번(19:1; 20:26; 21:8); 그리고 "**나 여호와는 …하다**"는 두번(21:15; 22:9) 혹은 합하여 다섯번 나타난다.

여기에서 우리는 하나님의 교통하심과 하나님의 수가 깊이 관계되어 있다는 것을 알 수 있다. 이것은 수 삼(3)에서 다루었지만 여기에서 하나님의 의지에서 나오는 것과 은혜에 기초를 둔 것 같은 예배와 연관하여 살펴 보는 것이 좋을 것이다.

장막은 그에 깊이 새겨진 은혜의 수(**다섯**)를 가지고 있다.

바깥뜰은 길이가 100규빗, 폭이 50규빗이었다. 양쪽에는 20개의 기둥이 있었으며 각 끝을 따라 10개의 기둥이 있었다. 혹은 합하여 60개; 즉 5×12 혹은 세상에 통치적 표현 있는 은혜의 수와 지파들의 수인 12이 있다.

휘장을 지지하는 기둥은 5규빗씩 떨어졌고 높이가 5규빗이며 바깥 휘장 전체는 25규빗(5×5)으로 제곱수로 나누어진다. 따라서 기둥의 각 쌍은 순수한 하얀 천의 5^2규빗의 면적을 가지고 있으며 하나님의 백성들만이 그를 위해 세상 앞에 증언할 수 있는 완전한 은혜를 입증한다. 그들의 의(순수한 천)는 "더러운 옷"(사64:6)이고 우리는 다만 "나의 나 된 것은 하나님의 은혜로 된 것이니"(고전15장)—은혜로 구원받은 죄인—라고 말할 뿐이다. 5×5는 번제드리는 놋제단의 치수이므로 이 의는 구속에 근거를 두고 있다. 이것이 하나님의 의로운 요구와 인간이 필요로 하는 것에 대한 그리스도의 완전한 해답이다.

이 놋제단의 높이가 겨우 3규빗 밖에 되지 않은 것이 사실이지만 그 설비의 근원에는 하나님이 계시며 구속은 하나님으로부터만 나온다는 것을 알게

---

1) 레11:45; 18:5,6,22; 19:12,14,16,18,28,30,32,37; 20:8; 21:12; 22:2,8,31,32,33; 26:2,45.

2) 레11:44; 18:4,30; 19:3,4,10,25,31,34,36; 20:7,24; 23:22,43; 24:22; 25:17,38,55; 26:1,13,44.

한다.

건물 그 자체의 높이는 10규빗, 폭은 10규빗 그리고 길이가 30규빗이었다. 그 길이는 두개의 부등 부분으로 나누어진다. 길이 20규빗인 성소 ; 10규빗의 지성소, 따라서 완전한 10규빗의 입방체를 만든다. 그것은 48개의 판(板)으로 구성되는데 양쪽에 20개씩 그리고 끝에 8개, 전면에는 5개의 기둥에 한 휘장이 매달려 있었다. 이 48개의 판은(3×4^2) 하나님 앞에 세상에서 특권으로 충만함에 있는 나라를 의미한다(4×12). 한 쪽의 20개의 판은 그것이 부착된 고리를 통과하는 다섯개의 막대기로 모두 박혀져 있었다.

장막 구조를 덮고 있는 앙장(仰帳-curtains)은 네개였다. 첫번째 것은 열폭을 여러색으로 그룹을 수놓아 만들었다. 각 앙장은 길이가 28(4×7)규빗이고 폭이 4규빗이었다. 그들은 한쪽면에 다섯개가 매달려 있으며 하나의 커다란 천을 형성하기 위해서 함께 바느질이 됐을 것이다(20×28) ; 두 천은 고리로 서로 연결되었으며 금갈고리는 50(5×10)개였다. 두번째 앙장은 염소털 열한폭으로 구성되며 각 폭은 길이가 30규빗, 폭이 4규빗, 놋갈고리와 고를 꿰어 두천이 합쳐졌다. 세번째 것은 붉은 물들인 수양가죽으로 만들었고 네번째 것은 해달의 가죽[1]으로 만들었고 치수는 기록되어 있지 않다.

출입휘장(Entrance Vails)은 세개였다. 첫번째 "뜰의 문"이었다. 폭이 20규빗 그리고 높이가 5규빗, 5개의 기둥에 매달려 있었다. 두번째 것은 "장막의 문"이었다. 폭이 10규빗, 높이가 10규빗이었으며 뜰의 문처럼 5개의 기둥에 매달려 있었다. 세번째 것은 "아름다운 휘장"이었다. 성소에서 지성소를 나누어 사방 10규빗이었다. 이 세가지 휘장의 한 특색은 주목할만하다. 뜰의 휘장의 치수와 장막의 치수가 다르지만 면적은 같다. 전자는 20규빗씩 5개로 100규빗이고 후자는 10규빗 10개, 역시 100규빗이다. 따라서 하나뿐인 문(gate), 하나의 문(door), 하나의 휘장이 있는 반면, 그들은 각각 구속과 연관된 모든 축복의 하나뿐인 출입문으로써 그리스도의 전형이

1) 아마 희생동물일 것이다. 163면을 보라.

된다. 구속의 혜택을 주는 "문"이 더 넓고 낮다는 것에 주의하라(폭 20규빗, 높이 5규빗) ; 반면에 예배를 허용하는 문이 더 높고 더 좁다. 폭이 10규빗, 폭이 반이고 높이는 2배(10규빗 더 높다) ; 따라서 구속의 축복을 경험한 모든 이가 영적예배의 진정한 본질을 이해할 수는 없다는 것이다. 가장 숭고한 예배—자비로운 자리로의 허용—는 그들의 대리인—대제사장—을 제외하고는 이스라엘인들에게 불가능했다 ; 아름다운 휘장이 그들의 접근을 막았기 때문이다. 그러나 이 휘장은 예수 그리스도의 오심으로 참 은혜가 완전히 명백해진 그 순간에 둘로 찢어졌다. 그리고 그것이 "위에서부터 아래까지" 찢어졌기 때문에 하나님의 은혜의 역사로 찢어진 것이다.

그것은 주목할만한 가치가 있으며 좀 더 깊은 조사를 할 시간이 있는 이들에게는 좋은 주제가 될 것이다. 장막을 설명하는 히브리서 9장의 Gematria는 인수로써 수 오(5)를 낸다. 각 글자가 그에 대응하는 형상을 상징하는 것으로 간주하면 장막과 그 부속설비를 묘사하는 히브리서 9 : 2~10의 값은 103,480이다. 이 수의 인수들은 모두 의미로 가득차 있다. 즉 5×8×13×199 ; 은혜의 수 **5**, 그것이 명백해진 영역인 세상의 수 **4**, 한편 **13**은 죄와 구속의 수이다.(13이하를 보라).

같은 방법으로 그리스도와 그의 구속사역에 대한 유형의 적용과 관계있는 히브리서 9 : 11~28은 단순한 13의 배수이다. 즉 204,451(13×15,727).

반면에 16, 17 그리고 18절에 본론에서 벗어난 중요한 논의는 11,830으로 계산된다. 그리고 여기에는 매우 중요한 동일한 요소들 즉 13^2×14×5가 된다.

대속과 관계있는 전치사들
(THE PREPOSITIONS CONNECTED WITH SUBSTITUTION)

대속과 관계있는 전치사들은 그의 백성들을 대신한 그리스도의 죽음을 나타내는 구속과 연관되어 사용 되었으며 또한 오(5)의 배수로 나온다.

~을 위하여, ~을 대신하여를 의미하는 ὑπέρ(휘페르)는 585번 나온다.

그 요소는 5×13×9이다. 즉 은혜, 구속 그리고 심판이다.

~에 대하여 또는 ~에 관하여을 의미하는 유사한 의미와 용법을 나타내는 단어 περί(페리)는 195번 나온다. 그 요소는 5×13×3 혹은 은혜, 구속 그리고 신성이다.

거룩한 관유
(출30 : 23-25 THE HOLY ANOINTING OIL,)

거룩한 관유는 그것이 순수한 은혜를 밝히는 것이기 때문에 다섯부분으로 구성되었다. 이 다섯은 넷과 하나로 나타낸다. 넷은 향(香)이고 하나는 기름이었다.

네가지 주요한 향 : –

1. 몰약 500세겔(5×100),
2. 향기로운 육계 250세겔(5×50),
3. 향기로운 창포 250세겔(5×50),
4. 계피 500세겔(5×100)

그리고 감람유 한 힌.

이 관유는 하나님께서 구별하셨기 때문에 거룩한 것이었다. 다른 어느 것도 구별될 수 없었다. 그것은 하나님의 것이었다. 따라서 은혜로운 것이었다. 그러므로 그 재료의 수는 다섯이었고 그 양은 모두 오(5)의 배수였다.

일곱부류의 사람 혹은 사물은 이 거룩한 기름으로 구별되었다 : –

1. 아론과 그 아들들.
2. 장막 자체.
3. 상과 그 그릇.
4. 촛대와 그 기구들.
5. 번제단과 그 그릇.
6. 향단.
7. 물 두멍과 그 받침대.

"성별"에 해당하는 말과 그 행위가 잘못 이해되었기 때문에 그것에 대해

무심히 보게 될 것이다. 히브리어로는 מלא (말레)이다. 그것은 충만하다, 채우다, 완전하다를 의미한다. 그것이 처음 나오는 곳은 창세기 1 : 22인데 "여러 바다 물에 충만하라." 또한 21 : 19에는 "가죽부대에 물을 채워다가"; 29 : 21에는 "내 기한이 찼으니"; 출애굽기 15 : 9에는 "내가 그들로 인하여 내 마음을 채우리라"; 28 : 41에는 "그들에게 기름을 부어 위임하고" 이것이 번역이라기보다는 하나의 논평인 성별한으로 번역되었다.

이 단어가 יד (야드), 손으로 사용되었을때 손을 채우다, 특히 직무의 상징이나 표징을 갖는 것을 의미한다. 즉, 홀로 손에 채우다 이것은 왕의 직무로 구별되거나 혹은 성별되는 것이었다. 희생의 어떤 부분으로 손을 채우는 것은 제사장의 직무를 위해 구별되고 하나님께 선물과 희생을 드릴 수 있는 권한을 확고히 하는 것이다. 출애굽기 29 : 22-25; 28 : 41; 29 : 9; 32 : 29(또한 히 5 : 1; 8 : 3,4를 보라).
"성별된 수양"(혹은 채워진)은 제사장들이 그들의 직무를 위해 따로 있을때 그들의 손에 채워지는 것이 양의 부분들이었다.

그 단어가 공식적 임명 혹은 사역의 구별 혹은 신성에 대해 언급할때마다 그것은 하나님의 통치사역이며 수반되는 상징적 행위는 직무를 나타내는 상징으로 임명된 사람의 손을 채우는 것이었다. 따라서 동사는 직무를 주다, 위엄을 알리다의 의미이다. 스스로 이런 일을 할 수 있는 사람은 하나도 없다라는 것은 말할 필요도 없다. 그것은 하나님의 역사가 틀림없다.

그 단어가 인간이 할 수 있는 것으로 사용될때 "~에게"(to) 혹은 "~를 위하여"(for)를 의미하는 전치사 ל가 뒤에 따라온다. 역대하 29 : 31에서와 같이 누구를 위하여 손을 채우다 즉 (여호와에게) 제물을 가져온다이고 모두가 완전히 다른 것이다. 여기에는 오늘날 "성별"이라고 부르는 것에 대한 어떤 개념도 없다. 그것은 드리는 자들이 그의 손에 가져오는 단순한 제물인 것이다.

오직 여호와만이 인간에게 그를 섬김에 있어서 어떤 직무의 특권을 줄 수 있다. "이 존귀는 아무나 스스로 취하지 못하고 하나님의 부르심을 받은 자라야 할 것이니라"(히 5 : 4). 그러므로 주예수는 특히 "기름부음 받은 자"

로 불리웠다. 히브리어로는 메시야, 헬라어로는 *Χριστός*(흐리스토스) 그리고 영어로는 *Christ*이다. "스스로를 성별하는 것"에 관하여 헛되이 이야기 하는 자들은 역대하 13 : 9을 읽어야 한다.

구약 출애굽기 29 : 20에서 제사장이 성별될 때에 수 삼(3)와 오(5)가 하나님의 은혜의 역사로 동반된다. 3은 각각 5와 연관되어 작용한다. 피가 다음 (1) (2) (3)에 놓여지고 이후에 그 위에 거룩한 기름을 바른다.

(1) 오른쪽 귓부리에, **성령님**이 **하나님의 말씀**을 들을 수 있도록 하시고 하나님을 위해 그의 오감(五感)을 구별하신다는 것을 상징한다.
(2) 오른손 엄지에(다섯 손가락중 하나) 그가 하나님을 위해 일하고 행하는 것을 상징한다.
(3) 오른발 엄지에(다시 다섯) 그의 개인적 발걸음이 하나님 말씀으로 확고해졌다는 것을 상징한다.

그러므로 지금은 성령이 하나님에게 제사장된 모든 자들을 성별하신다. 그것이 하나님의 역사요 통치적 은혜의 역사이다. 성령 하나님이 죄인을 위해 역사하실 때는 중대한 사실이지만 죽어야 할 인간이 주제넘게 행할 때는 가치없는 허망된 것이다.

향 (THE INCENCE, 출 30 : 34)

향 또한 다섯요소로 구성된다. 넷은 "향기로운 향"(סמים (사밈))이고 하나는 소금이었다. מלח (소금치다)라는 것은 "함께 섞었다"는 것이다. 35절의 주를 보라.

네가지 "향기로운 향" : —

1. "소합향(蘇合香)", נטף (나타프), "떨어뜨리다" ; 따라서 한방울의 향기로운 고무. 70인역에는 *σπαζεῖν* "떨군다"로부터 *σταχτή*이다. 랍비들은 R. V.난외의주에서와 같이 그것을 *opobalsamum*이라 부른다.

2. "On'ycha", שחלת (슈케이레드), "껍질"(a shall) ; 헬라어로는 ὄνυξ, 사향 냄새를 내며 타는 일종의 조개껍데기.
3. "Gal' banum", חלבנה (켈-브나), "향기로운 고무".
4. "유향", לבונה (르보나), "밝게 타는 고무".
5. 나머지 <u>하나</u>, 소금. 동사는 מלח (마락) "소금을 치다"(to salt)이며 그 의미를 알 수 있는 레위기 2 : 13과 에스겔 16 : 4과 이 부분에서만 나온다.

이 향은 여러 이름 즉-"순수한," "영원한," "향기로운," "거룩한"으로 불리웠다. 그것의 어떤 모방도 허락되지 않았다. 우리의 기도만이 하나님 전에 허락받아 올라갈 수 있음을 통해 그리스도의 귀중한 공로를 나타낸다. 향은 그리스도 자신에 의해 드려진 "성도의 기도"를 상징화하는 것이다(계 5 : 3). 우리의 기도가 주의 공로를 힘입어 드려질때만이 진실한 기도가 된다. 향의 연기는 언제나 번제의 연기와 연관되어 있다. 금제단 위의 향을 태우는 것은 놋제단의 불이었다! 그것은 <u>세상적 기원을 갖지 않는</u> 불이었다. 그 불은 본래 하늘로부터 내려왔다(레 9 : 24 ; 삿 6 : 21 ; 왕상 18 : 38 ; 대상 21 : 26 ; 대하 7 : 1). "이상한 불"로 태워진 향은 즉각적인 죽음을 초래했다(레 10 : 1 ; 민 3 : 4 ; 26 : 61). 그리고 전술한 <u>다섯</u> 종류의 재료로 만들어지지 않은 향은 제사드려지는 것이 금지되었다(출 30 : 9). 우리의 기도에 그것들을 적용시키면 엄숙한 규정들이 된다. 우리의 말은 아무것도 아니며 그리스도의 공로가 전부라는 것을 보여준다. 다윗은 말하기를 "나의 기도가 주의 앞에 분향함과 같이 되며 나의 손드는 것이 저녁 제사같이 되게 하소서."(시 141 : 2) 즉 향과 번제물(저녁 제사)의 연기가 하나님께(히브리어. <u>향한</u>) 올라가는 것 같이 나의 기도가 그 제사의 공로로 받아들이소서라는 것이다.

"또 다른 천사가 … 많은 향을 받았으니 이는 모든 성도의 기도들과 **함께** 보좌 앞 금단에 드리고자 함이라. 향연이 성도의 기도와 **함께** 천사의 손으로부터 하나님 앞으로 올라가는지라"(계 8 : 3, 4).로마교는 물론 Vulgate역과 그것의 다양한 번역에서 이것을 왜곡했으며 로마는(계 8장) *ut daret de* *orationibus sanctorum omnium*이라 기록했다. 즉 "그가 모든 성도의 기도를 드리는" 그리고 4절은 *et ascendit fumus incensorum de orationibus sanctorum* 즉 "그리고 성도의 기도의 향연이 올라갔다." 향과 기도가 완전히 구분된다 ; 하나는 그리스도의 공로를 나타내고 다른 하나는 우리의 불완전한 기도다. 그러나 로마교는 그것을 부인하고 그 이유는 여러 번역판에 주(註)를 삽입시켜 보여주고 있다. 성경의 가르침은 그리스도의 공로를 떠난 모든 우리의 기도는 완전히 가치없는 것임을 확실히 보여주고 있다. 그러므로 히브리서 13 : 15의 훈계를 보라. "이러므로 우리가 **예수로 말미암아**(BY HIM) 항상 찬미의 제사를 하나님께 드리자 이는 그 입술을 증거하는 입술의 열매니라"(레 7 : 12 ; 시 51 : 12 ; 호 14 : 3 ; 70인역을 보라).

다섯번 나오는 단어들
(WORDS THAT OCCUR FIVE TIMES)

많은 단어들 가운데 함축적인 의미를 지닌 것들이다 : –

מתן (맛탄) "선물(gift)"(창 34 : 12 ; 민 8 : 11 ; 잠 18 : 16 ; 19 : 6 ; 21 : 14). 선물은 은혜로운 것이기 때문에 이 단어가 다섯번 나오는 것은 적당하다. משכרת(마스코레드), "보수"(wages)는 세상적인 것이기 때문에 네번만 나오는 것은 주목할 만하다.

נקיון (닉카욘), "무죄"(innocency)(창 20 : 5 ; 시 26 : 6 ; 73 : 13 ; 호 8 : 5 ; 암 4 : 6).

παράκλητος(파라크레토스)는 보혜사로 번역되었고 요한복음에 네번 나온다. 즉 14 : 16,26 ; 15 : 26과 16 : 7, 그리고 대언자로는 요일 2 : 1에 한번 나온다.

얼마나 은혜스러운 공급인가 ! 한 분(성령)은 우리 안에서 죄를 짓지 않도록 하시고(네번 언급되고 있다) 다른 한분 "의로우신 예수 그리스도"는 우리가 죄를 짓는다 하더라도 우리를 위하여 아버지와 함께 하신다. 이 단어는 어떤 도움을 주기 위하여 그리고 어떤 편

요를 채워주기 위하여 한편에서 불렀다는 의미이다. 두 분이 우리의 부족을 초래하는 적들과 그것을 채워 주시는 분에게 말씀하고 계신다.

다른 단어들이 있다 : –

ἀγαλλίασις(아갈리아시스), "기쁨"(gladness) (눅 1 : 14 ; 행 2 : 46 ; 히 1 : 9) ; "기쁨"(joy) (눅 1 : 44), "즐거운"(exceeding joy) (유 24).

ᾄδω(아도), "노래하다"(to sing) (엡 5 : 19 ; 골 3 : 16 ; 계 5 : 9 ; 14 : 3 ; 15 : 3).

ἀνάπαυσις(아나파우시스), "안식"(마 11 : 29 ; 12 : 43 ; 눅 11 : 24 ; 계 4 : 8 ; 14 : 11).

ἀσφαλής(아스파레스), "실상"(certainty) (행 21 : 34 ; 22 : 30 ; 25 : 26 ; 빌 3 : 1 ; 히 6 : 19).

다섯번 나오는 어구 (PHRASES WHICH OCCUR FIVE TIMES)

"내 영혼아 여호와를 송축하라."–시편 103편과 104편에 모두 나온다. 즉 103 : 1,2,23과 104 : 1,35. 탈무드는 이것에 관심을 갖고 말하기를 "하나님이 땅을 채우시고 기름지게 하신 것처럼 그는 영혼을 기름지게 하고 축복하신다."

"누구든지 있는 자는 받겠고"(마 13 : 12 ; 25 : 29 ; 막 4 : 25 ; 눅 8 : 18 ;19 : 26)–다섯번 나오며 그것이 주는 은혜에 대해서 말한다.

"하나님의 나라."–"하늘나라"에 대해서만 이야기하는 복음서(마태복음)에 다섯번 나온다. 후자는 땅과 이곳에 세워진 나라에 관련이 있는 반면 전자는 하늘나라 교회와 그외의 모든 것을 포함하는 더 큰 은혜의 나라와 관련이 있다(마 6 : 33 ; 12 : 8 ; 19 : 24 ; 21 : 31과 43).[1)]

---

1) 동일 저자의 Christ's Prophetic Teaching 을 보라.

탈무드[1]는 묻고 있다(Hag. 1 : 8에서) "어떻게 해서 단어 ואכבר , '그리고 내가 영화로와질 것이다'가 (다섯을 상징하는) 마지막 글자 ה 없이 기록되었으며 아직도 그것을 가지고 있는 것처럼 (ואכבה) 읽혀지고 있는 것일까 ? " 그 이유는 두번째 성전에는 첫번째 성전에 있었던 다섯가지 물건이 부족했기 때문이라고 한다. 즉

그룹의 시은소에 있던 법궤,
하늘로부터 내려온 제단 위의 불,
쉐키나(shechinah)
예언의 영과,
우림과 둠밈.

이 일에 관한한 이 해답은 정확하다. 그러나 그럼에도 불구하고 Hag. 2 : 9에는 "후자의 영광이 전자의 영광보다 더 위대하리라"고 기록했다. 그곳에는 법궤 안에 있던 율법이 결핍된 것이 사실이지만 은혜와 진실로 충만하시며 그의 마음속에 율법을 갖고 계시는 그 분의 임재가 있었다.

1) Yoma, fol.21, Col.2.

육(SIX)

육(6)은 사(4) 더하기 이(2)이다. 즉 인간의 세상(4)과 하나님에 대한 인간의 적의(敵意)(2)로 생겨났다. 혹은 5 더하기 1, 하나님의 은혜 인간의 추가, 왜곡, 타락에 의해서 영향받는 것이 하나도 없음, 혹은 7 빼기 1 즉, 인간의 영적 완전의 부족함. 따라서 어떤 경우든지 인간과 관계가 있다. 그것은 불완전의 수, 인간의 수, 하나님이 없는, 그리스도가 없는 사람의 수이다.

히브리어 שֵׁשׁ (솨이쉬)는 어원 שָׁדַשׁ (솨다쉬)으로부터 파생됐으리라 추측되지만 그 기원이나 의미는 알려진 것이 없다.

어쨌든 인간은 여섯째 날에 창조되었고 따라서 그에게 영향을 준 수 여섯(6)을 갖고 있는 것은 확실하다. 더군다나 6일이 노동을 위해 그에게 정해졌으며 1일은 그의 안식으로써 주 하나님의 통치에 연관되어 있다.

따라서 육 (6)은 하나님의 안식과는 따로 구분된 것으로 노동 또는 인간적 노동의 수이다. 그것은 하나님의 사역으로써 피조물의 완전함을 나타낸다. 따라서 그 수는 세속적인 완전함을 의미한다.

뱀 또한 제6일에 창조되었다.

제6계명은 가장 나쁜 죄—살인—와 관련이 있다.

주기도문의 여섯번째 절은 죄를 이야기하고 있다.

육(6)은 인간의 노동에 관련된 모든 것에 나타나 있는 수이다. 그것이 인간이 노동에 사용하는 치수(measure)와 그 노동하는 시간에 나타나 있음을 알 수 있다. 처음에 이것을 알아보자.

수 육 (6)은 **대 피라밋**의 치수, 인치(inch)와 60의 배수인 단위로 나타난다. 첫번째 곱은 푸드(foot)[1],12인치(2×6) ; 그 다음은 18(3×6), 24

---

1) 역자주 : 서구에서 사용하는 길이의 단위 약 30cm 정도.

(4×6), 30(5×6)과 36(6×6 혹은 6^2=야드(yard)).[1]

이 치수들과 같이 인간의 노동과 안식을 측정하는 자연시간의 첫번째 분할을 알 수 있다—일(日) 24시간으로 이루어지고(4×6) 주야 12시간으로 나누어진다. 그 배수와 세분(細分) 또한 수 육(6)이 나타낸다. 12개월. 반면에 시간은 60분(6×10)으로 분은 60초(6×10)로 구성된다.

대 피라밋의 기초는 인치단위[2]가 원래의 주위 36,000인치 혹은 1,000야드의 분할로 얻어졌음을 보여준다.

저주의 설명에서(창 3장) 수 여섯은 단지 노동만이 아니라 "노동과 고통"에 대해서 말하고 있으며 특히 "태양 아래" 있는 모든 것 곧 "하나님없음"을 나타낸다. 진정한 "주일-엄수"는 지금 따로 남겨두었다. "하나님과 함께하는 평화"를 떠나서는 안식이 없으며 휴식은 하나님이 주시는 것이고 우리가 발견하는 것이다(마 11:28).

이제 성경의 예와 설명으로 돌아가서 첫번째로

가인의 후손
(CAIN'S DESCENDANTS)

가인의 후손은 단지 제6대까지만 주어졌다.

불완전
(IMPERFECTION)

십이(12:통치적 완전수)가 나누어질 때 그것은 통치와 관리에 있어서 불완전을 나타낸다. 솔로몬의 보좌는 여섯 층계가 있었고(왕상 10:19), 그의 왕국은 곧 분할되었다. 떡 12덩이는 두 줄에 여섯개씩 나누어졌으며(레 24:6) **열두 지파**들은 각 지파로 나누어졌다.

아브라함의 소돔을 위한 여섯번의 중재는(창 18장) 기도에 있어서 인간의

1) 반면에 거룩한(sacred) 규빗은 우수리가 없는(round) 수는 아니지만 실제로 5의 제곱인 25.3인치가 되는 배수였다.

2) 피라미드 인치에서는 단지 40,000에서 1인치 뿐이다.

불완전을 나타낸다. 그것은 **하나님의 중재자**의 기도에 못미친다.

창세기 22장의 번제
(THE BURNT OFFERING IN GENESIS 22)

창세기 22장의 번제는 여섯번 언급되었다(2, 3, 6, 7, 8, 13절). 왜냐하면 일곱번째는 하나님 스스로 준비해 두신 대속물이었다(8절).

"세상에 속한 자"
(THE MAN OF THE EARTH)

시 9편과 10편에서 두 편을 합하여 알파벳순의 이합체(acrostic)의 시를 만들면 알파벳의 여섯 글자가 모자란다(מ에서 צ 까지). 성경을 "세상에 속한 자"(시 10 : 18), 다가올 **적그리스도**와 "환난때"라 불리우는, 그의 출현을 나타내는 배교를 말하고 있다(시 9 : 9 ; 10 : 1).

여섯번의 지진
(SIX EARTHQUAKES)

여섯번의 지진이 언급된 곳은 출 19 : 18 ; 왕상 19 : 11 ; 암 1 : 1(슥 14 : 5) ; 마 27 : 54 ; 28 : 2 ; 행 16 : 26 등 이다.

아달랴의 6년 통치
(THE SIX YEARS OF ATHALIAH'S REIGN)

아달랴가 다윗의 왕위를 침해했던 기간은 6년이었다(왕하 11장 ; 대하 23장). 아달랴는 생각했던대로 모든 왕의 씨앗을 살해하였으나 하나님은 그의 섭리 가운데 그 사건을 무효로 하셨으므로 한 왕자 요아스를 "왕자들의 죽임을 당하는 중에서" 구하셨다. 그는 함께 갇혀 있던 여호사밧과 함께 6년 동안을 여호와의 전에서 숨어 있었다. 그녀의 애정을 그에게 집중하는 한편 그녀의 남편 여호야다는 왕을 위하여 여호와의 약속을 단순히 반복하므로써 일을 시작하였고 왕의 측근을 확보하는 데 전념하였다. "여호와께서 다윗의 자손에게 대하여 말씀하신대로 왕자가 즉위하여야 할지니"(대하 23 : 3). 이 언약은 제칠년이 오기까지 강탈당한 6년동안 충신자들의 마음의 지지가 되었으며 요아스가 왕위에 오르는 것은 명백해졌으며 모든 그의 원수들은 파멸되었다. 그것은 왕자, 예수의 모형이다. 그 분은 죽은자 가운데서 부활로 인하여 구출되었으며 지금은 저 높은 곳의 하나님의 전에 숨기워 계신다. 그는 하나님 우편에 앉으사(히 10 : 12, 13) "그리스도 안에" 있는 모든 자들이 그와 함께 감취어지기(골 3 : 3)를 기다리신다. 한편 이런 견지에서 그들의 마음은 (여호사밧처럼) 왕의 사람에게 전념하고, 그들의 활동은 (여호야다처럼) 그를 위하여 행해지며 왕이 다시 오실 것과 분명히 통치하실 것과 축복의 일곱번째 해가 결국 오리라는 참된 축복과 진실을 입증하며 증거한다. 그 순간이 이를 때까지 여호와의 약속은 그들의 의지가 될 것이며 여자의 씨앗은 결국 뱀의 머리를 부술 것이다(창 3 : 15).

예수에게 귀신 들렸다고 여섯번 비난 (SIX TIMES JESUS CHARGED WITH HAVING A DEVIL)

1. 막 3 : 22와 마 12 : 24, "그가 바알세불을 지폈다."
2. 요 7 : 20, "당신은 귀신이 들렸도다."
3. 요 8 : 48, "우리가 너를…귀신이 들렸다 함이 옳지 아니하냐?"
4. 요 8 : 52, "지금 네가 귀신 들린 줄을 아노라."
5. 요 10 : 20, "저가 귀신 들려 미쳤거늘."
6. 눅 11 : 15, "저가 귀신의 왕 바알세불을 힘입어."

이것은 매우 의미심장한 것이다. 주 예수의 인성에 대한 인간의 적의는 인간의 수와 혼합되어 있다. 이 사건들의 연대학적 순서와 말한 사람들을 주목하는 것은 주의깊은 연구가 필요하다. 그 순서와 구조는 중요하다.

A | 1. 바알세불 그리고 귀신을 쫓아냄.
  B | 2. 단순한 비난, "당신은…들렸도다."
    C | 3. "우리가 옳지 아니하냐"로 소개됨. } 둘다
    C | 4. "지금…아노라"로 소개됨. } 요 8장

B|5. 단순한 비난, "많은 사람이 말하되…"
A|6. 바알세불 그리고 귀신을 쫓아냄.

하나님 말씀에 대한 여섯겹의 적대
(THE SIX-FOLD OPPOSITION TO THE WORK OF GOD)

인간의 하나님 말씀에 대한 여섯겹의 적대에서 느헤미야가 적대하였음을 알 수 있다. 그것은 느헤미야처럼 어떤 이가 하나님을 위한 사역을 시작하는 곳에서 교훈이 매일 행해지는 동안 이루어진다.

그곳에는 다음과 같은 것들이 있었다.

1. 근심, 2：10.
2. 웃음, 2：19.
3. 분노, 항의와 업신여김, 4：1–4.
4. 다툼과 공개적 반대, 4：7,8.
5. 협의, 6：1,2. "오라 우리가 서로 만나자." "함께 논의하자"(7절). 이 시도는 "저희 손이 피곤하여 역사를 정지하고 이루지 못하게" 하려 하였다(9절). 그러나 느헤미야는 적들과 협의를 하는 것 혹은 그들을 협의에서 만나는 것을 거절했다.
6. 거짓 친구, 6：10–14. 여기에 가장 위협한 것이 있었다. "빛의 천사로써" 사탄은 그 역사를 망쳐 놓고, 방해하고, 멈추게 하려고 노력한다.

하나님 말씀에 대한 인간적 적대의 여섯 단계의 주의깊은 연구는 커다란 영적인 이익을 낳을 것이고 우리에게 사탄의 술책에 대비하여 무장하게 한다.

단어들
(WORDS)

이제 단어와 관계있는 수를 살펴 보자. 처음에 주의할 것은

인간에 대해서 사용된 여섯 단어
(SIX WORDS USED FOR MAN)

넷은 구약에 그리고 둘은 신약에,

1. אדם (아담) 그가 지음받은 인간 존재로서 땅의 기원과 관련을 갖는 인간으로서의 사람(라틴어로는 homo), 이 단어는 "인자"로서의 메시야에 사용되었다. 몇 가지 예를 들면,

   창1:26, "우리가 사람을 만들고."
   창2:7, "하나님이 흙으로 사람을 지으시고."
   창3:24, "이와같이 하나님이 그 사람을 쫓아 내시고."
   사2:11, "눈이 높은 자 가 낮아지며."
   사2:17, "자고한 자는 굴복되며."
   사2:9, "천한 자도 절하며."
   사2:9, "귀한 자(이쉬, 다음 단어를 보라)도 굴복되오니."
   사5:15, "천한 자는 굴복되고."
   사5:15, "귀한 자(이쉬)는 낮아지고."
   삼하7:19, "주 여호와여 인간의 규례대로 하셨나이다."
   시8:4, "사람(에노쉬, 세번째 단어를 보라)이 무엇이관대 주께서 저를 생각하시며 인자가 무엇이관대 주께서 저를 권고하시나이까?"

2. איש (이쉬) 강하고 정력적인 마음과 육체를 가진 자로서의 인간. 어느 정도의 탁월한 힘과 재능이 있는 인간.

   슥6:12, "보라 순이라 이름하는 사람이."
   시22:6, "나는 벌레요 사람이 아니라 사람(아담, 1번을 보라)의 훼방거리요 백성의 조롱거리니이다."
   시25:12, "여호와를 경외하는 자 누구뇨?"

시 39 : 11, "주께서 죄악을 견책하사 사람을 징계하실 때에… 참으로 각 사람은 허사 뿐이니이다."

시 90 제목, "하나님의 사람."

3. אנוש (에노쉬) 죽어야 할 그리고 고통과 죽음에 예속된 것으로서의 나약한 인간. 타락의 상속인.

시 8 : 4, "사람이 무엇이관대 주께서 저를 생각하시며 인자가 무엇이관대."(아담, 1번을 보라)

시 73 : 5, "타인과 같은 고난이 없고."

시 103 : 15, "인간에 대해서 말하면 인생은 그 날이 풀과 같으며."

4. גבר (게베르) 강한 사람, 힘과 용기의 사람. 하나님과 구별된 인간(욥 22 : 2) 그리고 여자 혹은 아내와 구별되는 사람(잠 6 : 34).

슥 13 : 7, "만군의 여호와가 말하노라 칼아 깨어서 내 목자 내 짝된 자를 치라."

출 10 : 11, "너희 남정만 가서."

출 12 : 37, "보행하는 장정이 육십만 가량이요."

시 52 : 7, "이 사람은 하나님으로 자기 힘을 삼지 아니하고."

렘 17 : 5, "무릇 사람을 믿으며…… 떠난 그 사람은 저주를 받을 것이라"(아담, 1번을 보라).

렘 17 : 7, "여호와를 의뢰하는 그 사람은 복을 받을 것이라."

그리고 신약에서 두 단어를 살펴보자.

5. ἄνθρωπος, 이것은 아담(1번)과 일치한다.

6. ἀνηρ, 이것은 이쉬(2번)와 일치한다.

이 네개의 히브리 단어들이 각각 메시야에 대하여 사용되었으며 성령이 인간 그리스도 예수를 통하여 그리고 그 안에서 각각에 대한 축복을 계시했다는 것은 주목할 만한 것이다.

1. אדם (아담), 시 32 : 2, "여호와께 정죄를 당치 않은 자는 복이 있도다."

2. איש (이쉬), 시 1 : 1, "복 있는 사람은 악인의 꾀를 좇지 아니하며 죄인의 길에 서지 아니하며 오만한 자의 자리에 앉지 아니하고."
3. אנוש (에노쉬), 욥 5 : 17, "하나님께 징계받는 자에게는 복[1]이 있나니 그런즉 너는 전능자의 경책을 업신여기지 말지니라."
4. גבר (게베르), 시 94 : 12, "여호와여 주의 징벌을 당하며 주의 법으로 교훈하심을 받는 자가 복이 있나니."

뱀이 가지고 있는 여섯개의 이름
(THE SERPENT HAS SIX NAMES)

탈무드는 이 사실에 관심을 돌리고 있으며 다음 예를 제시한다.

1. נחש(나카쉬), 뱀 (a shining one ; 창 3 : 1 ; 욥 26 : 13. 아래 6번을 보라).
2. עכשוב (악쇼브), עכש "뒤로 구부리다", 로부터, "기다리며 누워있다." 독사 (adder)라 번역됨 (시 140 : 3).
3. אפעה (에파흐), 독이 있는 뱀. 독사와 뱀 (adder와 viper ; 욥 20 : 16 ; 사 30 : 6 ; 59 : 5).
4. צפעני (치프오니), 작은 소리내는 뱀 (사 11 : 8 ; 59 : 5 ; 잠 23 : 32), צפע 쉿 소리를 내다. 로부터, 독사 (viper)로 번역됨.
5. תנין (타닌), 큰 뱀 혹은 용 ("뻗다" 혹은 "늘이다"라는 어원에서). 이것은 그 길이 때문이다 (출 7 : 9,10,12).
6. שרף (사라프), "태우다"라는 어원에서. 물렸을 때 열과 염증이 나는 것으로 독이 있으며 치명적인 뱀. 독사 (serpents)로도 번역(민 21 : 8 ; 사 14 : 29 ; 30 : 6).

사자는 구약에 여섯 이름이 있다
(THE LION HAS SIX NAMES IN THE OLD TESTAMENT)

---

1) 다른 문장에서와 같은 단어, 즉 אשר (아쉬라이), 복 (blessed). 문자적으로 "오! 축복의" (oh ! the blessednesses of)

모두 욥기에서 발견된다(욥 4 : 10,11 ; 28 : 8).

1. אַרְי (아리), 포효하는 사자(창 49 : 9 ; 민 23 : 24 ; 24 : 9 등).
2. שַׁחַל (솨칼), 사나운 사자. 그 음성에 대한 특별한 언급과 함께(욥 4 : 10 ; 10 : 16 ; 28 : 8 ; 시 91 : 13 ; 호 13 : 7).
3. כְּפִיר (크피르), 어린 사자 (겔 19 : 2에서와 같은 새끼가 아닌 ; 삿 14 : 5 ; 욥 4 : 10 ; 38 : 39 ; 시 17 : 12 ; 34 : 10).
4. לַיִשׁ (라이쉬), 늙은 사자 (나이가 아니라 용감과 강한 면에서 ; 욥 4 : 11 ; 잠 30 : 30 ; 사 30 : 6).
5. לָבִיא (라비), 늙은 암사자(어원 '포효하다'로부터 ; 창 49 : 9 ; 민 23 : 24 ; 신 33 : 20 등).
6. שַׁחַץ (솨카츠), 사자 새끼(욥 28 : 8 ; 41 : 34 ; '교만한'으로 해석됨).

여섯번 나오는 단어들
(SOME WORDS THAT OCCUR SIX TIMES)

אבדון (아바돈), 파괴.

מוט (모트), 막대기, 지팡이 혹은 멍에(or yoke).

מכתם (믹탐), 믹담(시 16,57,58,59,60편). 이 단어는 죽음과 연관되어 있기도 하고 부활과도 연관되어 있다(3×2). 이것은 끼어들다, 새기다(engrave) 등인 כתם 에서 유래되었다(70인역, *στηλογραφία*, 조각한 비 ; *στήλη*은 묘비석이란 단어이다). 따라서 우리의 "*Resurgam*" 같은 믹담은 이 여섯편이 죽음과 연관되어 있지만 부활의 소망도 가리키고 있다는 것을 나타낸다. 이것은 시 16편의 분명한 진실이며 다른 것들도 역시 확인될 수 있는 것이다.

αἰσχύνη (아이스퀴네), 수치(shame).

ἀλλάττω (아랏토), 변화하다(to change).

ἀσέβεια (아세비아), 불경한(ungodliness).

ἀτιμάζω(아티마조), 수치스럽게 간청하다(entreat shamefully).

βδέλυγμα(브델뤼그마), 증오(abomination). 복음서에 셋 : 마24 : 15 ; 막13 : 14 ; 눅16 : 15. 계시록에 셋 : 계17 : 4,5 ; 21 : 27.

6, 66, 666의 조합에 대해서는 666 이하에서 좀 더 깊이 알아보자.

칠(SEVEN)

이제 영적인 완전(spiritual perfection)을 나타내는 위대한 수를 알아보자. 이 수는 사역과 특히 성령에 의해 영감받은 하나님의 말씀에서 상당히 많은 부분을 차지하고 있다.

이 책의 첫 부분에서 자연에서 그리고 은혜에서 이 수의 중요성에 관해 어느 정도 알아보았다. 그러므로 우리는 앞에서 살펴 본 흥미로운 사실들 중의 많은 것들을 여기에서 반복할 필요는 없다.

하나의 수로서 실제적인 단어와 수인 "칠(7)"은 어떤 다른 수도 의미하지 못했던 것으로 사용되었다. 7과 그 복합적인 수는 구약에서 7의 배수로 나온다.

7은 287번 나온다. 혹은 7×41이다. "일곱번째"라는 서수(序數)는 98번 나온다. 혹은 7×14이다.

"일곱겹"은 7번 나온다.

위의 세 숫자를 합하면 물론 7의 배수가 되지만 매우 주목할 만한 것은 287+98+7=392이고 392는 7^2+7^3, 혹은 7의 제곱에 8배($7^2 \times 8$)이다.

또한 다른 수와 조합하여 7은 오십과 칠, 백과 칠 등과 같이 주목할 만하다. 이런 조합은 112개가 있다. 혹은 7×16이다.

"칠십"은 56번 나오는데 혹은 7×8이다.

다른 수와 조합하여 "칠십"은 35번 나온다. 혹은 7×5이다.

그러나 영적 완전으로 진정한 영광이 밝혀지는 것은 그 의미를 숙고해 볼 때 알게 된다.

우리는 방금 육(6)이 인간적인 모든 것에 나타나는 수, 특히 인간의 수라는 것을 알았다.

여섯과 일곱이 함께
(SIX AND SEVEN TOGETHER)

우선 인간적인 것과 영적인 것이 조합과 대조로 사용된 두 수를 알아보자.

이것에 대한 두드러진 설명은 예수 그리스도의 두 족보에 나타난다.

예수 그리스도의 두 족보 (THE TWO GENEALOGIES OF JESUS CHRIST)

우선 사복음서 중 두 곳에서 발견되었다는 것에 주목하자. 이것 또한 중요하다.

마태복음에서 하나님이 우리에게 말씀하시기를 "보라 네 왕이"(슥9 : 9).

마가복음에서 그가 말하기를 "나의 종을 보라"(사40 : 1).

누가복음에서 그가 말하기를 "보라 사람이"(슥6 : 12).

요한복음에서 그가 말하기를 "너희 하나님을 보라"(사40 : 9).

이제 종은 그의 계보를 만들 필요가 없다. 하나님도 그것을 가질 필요가 없다. 그것을 가져야만 하는 사람은 한 왕이며 그것을 가져야 하는 사람은 한 인간이다. 그러므로 우리는 두 개의 족보를 가지고 있다. 그리고 그것이 왕이신 예수의 **왕가**의 족보를 마태복음에 하나, 그리고 인간이신 예수의 **인간**의 족보를 누가복음에 하나 기록하고 있는 이유이기도 하다. 그러므로 마태복음의 족보는 혈통이 **내려가는** 족보인 반면에, 누가복음의 족보는 **올라가는** 족보이다. "나로 인하여 왕들이 통치한다"고 말씀하시는 하나님으로부터 세상의 모든 권력이 유래하므로 **왕들**에 대해서는 그들의 **후손**을 알아 보아야 하고 **인간**은 어떤 특별한 조상으로 거슬러 올라가 그의 **선조**를 알아 보아야 한다. 따라서 마태복음의 족보는 아브라함으로 시작하여 헬리의 아들 요셉까지 내려가고 누가복음의 족보는 요셉에서 출발하여 아담과 하나님에게까지 올라간다.

다윗에 관한한 두 목록은 일치하고 있다. 하지만 여기에는 중요한 차이가 있다. 마태복음에는 다윗 후에 그의 아들 솔로몬이 있는 반면 누가복음에는 다른 아들 솔로몬의 형 나단이 나온다. 그러므로 이 지점부터 두 혈통이 발생한다. 하나(마태)는 솔로몬을 통하는 왕가의 그리고 합법적인 혈통, 다른 하나는 나단을 통하는 자연적이고 직선적인 혈통이다. 전자는 합법적인 계승에 의한 혈통이며 후자는 자연적 후손에 따른 혈통이다. 전자는 어린 아들 솔로몬을 선택하신 하나님의 뜻의 결과였으며 후자는 인간의 뜻의 결과이며 인간의 출생순서에 따른 것이었다. 두 혈통은 출생으로는 야곱의 아들이고 헬리의 외동딸[1] 마리아와 결혼함으로 헬리의 아들인 요셉에서 일치한다. 따라서 두 계통은 예수 그리스도에서 합쳐지고 망라된다. 왜냐하면 그의 죽음으로 두 혈통은 모두 단절되었으며 그는 의로운 이스라엘의 왕이었다. 죽음에서 부활하심으로 하나님의 아들이 되었으며 공포되었다(롬1:4; 시2:7; 행13:33; 히1:5; 5:5).

눅 3장의 족보에 한쪽 끝에 **하나님**과 다른 편에 **예수**를 합하여 정확히 77개의 이름이 있다는 것은 놀라운 사실이다. 이것은 실제로 영적 완전수를 깊이 새기고 있다.

반면에 마태의 족보가 인위적으로 구성되었다고 할지라도(구약에 있는 예들, 유대인들 사이에 인식된 관습에 의하여) 그것은 잘 정리되어서 42세대 혹 **여섯**의 일곱배(6×7)를 포함하고 있다.

이 42세대는 다음을 포함한다.

마 1장에 기록된 마흔 한 개의 이름[2]	41
생략된 네 개[3]	4
아브라함 전에 스물 하나의 이름을 추가하면(눅 3장으로부터)	21
솔로몬을 통하는 왕가의 계통은	66

개의 이름이다.

---

1) Lachmann, Tischendorf, Tregelles, Alford, Westcotter and Hort, 그리고 R. V.에 의해서 눅3:23의 참된 문장으로 지지되었다. "예수께서 가르치심을 시작하실 때에 삼십세쯤 되시니라. 사람들의 아는 대로는 요셉의 아들이니 요셉의 이상은 헬리요." 동사 νομιζω(노미조)는 합법적인 물건을 놓다, 관습 혹은 용법을 고수하다, 관습으로써 인정하다, 당연히 받아 들이다를 의미한다. 여기에서는 요셉의 아들인 예수에 대해 어떤 가정을 하는 것이 아니라 요셉이 헬리의 딸 마리아와 결혼함으로써 헬리의 아들로 간주되는 합법적 인가와 관습에 관한 언급이다. 룻1:11-13을 보라. 나오미의 아들과 결혼한 룻은 그녀의 딸이라 불리웠다. 느7:63, 바르실래의 딸과 결혼한 학고스는 바르실래의 이름으로 이름한 자였다. 그리고 민3:6 하나님의 명으로 인하여 슬로브핫의 딸들은 "그 아비

따라서 예수는 나단의 혈통으로는 77번째 이름인 반면 솔로몬의 혈통으로는 66번째 이름이다.

우리가 여섯이 인간의 수이고 일곱이 하나님의 수라는 것을 기억한다면 예수가 하나님의 아들이면서 사람의 아들이라는 사실을 지적하는 것에 의심을 품을 수 있을까?

그의 두 이름은 동일하게 중요한 특징과 옥새(seal)를 갖고 있다. 사람으로써 그의 낮아지심을 나타내는 출생명이 *'Ιησοῦς* **예수**, 여섯 글자로 구성되어 있는 반면 *Χριστός* 그리스도, 하나님의 기름부음 받은 자로서의 신적, 칭호(Divine title)는 일곱 글자로 이루어진다.

형제의 아들들에게도 시집가되… 그 기업이 그 아비 가족의 지파에 여전히 있었더라"(11, 12절). 예루살렘 탈무드에 의하면(Chag. 77, 4) 이것은 헬리의 딸이라 불리운 마리아와 야곱의 실제 아들이었던 요셉과의 결혼으로, 관례에 따라(*νομίζω*) 요셉이 헬리의 아들 혹은 사위로 불리게 된 것과 일치한다.

2) 41개의 이름만이 있다 : ―두번째 목록 끝에 기록된 여고냐는 세번째 목록 처음에 반복된다. 첫번째에 14 이름, 두번째에 14 이름, 그리고 세번째에 13 이름으로 된 세개의 분할(하나님의 완전)이 있다. 이것의 의미에 대해서는 예수를 그의 백성들의 죄를 대속한 구세주로 나타내는 십삼(thirteen) 이하에서 보라.
이 세 분할은 각기 주목할만하다. 첫번째는 다윗 통치하에 백성들의 행복한 상황으로 끝난다 ; 두번째는 파멸로, 세번째는 구세주로 끝난다.
첫번째는 그 땅(Land)의 무조건적 언약의 수령인 아브라함으로 시작하고(창 15), 보좌(Throne)의 무조건적 언약의 수령인 다윗으로 끝난다(삼하 7). 두번째는 솔로몬으로 시작하여 포로생활로 끝난다. 즉 하나님의 성전의 건설로부터 파괴까지. 세번째는 포로생활, 다니엘을 통한 메시야의 약속(단 9)으로 시작하여 예수의 인간으로서의 탄생으로 끝난다.

1) 생략된 네 이름은 여호람과 웃시야 사이 즉 여호람 이후의 세 후계자이다.
(1) 아하시야, 혹은 여호아하스, 왕하 8 : 29~10 : 27 ; 대하 22 : 39.
(2) 요아스, 왕하 11 : 2~12 : 20, 대하 24 : 1-25.
(3) 아마샤(혹은 아히마스), 왕하 14 : 8-20 ; 대하 25 : 7-27 그리고 요시야와 여고냐의 사이에 하나.
(4) 여호야김, 왕하 23 : 36~24 : 6 ; 대하 36 : 5-8 그는 여호와의 말씀이 담긴 두루마리를 자르고 태운 자였다(렘 36 : 23). 그의 이름이 일반적으로 족보에 언급되지 않은 이유는 그에 관하여 다음과 같이 적혀있기 때문이라고 탈무드는 말한다(대하 36 : 8). "여호야김의 남은 사적과 그 행한 모든 가증한 일과 그 심술(역주 : that which was found *on him* :그에게라는 말이 나타나 있음)이 이스라엘과 유다 열왕기에 기록되니라." 랍비 Jechanan은 그것을 "그가 어떤 상(image)을 몸에 새겨 넣은 것"을 의미한다고 말한다. 그는 보좌를 이을 "자식이 없었다". 왜냐하면 그는 일곱 아들이 있었지만(대상 3 : 17,18) 이스라엘을 통치하게 된 자는 그의 손자 스룹바벨이었다(왕하 25 : 29,30).

다시 두 족보를 주의깊게 비교해보면 어떤 이름들이 두 혈통에 공통으로 사용되었는가를 알 수 있다. 이들은 정확히 36, 혹은 6×6, 즉 6의 제곱(6^2)이다.

다윗까지 이름들[1]	34 이름
스알디엘과 스룹바벨	2 이름
	36 이름

여기에서 우리는 두 족보에 성령의 비밀이 깊이 새겨져 있으며 완전한 인간이면서 완전한 신이신 우리 주 예수의 신성과 인성을 설명하는 여섯과 일곱이 경이롭게 얽혀있음(interlacing)과 조합을 알 수 있다.

우리는 다음의 완전한 목록을 만들 수 있다.

마 태	마태와 누가의 공통된 이름들	누 가
		하나님. 아담. 셋. 에노스. 가이난. 마할랄렐. 야렛. 에녹. 므두셀라. 레멕. 노아. 셈. 아박삿. 가이난. 살라. 헤버. 벨렉. 르우. 스룩. 나홀. 데라.

1) 실제적으로 두 족보에 공통으로 명명된 이름은 16(4^2)이다. 즉 아브라함부터 다윗까지 14, 스룹바벨과 스알디엘, 2.

	아브라함.	
	이삭.	
	야곱.	
	유다.	
	베레스.	
	헤스론.	
	람.	
	아미나답.	
	나손.	
	살몬.	
	보아스.	
	오벳.	
	이새.	
	다윗.	
솔로몬.		**나단.**
르호보암.		맛다다.
아비야.		멘나.
아사.		멜레아.
여호사밧.		엘리아김.
요람.		요남(메나니)
[아하시야 혹은 여호아하스]		
[요아스.]		요셉.
[아마샤.]		유다.
웃시야.		시므온.
요담.		레위.
아하스.		맛닷.
히스기야.		요림.
므낫세.		엘리에서.
아몬.		예수.
요시아.		에르.
여호아김.		엘마담.
여고냐.		고삼.
		앗디.
		멜기.
		네리.
	사라디엘 혹은 스알디엘 (여호냐의 실제 아들, 네리의 법적인 아들) 스룹바벨 (브다야의 실제 아들, 대상 3 : 19, 스알디엘의 법적인 아들, 신 25 : 5)	

아비훗.		레사.
엘리아김.		요아난.
아소르.		요다.
사독.		요섹.
아킴.		서머인.
엘리웃.		맛다디아.
엘리아살.		마앗.
맛단.		낙개.
야곱.		에슬리.
요셉(야곱의 실제 아들.)		나훔.
		아모스.
		맛다디아.
		요셉.
		얀나.
		멜기.
		레위.
		맛닷.
		헬리.
		요셉(헬리의 법적인 아들)

예수 그리스도

요셉은 "그리스도라 칭하는 예수를 낳을"(마1 : 16) 마리아의 남편이었다. 즉 야곱의 실제 아들이었던("야곱은 **요셉을 낳았으니**", 마1 : 16) 요셉은 헬리의 딸 마리아와 결혼함으로써만이 헬리의 합법적 아들이 될 수 있었다. 그러므로 누가복음 3 : 23에서 헬리가 요셉을 낳았다가 아니라 그는 "헬리의 아들"이었다가 된다. "아들"이란 단어는 이탤릭체로 쓰였으며 좀 더 넓은 의미 즉 그가 헬리의 실제 딸, 마리아와 결혼함으로써 합법적으로 헬리의 사위가 되었다는 것을 나타낸다.

따라서 예수는 마리아의 실제 아들인 반면 요셉의 합법적인 아들로 간주할 수 있었으며 솔로몬부터 야곱까지 뿐만 아니라 나단부터 헬리까지 이어졌다.

예수의 탄생이 여섯번째 달에(눅1 : 26) 알려졌고 제육이라는 시간이 특별히 그의 십자가상에서 죽음을 나타냈다(마27 : 45 ; 막15 : 33 ; 눅23 : 44)는 점에서 수 여섯은 사람의 아들인 그리스도와 더욱 관련이 있다.

하나님의 아들들
(THE SONS OF GOD)

Beni-ha-Elohim(베니 하 엘로힘), "하나님의 아들들"은 여섯번 나온다.

1. 창세기 6 : 2.
2. 욥기 2 : 6.
3. 욥기 38 : 7.
4. 시편 29 : 1.
5. 시편 89 : 6.
6. 다니엘 3 : 25.

Beni-El-hai(베니 엘 하이), "살아계신 하나님의 아들들"은 한번,

7. 호세아 1 : 10.

합하여 일곱번이지만 일곱이 모두 똑같지는 않다. 하나님의 아들들이 천사이든 사람이든 어쨌든간에 그들 본래 위치의 영적 완전을 나타내기 위해 한 형태로 **여섯번**(천사들에 대해 사용)[1], 다른 형태로 **한번**(사람에게 사용) 사용되었다.

이 흥미로운 설명은 주어진 두 숫자 6과 7 사이의 대조에서만 나타나는 예가 아니다. Samuell[2]씨는 다른 예들을 제시한다.

셈, 함 그리고 야벳
(SHEM, HAM, AND JAPHETH)

그들 아버지의 축복으로 받은 셈과 야벳 두 이름은 모두 일곱번 사용되었다. 그러나 이들 중 여섯번은 후손이 저주받은 함과 연관되어 있다.

애굽의 양식
(THE FOOD OF EGYPT)

1) 동일 저자의 The Spirits in Prison을 보라.
2) Richard Samuell의 p.438, Seven the Sacred Number.

애굽의 양식은 여섯가지가 주어졌다(민11 : 5). 즉 생선, 오이, 수박, 부추, 파와 마늘. 반면에 임마누엘의 땅에서 하나님이 공급하신 양식을 수 칠(seven)으로 나타냈다 (신8 : 8). 밀, 보리, 포도, 무화과, 석류, 감람 그리고 꿀이다.

이스라엘의 애인들
(ISRAEL'S LOVERS)

이스라엘의 애인들은 이스라엘에게 여섯가지 사물을 줌으로써 나타내었다(호2 : 5) —떡, 물, 양털, 삼, 기름 그리고 술. 반면에 여호와께서는 그의 백성에게 수적으로 일곱개인 그의 사랑의 소중한 선물에 대해 말씀하신다(8, 9절)—곡식, 포도주, 기름, 은, 금, 양털, 삼이다.

창조와 안식의 날들
(THE DAYS OF CREATION AND REST)

창조에는 여섯 날들과 일곱번째 날이 있다. 육일간은 노동을 그리고 일곱번째 날은 휴식을 취했다.

두 땅
(THE TWO LANDS)

열왕기하 18 : 32. 랍사게는 그 백성을 포로로 잡아 둘 땅에 대해 묘사하는 데 여섯가지 사물을 열거하였다. 그러나 그가 언급한 것이 그들의 땅에 있는 것 만이 아니라 일곱개라고 언급하고 있다.

"너희 본토와 같은 지방
곡식과
포도주가 있는 지방이요
떡과
포도주가 있는 지방이요
감람과
꿀이 있는 지방이라."

(곡식과 … 꿀이 있는 지방이라: 6; 전체: 7)

인간의 영역
(THE DOMINION OF MAN)

시편 8 : 6—8 : 여섯은 인간적 권위의 완전함을 설명하고 일곱은 특정한 것에 한정된 여섯이 하나님의 선물이었다는 사실을 나타낸다.

"만물을 그 발 아래 두셨으니
곧 모든 우
양과 들짐승이며,
공중의 새와,
바다의 어족과,
해로에 다니는 것이니이다."

(둘째~여섯째 줄) } 6
(전체) } 7

일곱 신
(THE SEVEN SPIRITS)

이사야 11 : 2 : 여기에서 여섯은 그리스도가 완전한 인간임을 나타내고 있으며 일곱은 그가 완전한 하나님이었다는 것을 나타낸다. 첫번째 문장은 그 형태에 있어서 나머지와 구별된다.

"**여호와**의 **신**이…**그** 위에 강림하시리니,
지혜와
총명의 **신**이요,
모략과
재능의 **신**이요,
지식과
여호와를 경외하는 **신**."

(둘째~일곱째 줄) } 6
(전체) } 7

부어주신 신
(THE SPIRIT POURED OUT)

요엘 2 : 28, 29. "만민"은 하나님께 포함된 것이다. 그러나 여섯가지 사항은 그 특징을 나타낸다. 이스라엘의 집에만 언급된 이 축복에 추가해야 할 필요가 없다.

"내가 내 산을
만민에게 부어 주리니 ;
너희 자녀들이
장래 일을 말할 것이며,
너희 늙은이는 꿈을 꾸며, 7
너희 젊은이는 이상을 볼 것이며, 6
그 때에 내가 또 내 신으로 남종과
여종에게 부어 줄 것이며."

이스라엘의 재산
(ISRAEL'S ENDOWMENTS)

로마서 9 : 4 : 하나는 그들의 하나님의 부르심과 지위로 한정되는 것을 나타내고 여섯은 소명을 받고 축복받은 인간들처럼 그들에게 부족된 것을 설명한다.

"저희는 이스라엘 사람이라 ;
저희에게는 양자 됨과
영광과
언약들과 7
율법을 세우신 것과 6
예배와
약속들이 있고."

금촛대
(THE GOLDEN CANDLESTICK)

금촛대는 중앙의 한 줄기에서 여섯개의 가지가 나오므로 모두 합하여 일곱이 되며 그 빛은 세상에 있는 하나님의 백성들의 빛이었다는 것을 나타내고 그 근원은 하나님이라는 사실과 일치한다.

하나님의 전신갑주
(THE PANOPLY OF GOD)

에베소서 6 : 14-18에는 기독교인의 전신갑주는 여섯 부분으로 이루어진다. 그러나 일곱번째가 있는데 그것이 없이는 전혀 쓸모없어지는 것인데 그것은 기도인 "창"이다.

진리의 허리띠, 요한복음 14 : 6, 17 : 17.
의의 흉배, 예레미야 23 : 6, 빌립보서 3 : 9.
복음의 신, 엡베소서 2 : 10.
믿음의 방패(즉 신앙의 방패인 그리스도), 창세기 17 : 1, 로마서 13 : 14, 시편 91 : 4.
구원의 투구, 시편 27 : 1.
성령의 검(즉 하나님의 말씀인 성령의 검), 요한계시록 19 : 13.
기도-전신갑주를 계속 빛나게 하며 우리에게 그것을 효율적으로 사용할 수 있게 하는 것.

에스겔의 성전
(EZEKIEL'S TEMPLE)

에스겔 40장에는 하나님의 성전의 치수가 주어졌으며 그의 손으로 세우신 것이다. "인간"에 의해 사용된 잣대는 여섯 "큰 척"이었다(41 : 8). 큰 척은 한 척과 손의 폭 길이를 합한 것이었다(40 : 5, R. V.). 따라서 여섯 손의 폭이 한 척이 되듯이 "큰 자로 육척"에서는 실제로 보통의 일곱척이 된다.

그러므로 육(six)과 칠(seven)이 함께 사용될 때마다 그들의 상호의 의미의 차이는 가장 현저해진다.

홀로 쓰인 일곱
(SEVEN, BY ITSELF)

이제 칠(7)로 돌아가서 우선 단어의 의미를 생각해 보자.

히브리어로 칠(seven)은 שֶׁבַע (쉐바)이다. 그것의 어원은 שָׂבַע (사봐), 충만하다 혹은 만족하다, 충분하다이다. 따라서 제칠일에 하나님은 창조의 사역으로부터 쉬셨기 때문에 단어 칠(seven)의 의미는 이 어원에 의해 좌우된다. 그것은 충만하고 온전하며 선하고 완전하였다. 아무것도 그것에 추가할 것도 없으며 혹은 그것을 훼손하는 일없이 뺄 수도 없다. 따라서 단어 שָׁבַת (솨봐트)는 중단하다, 그만하다, 쉬다 그리고 שַׁבָּת (솨바트, 사바트)는 안식일 혹은 휴식의 날이란 의미이다. 이 어원은 여러 언어에 고루 퍼졌다. 예를 들면 범어(梵語)의 삽탄(saptan), 조로아스터교 경전의 합타(hapta), 헬라어의 ἑπτά(헵타), 라틴어의 *septem*(셉템). 이들 모두는 셈계통과 튜튼계통(게르만)의 어족에서는 빼버린 "t"를 유지하고 있다. 예를 들면 고드어의 sibun, 독일어의 sieben, 영어의 seven이다.

그러므로 칠(7)은 그것이 사용된 것과 연관되어 있는 완전함과 온전함을 깊이 나타내고 있다. 시간에 대해서 그것은 안식일을 말하고 칠일로 주(週)를 구분했다. 그것이 인위적인 것으로 보이는 것처럼 모든 나라간의 규약에서와 모든 시대에서 보편적으로 상용하게 되었다. 그것은 영원히 완전한 모든 것으로 하나님의 백성을 위해 남겨진 영원한 주일 엄수에 대해 말한다.

하나님의 창조적 사역에서 칠(seven)은 분광과 무지개의 색깔을 이루고 있다. 이들 각 경우에 여덟번째는 첫번째의 반복일 뿐이다.

어원 שָׂבַע (솨봐)의 다른 의미는 맹세하다, 혹은 서약을 하다이다. 그것은 창세기 21:31의 처음 나오는 곳에서 분명해진다. "두 사람이 맹세하였으므로," 이 맹세는 맹세에 있어서 만족 혹은 충만함을 가리키는 "일곱 새끼 암양"(28, 29, 30절)에 기반을 두고 있었다. 그것은 의무의 보증(security), 충족 그리고 충만 혹은 완전한 약정(約定)이다. 수 일곱과 맹세에 대해 동일한 단어가 사용되게 되었다. 그러므로 기록되기를 "확증에 대한 맹세는 모든 투쟁의 결말이다." 브엘-세바, 맹세의 우물은 수 일곱의 영적 완전을 나타내는 불변의 증거이다.

맨 처음 계시
(THE FORE-FRONT OF REVELATION)

창세기 1 : 1에서 최초의 창조에 관한 첫 문장은 일곱 단어 그리고 28글자 (4×7)로 이루어진다.[1)]

여호와의 말씀
(THE WORDS OF JEHOVAH)

여호와의 말씀은 순수한 말씀이다. 그것은 천사의 말이 아니고(고후 12 : 4 ; 고전 13 : 1) 하늘에 속한 말이 아니라 이 세상에서 인간에 의해 사용된 말, 인간의 말이다. 따라서 은이 용광로에서 정화되는 것 같이 그것은 완전히 정화되어야 한다. 시편 12 : 6에 앞절에서 반복되는 "말씀"이란 단어가 필요로 하는 것은 생략법이다. 그리고 자연적 의미에서 "—으로"(to)를 의미하는 전치사 ל(라메드)를 취할 수 있다. 흠정역판에서는 그것을 "~의(of)"로 번역하였고 개역판(R.V.)에는 그것을 "~위에"(on)로 번역하였다. 문자적으로 ל은 ~으로(to), ~에 속하는으로 번역할 수 있었던 생략법을 볼 수 있거나 사용하지 않았으므로 두 가지 모두 틀린 것이다. 따라서

a | 여호와의 말씀은 순결함이여,
  b | 은이 용광로에서 단련됨과 같이
a | 땅에 속한 [말들은]
  b | 일곱번 정화해야 한다.

여기에 네 행이 완전함을 알 수 있다. "a"와 "*a*"가 주어가 여호와의 말씀이라는 것이 일치하며, "b"와 "*b*"에서는 정화가 일치한다. "b"에서는

---

1) 그러나 그 다음 문장, 창 1 : 2을 주목하여 보아야 한다. 그것은 14단어로 이루어지지만 이 창조가 시작된 곳은 황폐한 곳이라고 말한다. 그러나 그것은 52글자를 갖고 있다. 52는 13의 4배이며 13은 배교의 수이다. 따라서 그 황폐의 원인은 2절에서 매우 뜻깊게 나타나는 수 13에 의해 더욱 잘 알 수 있다.

은의 정화 그리고 "*b*"에서는 여호와께서 사용한 세속적인 말의 정화이다.

여호와께서 "이 세상에 속하는" 말을 선택하시고 사용하시지만 그것들은 정화가 필요하다. 어떤 단어들을 그는 전혀 사용하지 않았다. 어떤 것은 좀 더 높은 의미로 사용했으며 다른 것들은 새로운 의미로 사용하였다. 따라서 그것들은 정화되었다. 이제 은은 "일곱번" 정제되었다. 그래서 이런 단어들은 "여호와의 말씀"으로 사용될 수 있기 전에 완전히 정화되어야 한다.

아브라함의 칠중 축복
(ABRAHAM'S SEVEN-FOLD BLESSING)

창세기 12 : 2, 3에는,

"내가 너로 큰 만족을 이루고
네게 복을 주어
네 이름을 창대케 하리니
너는 복의 근원이 될찌라
너를 축복하는 자에게는 내가 복을 내리고
너를 저주하는 자에게는 내가 저주하리니
땅의 모든 족속이 너를 인하여 복을 얻을 것이니라."

우리는 이것과 다음을 비교할 수 있을 것이다.

이스라엘과 맺은 여호와의 칠중 언약
(JEHOVAH'S SEVEN-FOLD COVENANT WITH ISRAEL)

출애굽기 6 : 6-8에는 전체가 영적 완전을 나타내는 "나는 …할 것이다" (I will)란 표현이 일곱번 나온다. 축복의 기반이 되었던 하나님이라는 토대에서 주어진 "나는 가지고 있다"가 세번 반복됨이 (4, 5절) 앞에 기록되어 있다.

내가 그들과 **나의** 언약을 약속하였다
내가 이스라엘 자손의 신음을 듣고

내가 **나의** 언약을 기억하노라

그리고 칠중 축복이 기록된다.

애굽 사람의 무거운 짐 밑에서 빼어내며
그 고역에서 너희를 건지며
너희를 구속하여
너희로 **내** 백성을 삼고
나는 너희 하나님이 되리니
그 땅을 너희에게 주어
기업을 삼게 하리라

"헤브론은 애굽 소안보다 칠년전에 세운 곳이라" (민 13 : 22).

애굽은 "속박의 집"이었다. 소안은 현명한 자들이 어리석은 자들이 된 것으로 보였던 도시이다(사 19 : 11-13). 또한 인간의 지혜의 우둔함을 명백하게 한 하나님의 이적들이 행해졌던 도시이기도 하다(시 78 : 12, 43).

그러나 교제를 의미하는 헤브론은 가나안에 있는 "하나님의 친구"인 아브라함의 도시였으며 오늘날 아직까지도 "친구의"라는 El Khulil(엘쿠릴)의 도시로 불리우고 있다. 그 에스골 골짜기에는 임마누엘의 땅의 가장 좋은 과실이 자라고 있었다.

"헤브론은 애굽 소안보다 칠년전에 세운 곳이다." 그의 백성들이 헤브론의 존재를 처음 발견했던 그 순간에 삽입어구로 끼어진 이 어구는 수 7의 의미로 나타낸 것처럼 심오한 영적 진리의 암시를 가지고 있다.

그것은 하나님의 우정과 교제, 그리고 하늘의 기쁨의 영역이 이 세상의 지혜가 존재하거나 자리잡기 전에 시간의 영적 완전을 나타내는 칠년, 즉 영원속에 세워졌다는 것을 보여준다(시 90 : 2; 103 : 17; 잠 8 : 22-31; 미 5 : 2; 요 17 : 5-24; 고전 2 : 7; 엡 1 : 4~3 : 11; 딤후 1 : 9; 딛 1 : 2; 벧전 1 : 19, 20을 보라).

일곱번 흩뿌림
(THE SEVEN-FOLD SPRINKLING)

일곱번 흩뿌림은 그것이 완전히 그리고 영적으로 유효하였다는 것을 암시한다.

구속의 날에 피는 "시은좌 동편에" 뿌려졌다. 이것은 하나님에게 향하는 것이다. 따라서 시은좌에서 한번 행해졌다. 그러나 "시은좌 **앞에서**"는[1] **일곱번**이다. 그것은 **일곱**번 뿌려져야 했다. 왜냐하면 이것은 그들의 죄가 속죄되었다는 백성들에 대한 완전한 증거였기 때문이다.

구속의 날을 위한 지시는 제16장에 주어졌지만 성취된 구속의 완전함을 나타내기 위해 그 큰 날에 일곱번 뿌려졌다는 것을 다른 성경 구절에서 알 수 있다.

1. 속죄소에(레 16 : 14).
2. 속죄소 앞에(레 16 : 14).
3. 장 앞에(레 4 : 17).
4. 금향단 뿔에(출 30 : 10).
5. 단 귀퉁이 뿔들에(레 16 : 18).
6. 제단 위에와 주위에(레 16 : 19).
7. 그 나머지 피 전부는 회막문 앞 번제단 밑에 쏟을 것이며(레 4 : 18).

시편
(THE PSALMS)

시편은 여러 방법으로 이 영적 완전수를 밝히고 있다.

시편은 제목이 있는 126편으로 돼 있다. 즉 7×18이다.

이 시편들의 지은이로써 제목에 언급된 일곱 이름이 있다. 즉,

1. 다윗, 56(7×8).
2. 고라의 자손, 11(시 42, 44~49, 84, 85, 87, 88편들).
3. 아삽, 12(시 50, 73~83편).

1) 붉은 암소의 피가 일곱번 뿌려진 곳은 "장막 바로 앞"이었다(민 19 : 4). 또한 문둥병자는 죽인 새의 피를 일곱번 뿌림으로 동일한 곳에서 깨끗해졌다(레 14 : 7,11).

4. 에스라인 헤만, 1(시 88편).

5. 에스라인 에단, 1(시 89편).

6. 모세, 1(시 90편).

7. 솔로몬, 1(시 72편).

역사적 사건에 관하여 기록한 것은 모두 다윗의 시편으로 14편(2×7)이다. 즉 시 3, 7, 18, 30, 34, 51, 52, 54, 56, 57, 59, 60, 63편 그리고 142편이다.

일곱편은 신약에서 다윗의 시편으로 생각되었다. 다이윗이란 이름으로 특징지어진다.

(1) 사도행전 4 : 25에 있는 시 2편, "주의 종 우리 조상 다윗의 입을 의탁하사 성령으로 말씀하시기를 어찌하여 열방이 분노하며 족속들이 허사를 경영하였는고."

(2) 사도행전 2 : 25에 있는 시 16편, "다윗이 저를 가리켜 가로되 내가 항상 내 앞에 계신 주를 뵈왔음이여 나로 요동치 않게 하기 위하여 그가 내 우편에 계시도다."

(3) 로마서 4 : 6에 있는 시 32편, "일한 것이 없이 하나님께 의로 여기심을 받는 사람의 행복에 대하여 다윗의 말한 바."

(4) 사도행전 1 : 16에 있는 시 41편, "성령이 다윗의 입을 의탁하사 예수 잡는 자들을 지로한 유다를 가리켜 미리 말씀하신 성경이 응하였으니 마땅하도다."

(5) 로마서 11 : 9에 있는 시 69편, "또 다윗이 가로되 저희 밥상이 올무와 덫과 거치는 것과 보응이 되게 하옵시고."

(6) 히브리서 4 : 7에 있는 시 95편, "오랜 후에 다윗의 글에 다시 어느 날을 정하여 오늘날이라고 미리 이같이 일렀으되."

(7) 마태복음 22 : 43에 있는 시 109편, "가라사대 그러면 다윗이 성령에 감동하여 어찌 그리스도를 주라 칭하여 말하되" 등.

이 **일곱**개의 인용구는 중앙에 하나 그리고 양편에 세 개씩인 금촛대처럼

배열되었다는 것을 알 수 있다. 즉, 사도행전에 3, 복음서에 1, 서신서에 3. 혹은 촟대처럼,

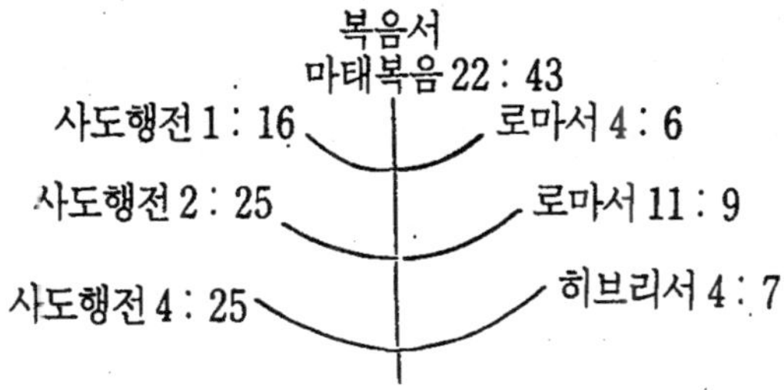

시편 69편으로부터 신약에 인용된 일곱 인용문

주 예수와 연관하여 매우 중요한 것 중의 하나이며 이 69편이 그 영적 완전을 나타낸다.

(1) 4절. 주님이 성찬 의식을 제정한 후에 주님 주위에 제자들이 모였을 때 그들이 세상에서 주의 택함을 입었기 때문에 세상의 증오를 받게 될 것이라는 것을 말씀하신 후에 주님께서 이것을 인용하셨다. 요한복음 15 : 18-25.

(2) 9절. 그의 제자들이 주님에 관해서 기록된 것을 기억하였다. 요한복음 2 : 13-17.

(3) 9절. 그리스도께서 자기를 기쁘게 하지 않으셨다는 것 조차도 한 형태로써 그리스도를 지지하기 위해서 성령은 그것을 사용하신다. 로마서 15 : 3.

(4) 21절. 십자가상에서 못박히실 때 이것은 성취되었다. 마태복음 27 : 34, 38.

(5) 22절과 23절. 성령은 이스라엘이 구하는 그것을 얻지 못하고 오직 택하심을 입은 자가 얻으며 남은 자들은 완악하여졌다는 사실을 언급하고 있다. 로마서 11 : 7-10.

(6) 24절과 27절. 성령은 유대인들에 의한 기독교인들의 박해를 언급하고 있다. 데살로니가전서 2 : 15-16.

(7) 25절과 27절. 주님께서는 그의 마지막 경고에서, 예루살렘에 대한

그의 증거를 결말지으신다. 마태복음 23 : 29－38.

이 일곱 인용구는 변함없이 사(four)와 삼(three)으로 나누어진다. 인용구 네 개는 복음서에 그리고 세 개는 서신서에 있다. 더욱이 그것들은 복음서의 처음과 마지막 그리고 교회에 써보낸 서신서의 처음과 마지막에서 나타난다. 따라서 그들은 영적 완전수로 나타낼 수 있다.

마태복음에	2	복음서에 4	7
요한복음에	2		
로마서에	2	서신서에 3	
데살로니가에	1		

하나님의 사람
(MAN OF GOD)

구약에서는 일곱명이 있다.

모세, 신명기 33 : 1과 다른 곳에서 5번.

다윗, 역대하 8 : 14과 다른 곳에서 2번

사무엘, 사무엘상 9 : 6과 다른 곳에서 3번.

스마야, 열왕기상 12 : 22과 1번 (대하 11 : 2).

엘리야, 7번.

엘리사, 열왕기하 4 : 7과 29번.

익다랴, 1번, 예레미야 35 : 4.

부활의 근거에 관해 신약에서는 한 명(디모데), 모두 합하여 여덟 명이 된다.

사사기의 일곱가지 나약한 것들
(SEVEN WEAK THINGS IN JUDGES)

사사기의 일곱가지 나약한 것들은 하나님께서 그의 사역의 영적 완전을 나타내고 그 특성을 보이기 위해 구원의 도구로써 사용하셨다.

1. 왼손잡이 에훗(3 : 21)－모압의 억압으로부터 구원.

2. 삼갈의 손에 들린 소모는 막대기(3 : 31)—블레셋으로부터 구원.
3. 여자(4 : 4)와
4. 야엘의 손에 들린 장막 말뚝(4 : 21)—가나안 왕 야빈으로부터 구원.
5. 한 여인이 던진 맷돌 윗짝(9 : 53)—아비멜렉의 강탈로부터 구원.
6. 기드온의 300용사의 항아리와 나팔(7 : 20)—미디안 무리로부터 구원.
7. 삼손이 사용한 나귀의 턱뼈(15 : 16)—이스라엘을 블레셋으로부터 구원.

"구원자"(saviour)와 연관된 이 모든 것들을(2 : 16—18) 어찌하여 하나님께서 들어 사용하셨는가? "이는 아무 육체라도 하나님 앞에서 자랑하지 못하게 하려 하심이라"(고전 1 : 29).

그래서 후대에 하나님께서 "경이로운 일을 행하실" 때마다 그는 강한 것들을 부끄럽게 하시려고 약한 것들을 택하셨다(고전 1 : 27). 사도시대에도 그러했고 모든 시대에도 역시 그러했다. 하나님께서 "세상을 뒤흔드시기" 위해 사용하신 것은 광부의 아들 루터였다. 하나님께서 믿음안에 그의 교회를 세우시기 위해 사용하신 것은 Picardy에 통제조인의 아들 캘빈이었다. 하나님께서 스위스에서 종교개혁을 일으키셨을 때 사용한 것은 알프스의 목동의 아들 쯔빙글리였다. 스코틀랜드를 "녹스의 땅"으로 알려지게 만든 사람은 한 시골에 평범한 시민의 아들이었던 존 녹스(John Knox)였다.

또한 모든 시대를 통하여서도 그러하다. 하나님께서는 일꾼은 바로 당신 자신이라는 것과 그가 사용하기 위해 선택한 것은 단지 도구에 지나지 않는다는 것을 분명히 하셨다. 그는 언제나 인간의 처음난 자를 거절하셨고 더 어린 아들을 선택하셨다. 그는 그의 백성을 통치하시기 위해 양우리에서 가장 어린 다윗을 택하셨다. 미디안의 무리로부터 이스라엘을 구원하시기 위해 므낫세 지파에 가장 가난한 가문의 제일 작은 자였던 기드온을 택하셨던 것처럼.

봉사를 위한 일곱가지 자격요건
(SEVEN-FOLD QUALIFICATION FOR SERVICE)

이것은 기드온에서 알 수 있다. 사사기 6장.

1. 자신의 비천한 상황에 관한 자각. 11절, 15절에서 보여지는 것 같이.
2. 고민하는 마음. 13절, 예언의 증거로 야기된 것은 8절.
3. 육체에 어떤 확신도 없음. 15절.
4. 은혜를 통해 하나님과 함께 평안함. 선물을 통해 하나님의 평화. 17, 18, 22, 23절.
5. 경배. 24절.
6. 작은 일에 복종. 25-27절.
7. 큰 일을 위한 힘. 33-35절과 7장.

사사기 6장의 주의깊은 연구는 하나님께서 그의 종들을 부르시고 자격을 부여하시는 방법에 관해 우리에게 가르치시므로 영적인 이익을 가져 올 것이다.

상수리 나무 일곱 그루
(SEVEN OAK TREES)

상수리 나무 일곱그루는 구약에서 언급되었다. 일곱은 넷과 셋으로 나누어지며 첫번째 세 그루는 매장(burial)과 관계 있다.

창세기 35 : 4. 야곱이 트라빔을 묻다.

창세기 35 : 8. 라헬의 유모.

사무엘하 31 : 13. 야베스에서 사울과 그의 아들들을 묻다.

여호수아 24 : 26. 여호수아가 증거의 돌을 세우다.

사무엘하 18 : 9. 압살롬의 상수리나무.

사사기 6 : 11. 여호와의 사자가 나타났던 오브라에.

열왕기상 13 : 14. 하나님의 사람이 앉았던 곳.

이새의 아들 중에 일곱
(SEVEN OF JESSE'S SON'S)

이새의 아들 중에 일곱은 외모 그 자체의 완전함이 하나님께는 아무것도 아님을 보여주기 위해 사무엘 앞을 지나갔다(삼상 16장).

요한복음의 일곱 기적
(SEVEN MIRACLES IN JOHN'S GOSPEL)

2장. 물이 포도주로 변함.

4 : 47. 왕의 신하의 아들.

5 : 4. 베데스다 못.

6장. 5,000명을 먹이심.

9 : 1. 나면서부터 눈먼 자.

11장. 나사로의 부활.

21장. 물고기를 그물질하여 잡음.

이것들은 예수가 그리스도였다는 "표적"의 영적 완전을 구성하고 있다.

사마리아 여인에게 하신 일곱 마디의 말씀
(THE SEVEN WORDS TO THE WOMAN OF SAMARIA)

요한복음 4장에 사마리아 여인에게 하신 일곱 마디의 말씀은 중요한 것으로 가득차 있으며 그녀를 대하신 그리스도의 완전함이 나타나 있다.

(1) 7절. 질문으로 그녀의 관심을 돌리심, "물을 좀 달라?"

(2) 10절. 그에게 자신에 대해서 물어보도록 인도하심.

(3) 13, 14절. 그가 주는 물에 대해서 묘사하심.

(4) 16절. 죄를 자각하게 하심 "가서," "불러," "오라".

(5) 17절. 죄의 자각을 확실하게 하심.

(6) 21-24절. 그녀의 질문과 의심에 대해 답하심.

(7) 26절. 자신을 나타내심(계시함).

천사들의 일곱번의 출현
(THE SEVEN APPEARANCES OF ANGELS)[1)]

지상에서 예수님이 살아 계시는 동안

1. 목자들에게(눅 2 : 9).
2. 요셉에게(마 2 : 13).
3. 요셉에게(마 2 : 19).
4. 마귀의 유혹을 물리치신 후에(마 4 : 11).
5. 겟세마네에서(눅 22 : 43).
6. 부활하실 때(마 28 : 2).
7. 승천하실 때(행 1 : 10).

영적으로 더럽게 하는 일곱가지
(THE SEVEN THINGS WHICH SPIRITUALLY DEFILE)

그것들은 "마음에서 나오며" 영적인 더럽힘을 이룬다. 영적인 더럽힘은 "입으로 들어가는" 것에 의해서가 아니라 "마음에서 나오는" 것에 의한다는 사실을 강조하였다(마 15 : 19).

성경에서 발견되는 일곱으로 된 집단을 단순히 열거하는 것은 끝이 없을 정도로 많다. 많은 연구생들이 그것을 주목해 왔으며 어떤 이들은 그들의 발견목록을 발행했다. 우리 주제의 이 부분은 너무 잘 알려지고 너무 잘 만들어졌기 때문에 우리는 그것을 여기에 그냥두고 단지 여러 방면의 몇 가지 예들에 주목했다. Samuell씨[2)]는 십계명과 관련하여 호기심을 불러 일으키는 몇 가지 사실을 지적했다.

십계명

1) 예수 탄생 전에는 세번의 출현이 있었다—(1) 사가랴에게(눅 1 : 1) (2) 마리아에게(눅 1 : 26) (3) 요셉에게(마 1 : 20). 모두 합하여 하나님의 명령의 완전함을 나타내는 열개가 된다. 천사들의 기록과(Words) 말(Sayings)을 면밀히 검토하는 것은 많은 이로운 것들이 될 것이다.

2) 그의 작품 중, Seven, the Sacred Number.

(THE TEN COMMANDMENTS)

이것은 하나님의 손으로 쓰여졌다. 따라서 특별히 영적 완전의 상징을 깊이 새기고 있을 것이다.

1. 십계명 중에 일곱은 단어 לֹא, 말라로 시작한다.
2. 단어 יוֹם, 날(day)은 일곱번 나온다.
3. 전치사 ב, 안에(in)는 일곱번 나온다.
4. 전치사 ל, ~으로(to)는 14번.
5. 위에(upon과 above)는 합하여 일곱번.
6. "섬기다", "종", "여종"은 합하여 일곱번.
7. "부"(父), "모"(母), "자"(子), "녀"(女), "처"(妻)의 인척관계는 합하여 일곱번.
8. "세번째," "네번째," "여섯," "일곱번째"와 "수천" 등의 수는 합하여 일곱번.
9. "주"(Lord)와 "하나님"(God)은 합하여 14번.
10. 사용된 별개의 일곱개 대명사가 합하여 49번 (7^2).[1]
11. 3인칭 단수 대명사는 일곱번.
12. 제2계명에 접속사 "그리고"(and)는 일곱번.
13. 제4계명에 정관사가 일곱번.
14. 제4계명은 제칠일에 일곱 사람과 사물에게 어떤 행위도 금지한다.
15. 제10계명은 일곱 사람과 사물에게 탐심을 금지했다.
16. 제3계명은 간단한 단어 21(7×3)개가 포함되어 있다.
17. 제9계명은 7개가 포함되어 있다.
18. 제10계명은 28개(7×4)가 포함되어 있다.

일곱을 넷과 셋으로 분할
(THE DIVISION OF SEVEN INTO FOUR AND THREE)

---

1) 70인역과 벌 게이트역에는 "이방인" 앞에 "너의"가 생략됨.

일곱을 넷과 셋으로 분할하는 것은 일반적으로 두드러진다. 특히 요한계시록에서 그러하다.

교회에 대한 약속들
(THE PROMISES TO THE CHURCHES)

교회에 대한 약속들은 수적으로 일곱개이다. 그것은 각각 엄숙한 훈계를 담고 있다. "귀있는 자는 성령이 교회에 하시는 말을 들을지어다". 첫 세 서신서에는 약속(그 표현면에 있어서 과거를 언급하는)은 이 훈계뒤에 오고 반면에 후자의 네개는 약속(미래의 축복에 대한 언급을 갖는)은 그 앞에 놓인다.

따라서 우리의 관심을 이 위대한 훈계로 돌려야 한다. 이 서신서들이 보내어졌을 때는 교회가 단결력을 상실했을 때였다. 서신서는 교회로 보내진 것이 아니라 개인들에게 보내졌다. 이것들을 통해서 개인들은 훈계되었다. 요한복음과 계시록같이 1세기 말엽에 기록된 요한의 서신서들도 마찬가지이다. 그러므로 우리는 가까이 명령될 것—"첫 300년으로 돌아가라" 그리고 "교회의 음성을 들으라"—같은 것을 할 필요도 없고 할 수도 없다. 왜냐하면 1세기 말경에 교회 혹은 교회들이 말한 것이 아니라 "성령이 교회들에게 말씀하신 것을 들으라"는 명령을 받았기 때문이다.

일곱 봉인
(THE SEVEN SEALS)

일곱 봉인은 다음과 같이 나누어진다. 첫 네개는 말탄자의 명령 "오라"[1]로 나타나고 후자의 세개는 모두 다른 것이다.

일곱 나팔
(THE SEVEN TRUMPETS)

1) 동사는 "오다"(to come) 혹은 "가다"(to go)를 의미한다.

또한 셋과 넷으로 나누어진다. 날으는 천사가 말한 "화, 화, 화"에 의하여 후자의 세 나팔과 가혹한 첫 네 나팔이 구분된다.

마태복음 13장의 일곱 가지 비유 (THE SEVEN PARABLES OF MATTHAW 13)

이미 170면에서 이미 알아 보았듯이 이것들 또한 마찬가지이다. 세 비유는 "다시"로 시작하는 반면(44, 45 그리고 47절), 네 비유는 "다른"으로 구분된다. 따라서 네 비유에서는 세상과 관련하여 네 개의 다른 계시를 주시는 것이고 세 비유에서는 하나님의 백성과 관련하여 다른 형태로[1] 하나의 진리를 반복해 나타낸 것이다.

여러가지 예들 (MISCELLANEOUS EXAMPLES)

일곱가지 은사, 롬12 : 6—8.
일곱가지 단일성, 엡4 : 4—6
일곱가지 지혜의 특징, 약3 : 17.
일곱가지 그리스도의 선물, 요한복음에서 :
그의 육체, 6 : 51.
그의 목숨, 10 : 11.
그의 본(example), 13 : 15.
보혜사, 14 : 16.
"나의 평안", 14 : 27.
그의 말씀, 17 : 8,14.
그의 영광, 17 : 22.
일곱가지 "더 좋은" 것들, 히브리서에서 :
언약, 7 : 22.

---

1) 동일 저자의 The Kingdom and the Church를 보라.

약속, 8 : 6.
산업, 10 : 34.
소망, 7 : 19.
제물, 9 : 23.
본향, 11 : 16.
부활, 11 : 35.

일곱가지 그리스도의 명칭, 히브리서에서 :

만유의 후사, 1 : 2.
구원의 주, 2 : 10.
사도, 3 : 1.
구원의 근원, 5 : 9.
앞서 가신 자, 6 : 20.
대제사장, 10 : 21.
믿음의 주요 온전케 하시는 이, 12 : 2.

일곱번의 "단한번", ἅπαξ(하팍스). 히브리서에서, 모두를 위해 한번 (9 : 7,26,27,28; 10 : 2; 12 : 26,27).

일곱가지 훈계 "하자" 히브리서에서, 10 : 22, 23, 24; 12 : 1, 28; 13 : 13, 15.

일곱가지 은혜, 벧후 1 : 5—7.

일곱겹의 찬사, 계 5 : 12; 7 : 12 등.

일곱가지 "영원한" 것들, 히브리서에서 :

영원한 제사장, 5 : 6.
영원한 구원, 5 : 9.
영원한 심판, 6 : 2.
영원한 속죄, 9 : 12.
영원한 성령, 9 : 14.
영원한 기업, 9 : 15.
영원한 언약, 13 : 20.

일곱가지 첫 열매,

부활, 고전 15 : 20–23.

성령, 롬 8 : 23.

새로운 피조물, 약 1 : 18.

이스라엘, 롬 11 : 16.

"세상으로부터 구속받은 자," 계 14 : 5.

전도, 롬 16 : 5.

섬김, 고전 16 : 15.

일곱가지 비유, 마 13장[1].

일곱겹의 축복, 계시록에서 1 : 3; 14 : 13; 16 : 15; 19 : 9; 20 : 6; 22 : 7, 14.

일곱가지 "신비" 혹은 비밀.

천국, 마 13 : 11; 막 4 : 11; 눅 8 : 10.

이스라엘의 부분적인 완악, 롬 11 : 25.

교회 혹은 그리스도의 몸, 롬 16 : 25; 엡 3 : 3, 4, 9; 5 : 32; 6 : 19; 골 1 : 26, 27; 계 1 : 20.

첫 부활, 고전 15 : 51.

하나님의 은밀한 의도, 엡 1 : 9; 골 2 : 2; 계 10 : 7.

사탄의 은밀한 의도, 살후 2 : 7.

바벨론, 계 17 : 5, 7.

일곱단계 예수의 낮아짐과 일곱단계의 높아지심, 빌립보서 2장에서

예수의 가상 칠언.

"아버지여 저희를 사하여 주옵소서 자기의 하는 것을 알지 못함이니이다", 눅 23 : 34.

"내가 진실로 네게 이르노니 오늘 네가 나와 함께 낙원에 있으리라", 눅 23 : 43.

---

1) 동일 저자의 The Kingdom and the Church를 보라.

"나의 하나님 나의 하나님 어찌하여 나를 버리셨나이까", 마 27 : 46.
"여자여 보소서 아들이니이다 보라 네 어머니라", 요 19 : 26.
"내가 목마르다", 요 19 : 28.
"아버지여 내 영혼을 아버지 손에 부탁하나이다", 눅 23 : 46.
"다 이루었다", 요 19 : 30.

일곱번 "그리스도 안에서"라고 나오는 표현, 디모데후서에서, 1 : 1, 9, 13 ; 2 : 1, 10 ; 3 : 12, 15.

하나님의 비밀은 일곱번째 인(seal), 일곱번째 나팔, 일곱번째 대접으로 완성된다.

"아담으로부터" "일곱번째"의 사람은 "하나님이 그를 데려가시므로 세상에 있지 아니하였더라"(창 5 : 24).

구속의 날은 일곱번째 달에 있었다(레 16 : 29).

정결한 짐승은 암수 일곱씩 방주로 취하였다(창 7 : 2). (다른 것들은 둘씩 취해졌다, 6 : 19)

성전으로 올라가는 일곱계단, 겔 40장에.

주기도문은 일곱개의 작은 기도로 이루어졌다. 이것은 넷과 셋으로 나누어진다. 첫 세 기도는 하나님과 관련되고 네 개는 인간과 관련되어 있다.

일곱번의 씻음은 우리의 완전한 영적 정화의 모형이다(왕하 5 : 14).

단어들의 수와 나타남
(NUMBERS OF WORD AND OCCURRENCES)

이제 다른 분야로 방향을 바꾸어서 우리가 이미 앞에서 알아 보았던 광범위한 주제를 보자.

어떤 작가들은 칠(seven)을 어느 곳에서나 그리고 성경의 어디에서나 본다.[1] 그러나 이것은 실제로 다른 모든 수의 의미를 부정하는 것이고 그것의 모든 교훈을 잃는 것이다. 성령의 특별한 사역으로 만들어진 **성경**(Holy

---

1) Richard Samuell의 Seven the Sacred Number를 보라.

Writ)의 구조와 외부 형태에서 매우 괄목할 만한 방법으로 영적 완전의 인봉을 볼 수 있음을 여전히 인정해야 한다. Samuell씨는 우리가 알고 있듯이 아래의 방법으로 수에 대한 관심을 집중하고 있다.

1. 한번만 나오는 단어들(*words*)에서
2. 중요한 어구들(*phrases*)에서
3. 동일한 어원(*same root*)에서 파생된 단어군에서.
4. 유사한 의미를 갖는 별개의 어원으로부터 파생된 단어군에서.

그리고 이것은 단지 성경 전체에서 뿐만 아니라 때때로 아래에서도 매우 현저하다.

1. 구약에서.
2. 구약의 히브리어 혹은 갈대아어 부분에서.
3. 신약에서.
4. 특정한 책에서.
5. 특정 작가의 모든 책에서.
6. 특별한 주제에 관한 책의 특정 부분에서.

몇 가지 예와 특정한 것으로 사용된 단어의 수의 첫번째 나오는 것을 살펴보자. 우리는 이와같은 방법을 여섯(six)이란 항목에서 이미 알아 보았다.

금에 해당하는 일곱 단어
(SEVEN WORDS FOR GOLD)

놋쇠가 심판의 상징인(놋제단에서 알 수 있듯이) 것처럼 금은 영광의 상징이며 영광은 완성된 은혜이다. "여호와께서 은혜와 영광을 주시며"(시 84 : 11) "의롭다하신 이들을 또한 영화롭게 하셨느니라"(롬 8 : 30).

그러므로 영적 완전수가 금에 해당하는 단어에 있다.

1. זהב (자하브), 어원은 금처럼 빛나다, 반짝이다로부터 왔다. 따라서 금에 대한 보통 명칭이다. 이것은 세상 금이지만 이것보다 하나님의 말씀을 더 사모하여야 한다(시 19 : 7-10).
2. פז (파즈), 순수한 혹은 정제된 금. "금(זהב) 곧 많은 정금

(פז)보다 더 사모할 것이며," 시 19 : 10.

"그러므로 내가 주의 계명을 금(זהב) 곧 정금(פז)보다 더 사랑하나이다"(시 119 : 127).

"정금(פז) 면류관을 그 머리에 씌우셨나이다"(시 21 : 3).

따라서 이 말은 살아있고 기록된 말씀의 완전함을 올바로 나타낸다. 왜냐하면 그는 "죄를 알지도 못하는" 자요(고후 5 : 21), "죄를 범치 아니한" 자이며(벧전 2 : 22), "그에게는 죄가 없기 때문이다"(요일 3 : 5).

3. בֶּצֶר (베체르), 욥 22 : 24,25, 그리고 בְּצָר (브차르), 금광석 혹은 사금. 어원은 파내다, 잘라내다로부터 왔다. 따라서 부숴진 금에 사용되었다.

욥 22 : 24,25의 의미는 흠정역(A. V.)에서 완전히 상실되었다. 개역(R. V.)에는 22절에서 읽을 수 있다.

"청컨대 너는 그 입에서 교훈을 받고
그 말씀을 네 마음에 두라
네가 만일 전능자에게로 돌아가고
또 네 장막에서 불의를 멀리 버리면 다시 흥하리라
네 보배(בצר)를 진토에 버리고
오빌의 금을 강가의 돌에 버리라
그리하면 전능자가 네 보배(בצר)가 되시며
네게 귀한 은이 되시리니."

그러므로 우리 안에 **그의 말씀**을 두면 그분 스스로가 우리의 보배와 방패가 되신다. "저는 나의 피난처요"(시 91 : 2).

4. חָרוּץ (카로츠), חָרַץ (카라츠)인 돌 자르는 기구를 사용하여 자르다 혹은 짧게 잘라내다, 조각내다. 따라서 특별히 금에 적용되는[1)] 단어 카랏드(carats)로 쓰듯이 부분 혹은 조각난 금에 사용되었다.

---

1) 욥 41 : 30 ; 시 68 : 13 ; 잠 3 : 14 ; 8 : 10,19 ; 16 : 16 ; 사 28 : 27 ; 41 : 15 ; 단 9 : 25 ; 욜 3 : 14 ; 암 1 : 3 ; 슥 9 : 3.

하나님의 "솜씨"에 적용된 것 같이 우리는 금과 귀중한 보석들처럼 잘려지고 단련되어야 한다. "그가 나를 단련하신 후에는 내가 정금같이 나오리라"(욥 23 : 10). "풀무는 금을 연단하거니와 여호와는 마음을 연단하시느니라"(잠 17 : 3).

5. כתם (케뎀), כתם (카담)이라는 끼워 넣다 혹은 새기다(렘 2 : 22에서만 "네 죄악이 오히려 내 앞에 그리 있으리니")에서 왔다. 금에 사용되었듯이 그것은 진실하고 순수한 것을 의미하며 그 위에 새겨진 특징이나 표시를 갖는다[1]. 시편의 한 표제로써 그것은 접두사 מ, 멤과 함께 사용되었다. מכתם (믹담)은 기록, 특히 철필로 파넣은 혹은 새긴 문서(70인역처럼 στηλογραφία, "조각된 문서"[2]). מכתב (믹다브)는 단순히 하나의 문서를 의미한다.[3] 다윗의 아들과 다윗의 주에 관한 문서이다.

6. סגור (스고르), סגר (사가르)는 닫다, 밀봉하다인데 딱딱한 것으로서의 금에 사용된다. 왕상 6 : 20, "정금(난외, 닫다)으로 입혔고" 즉 단순히 금박이 아닌 금판을 말한다. 욥 28 : 15에도 나온다 "정금으로도 바꿀 수 없고" 즉 하나님 말씀의 지혜이다. "하나님의 모든 말씀은 순전하다." "그의 말씀에 보탤 것이 없다."

7. דהב (드하브, 갈대아어), זהב 와 동일한 의미(1번을 보라). 에스라와 다니엘서에만 나온다.

그러므로 금에 대한 단어가 7이라는 사실은 이것으로 흔히 비유되는 하나님 말씀의 영적 완전을 말해 주고 있다.

팔레스타인에 해당하는 일곱개의 다른 이름들

---

1) 욥 28 : 16,19 ; 31 : 24 ; 시 45 : 9 ; 잠 25 : 12 ; 아 5 : 11 ; 사 13 : 12 ; 애 4 : 1 ; 단 10 : 5에 나온다.

2) στήλη(스텔레)는 묘비란 단어이다. 따라서 이 시편에서는 부활을 지시하고 있다(시 16,56,58,59,60편).

3) 출 32 : 16 ; 39 : 30 ; 신 10 : 4 ; 대하 21 : 12 ; 35 : 4 ; 36 : 22 ; 스 1 : 1 ; 사 38 : 9.

(SEVEN DIFFERENT NANES FOR PARESTINE)

구약에서만 :

1. "거룩한 땅," 슥2 : 12(**אדמת הקדש** 아드마드 하카도쉬 ; 70인역, ἡ γῆ ἡ ἅγια ; 초기의 기독교 작가들, *Terra sancta*). 중세시대에 흔히 사용되었으며 지금은 지리학적으로만 사용한다.
2. "여호와의 땅," 호9 : 3에서만 나옴. 레25 : 23 ; 시85 : 1 ; 사8 : 8 ; 욜1 : 6 ; 3 : 2 ; 렘16 : 18과 비교하라.

신약에서만 :

3. "약속의 땅," 히11 : 9. 물론 이 명칭은 구약과 다른 성경에 근거하고 있다. 창3 : 15 ; 신34 : 1−4 ; 창50 : 24 ; 겔20 : 42 ; 행7 : 5과 비교하라.
4. 유대 혹은 유다 땅, **ארץ יהודה**. 이것은 처음에는 유다족속(대하9 : 11)의 땅에서만 사용되었으나 포로생활 이에 전체의 땅, 심지어 요단 동편까지 포함하여 사용되었다. 눅1 : 5 ; 23 : 5 ; 마19 : 1 ; 행28 : 21.

신구약에서만 :

5. "그 땅," **הארץ**, 하아레츠, 룻1 : 1 ; 렘12 : 11 ; 눅5 : 25 ; 마27 : 45. 이것은 엄밀히 유대인식의 이름이었다.
6. "이스라엘의 땅,", **ארץ ישראל**. 삼상13 : 19에서 처음 사용되었고 그 뒤의 책에서 가끔 사용되었다(왕하5 : 2 ; 6 : 23). 에스겔서에서는 나머지 성경에서보다 더욱 자주 사용되었다. 마2 : 21. 이 이름 역시 본질적으로 유대인식이다.
7. "가나안", **כנען** (가나안). 그 땅에 처음 거주했던 함의 아들. 그의 후손들의 이름에서 따온 것이다(창9 : 18 ; 10 : 15−19). 따라서 그것은 가장 오래된 이름이며 요단 서편지역에 한정되었다. 출6 : 4 ; 15 : 15 ; 레14 : 34 ; 신22 : 39 ; 수14 : 1 ; 시105 : 11 ; 창17 : 8을 보라.

팔레스틴과 팔레스티나란 명칭은 흠정역(A. V.)에서 블레셋에 상응한 것으로서 만들어졌다. 시 60 : 8 ; 87 : 4 ; 108 : 9을 보라. 그것은 결코 땅 전체에 대해 사용되지 않았으며 "블레셋"에 대해서만 사용되었다. Kitto, 제 3권 386면을 보라.

일곱번 나오는 단어들
(SOME WORDS WHICH OCCUR SEVEN TIMES)

(1) 구약

אזור (에조르), 허리띠, 14.
אזכרה (아즈카라), 기념물, 7.
אכר (익카르), 남편, 7.
אנף (아나프), 화나다, 14.
אסר (에사르, 갈대어), 금령, 7(다니엘서 6장에 모두).
אפק (아화크), 억제하다, 7.
בקר (바카르), 찾다, 7.
בר (바르), 정결한, 7.
בר (바르)와 **בר** (바아르), 곡석, 14.
ברי (브리)와 **בריא** (바리), 살찜, 14.
ברית (브리드), 언약, 창 6장에서 노아와 맺은 하나님의 언약에서 7번, 창 15장과 17장에서 아브라함과 맺은 하나님의 언약에서 14번.
גולה(골라), 포로생활, 42(단순형태로 7번, 전치사 **ב** 와 함께 7번).
גזה (기짜), 양털, 7(삿 6 : 37-40에서 모두).
גן (간), 정원, 42(창세기에 14번, 다른 곳에 28번).
דשא (데쉐), 잔디, 14.
זקק (자카크), 정제하다, 7.
חי (카이), 생명, 갈대아어로 7.
히브리어로 168, 즉,

레위기 … 35
민수기 … 7
신명기 … 21
사무엘서 … 49
솔로몬의 글 … 56
} 168(7×8×3).

갈대아어로 7번 나온다(스6：10； 단2：30； 4：17,34； 6：20, 26； 7：12).

טירה (티라), 둘러쌈, 혹은 성 등, 7.

טף (타프), 어린 아이들, 42：

신명기 ………… 7
나머지 모세오경 … 21
다른 곳에 ……… 14
} 42(6×7).

יהודי(예후디), 유대인(단수) ……………… 10
예후디(Jehudi)(고유 명사) … 4
} 14.

ילד(얄라드), (아기를) 낳다, 창 5장에 28.

יצחק (이츠카크)와 ישחק(이스카크), 이삭 112.

신명기 ………… 7
나머지 모세오경 … 91
다른 곳에 ……… 14
} 112(7×8×2).

כהן (코헤인), 제사장, 창세기에 7.

כהנה (크훈나), 제사장의 집, 14.

לבונה (이보나), 유향, 21(레위기에 7번).

מן (만), 만나, 14.

נא (나), 나는 기도한다, 혹은 서약한다, 406(7×58).

נגינה(느기나), 노래, 14：

시편 제목으로, 7.
다른 곳에, 7.

נגן(나간), 현이 달린 악기를 탄다, 사무엘상 16~19장에서 7, 모두

다윗에 대해 말하여짐.

צאצאים (체차킴), 온천, 이사야에 7.

צום (촘), 빠르다, 21.

קהלת (크헬레드), 전도자, 7, 전도서의 전부 :

처음에 3번, 1 : 1,2,12.

중간에 1번, 7 : 27.

끝에 3번, 12 : 8,9,10.

נעם (노암), 아름다움, 시27 : 4; 90 : 17; 슥11 : 7,10; 즐거움, 잠3 : 17; 정결한, 잠15 : 26; 16 : 24.

נתן (느탄), 주다 혹은 증여하다, 스4 : 13; 7 : 20(두번); 단4 : 16; 4 : 17,25,32.

עלמה (알마), 처녀, 창24 : 43; 출2 : 8; 시68 : 25; 잠30 : 19; 아1 : 3; 6 : 8; 사7 : 14.

שרף (사라프), 불뱀, 민21 : 6,8; 신8 : 15; 사6 : 2,6; 14 : 29; 30 : 6.

רמה (림마), 벌레, 7.

שטן (사탄), 사탄, 욥기에 14.

תור (토르), 산비둘기, 14.

엘샤다이(El-Shaddai[1]), 전능하신 하나님), 창17 : 1; 28 : 3; 35 : 11; 43 : 14; 48 : 3; 출6 : 36; 겔10 : 5.

(2) 신약

ἁγνίζω(아그니조), 정화하다.

ἀήρ(아에르), 공기, 7

1) El 없이 Sháddai(전능자)는 세상을 지배하는데 완전을 나타내는 수, 48번 나온다(4×12)

ἀνάστασις(아나스타시스), 부활 42, 관사를 가지고 21번, 여격으로 7번.

ἀπάτη(아파테), 기만.

ἄπειμι(아페이미), ~이 없다, 7.

ἀργύριον(아르귀리온), 은조각 } 7, 유다와 관련하여.
돈

ἀστήρ(아스테르), 별, 계시록에 14번.

ἄφθαρτος(아프다르토스), 썩지 않는, 7.

βασιλεύω(바실레보), 통치하다, 21(계시록에 7번 ; 다른 곳에 14번)

δοῦλοος(둘로스), 종(servant), 계시록에 14번.

ἐπίσταμαι(에피스타마이), 알다(to know), 14.

ἐπιστάτης(에피스타테스), 주인, 7(누가복음에 모두).

ἐπιταγή(에피타게), 계명, 7.

ἡγέομαι(헤게오마이), 우두머리가 되다, 28.

ἄμωμος(아모모스), 7 :

흠이 없이(without blemish), 엡 5 : 27 ; 벧전 1 : 19.

더러움이 없는(without spot), 히 9 : 4.

흠이 없는(without fault), 계 14 : 5.

흠이 없는(without blame), 엡 1 : 4.

흠이 없이(faultless), 유 : 24.

흠 없고(unblameable), 골 1 : 22.

παρουσία(빠루시아), 임재 혹은 오심, 살전,살후에 7번(전서에 4번과 후서에 3번).

Σιών(시온), 시온, 7.

φίλημα(휠레마), 입맞춤, 7.

ᾠδή(오데), 노래, 7.

ψαλμός(프살모스), 시편, 7.

어구들
(PHRASES)
(1) 구약

אל קנא (엘 콴나) … 5 } 질투의 하나님.
אל קנוא (엘 콴노) … 2 }

הנה ימים באים (힌네 야밈 바임), 보라, 그때가 이르리니, 21[1].

טהור הוא (타흐르 후), 그는 혹은 그것은 부정하다, 7(레 11장과 13장의 모두).

טמא הוא (타미 후), 그는 혹은 그것은 부정하다, 레위기 13장에 7번.

טמא הוא לכם (타미 후 라켐), 그는 혹은 그것은 너에게 부정하다, 7(레 11장과 신 14장의 모두).

יברכך יהוה אלהיך (에바레카 에호와 엘로헤카), 너의 하나님 여호와께서 네게 복을 주시리라, 7(신 14 : 24,29 ; 15 : 10 ; 16 : 10,15 ; 23 : 20 ; 24 : 19)[2].

יהוה צבאות (에호봐 츠바이오트), 만군의 여호와, 시편에 7번과 학개에 14번.

כי יהוה דבר (키 에호와디베르), 여호와께서 말씀하시기를 7(왕상 14 : 11 ; 사 1 : 2 ; 22 : 25 ; 25 : 8 ; 렘 13 : 15 ; 욜 4 : 8 ; 옵 18).

"나의 삶을 가리켜 하나님께서 말씀하신," 14(모두 에스겔서에).

"나의 삶을 가리켜"(하나님께서 말씀하신), 7(민 14 : 28 ; 사 49 : 18 ; 렘 22 : 24 ; 46 : 18 ; 겔 17 : 19 ; 33 : 27 ; 습 2 : 9).

"예루살렘의 딸," 14(단수로 7과 복수로 7번).

"부지런히 … 보내어"(하나님 여호와께서 이르사), 7(즉, 대하 36 : 15

---

1) 렘 30 : 3 ; 암 4 : 2에는 "보라(Behold)" 대신에 "보라(Lo)"를 사용.
2) 언제나 같은 방법으로 번역되는 것은 아니다.

과 예레미야에 6번).

"사드락, 메삭 그리고 아벳느고", 다니엘서(2 : 49—3 : 30)에 14번.

"아브라함과 이삭과 야곱에게 맹세하신 땅," 7(창50 : 24; 출33 : 1; 민32 : 11; 신1 : 8; 6 : 10; 30 : 20; 34 : 4).

"생명의 나무," 7(문자적으로 창세기에 3번; 비유적으로 잠언에 4번).

"여호와의 소리," 시편29편에 7번.

"~때에 ~하게 되리라", ויהי בימי (봐에히 베이마이), 7번; 언제나 슬픔과 고통의 때를 나타내며(헬라어 *οὐαί*, *woe*; 라틴어, *voe*와 발음이 비슷한 ויהי (봐에히)), 명백한 구원의 은혜가 뒤따라 나온다.

(1) 창14 : 1. 롯에게는 슬픔을 아브라함에게는 비탄에 빠지게 했던 전쟁은 멜기세덱의 축복으로 끝난다.

(2) 룻1 : 1. 기근과 사별은 축복, 결혼, 그리고 구속으로 끝난다.

(3) 삼하21 : 1. 기근은 하나님의 구원으로 끝난다(14절).

(4) 사7 : 1. 예루살렘을 대적하는 연합은 메시야의 탄생의 약속으로 끝난다(14절).

(5) 렘1 : 3. 유다의 포로생활은 회복의 약속이 뒤로 따라온다.

(6) 에1 : 1. 유대인의 곤경과 고통은 완전하고 기쁜 구원으로 끝난다.

(7) 눅2 : 1. 그 땅과 백성이 로마의 속국이라는 것을 보여주는 가이사 아우구스도 호적등록은 예수 그리스도의 탄생이 뒤따라 나타난다.

여호와는 "그룹사이에 좌정하신다"고 7번(삼상4 : 4; 삼하6 : 2; 왕하19 : 15; 대상13 : 6; 시80 : 1; 99 : 1; 사37 : 16).

(2) 신약

"기록된 바,"[1] 28(4×7).

καθὼς γέγραπται … 24 } 28 { 복음서… 7 / 로마서… 14 / 다른 곳… 7
ὥς γέγραπται ……… 4

"창세로부터" *ἀπὸ καταβολῆς κόσμου*(아포 카타볼레 코스무), 하나님의 은혜로운 사역과 관련되어 있으므로 7번; 반면에 "창세이전에"란 어구는 하나님의 통치사역과 연관되어 있으므로 3번[2] 나온다. 일곱번 중 3번은 복음서에 다른곳에 4번 나온다(마13:35; 25:34; 눅11:50; 히4:3; 9:26; 계13:8; 17:8).

"안식일," 7.

"반차를 좇아," *κατὰ τὴν τάξιν*(카타 텐 탁신), 7(모두 히브리서에).

"일주일의 첫째날", *μια(του) Σαββάτων*(미아 (톤) 사바톤), 7.

πιστός(피스토스), 미쁘다, *ὁ λόγος*(호 로고스)에 따라서, 이 말이여, 7(모두 목회서신에, 딤전1:15; 3:1; 4:9,12; 딤후2:11; 딛1:9; 3:8[3]).

"이스라엘 자손," 14.

"거기서 슬피 울며 이를 갊이 있으리라," 7.

동일 어원에서 나온 단어들 (WORDS FROM THE SAME ROOT)

(1) 구약

1) *τὸ ῥηθὲν*(토 리텐), "that which was spoken" 12번 나온다(마27:35과 막13:14 R. V.에 생략). 기록된 것(writing)은 하나님의 영감으로 된 것이고(7); 말하여진 것(speaking)은 하나님의 주권과 통치에 있다.

2) 요17:24; 엡1:4; 벧전1:20

3) 이 "미쁜 말"은 뒤에 나오는 말에 관한 언급이 아니라 그 앞에 나온 것에 관한 언급이다. 3-7절. 이것은 하나님을 믿는 이들이 좋은 일들을 유지하기 위해 조심스러워지도록 하기 위해 만들어졌다.

אשד (에쉐드), 시내, 1; אשדות (아쉐도트), 샘 6. 합계 7.
גנזים (그나짐), 보물들, 3; גנזין (긴진, 갈대아어), 보물, 3; 그리고 גנזך (간자크), 보고, 1. 합계 7.
כשב (케세브), 양, 13; כשבה (키스바흐), 새끼 양 1. 합계 14.
סוף (수프), 끝나다, 히브리어 8, 갈대아어 2; סוף (소프), 끝, 히브리어 5, 갈대아어 5; סופה (수파), 회오리바람, 히브리어 15.

합계, 히브리어 … 28 } 합하여 35.
갈대아어 … 7

רקם (라캄), 자수를 놓다, 9; רקמה (리크마), 자수, 12. 합계 21.
שמט (솨마드), 풀어주다 등, 9; שמטה (슈미타), 해방, 5. 합계 14.

(2) 신약

ἀστήρ(아스테르), 별, 24; ἄστρον(아스트론), 별, 4. 합계 28.
βάσανος(바사노스), 고통, 3; βασανίζω(바사니조), 고통을 주다, 12; βασανισμός(바사니스모스), 고통, 5; βασανιστης(바사니스테스), 고통을 주는 자, 1. 합계 21.
Γαλατία, 갈라디아, 4번(고전 16:1; 갈 1:2; 딤후 4:10; 벧전 1:1), 갈라디아 사람들, 1번(갈 3:1), 갈라디아의, 2번(행 16:6; 18:23). 합계 7.
ἐλεύθερος(엘레브데로스), 자유로운, 23; ελευθερία(엘레브테리아), 자유, 11; ἐλευθερόω(엘레브테레오), 해방시켜 주다, 7; ἀπελεύθερος(아페렐브데로스), 자유로와진 사람, 1. 합계 42.

로마서에 ……………… 7 }
요한복음과 계시록에 …… 7 } 42
다른 곳 ………………… 28 }

ἦχος(에호스), 소리, 3; ἠχέω(에헤오), 들리다, 2; ἐξηχέομαι(엑세헤오마이), 앞으로 소리를 내다, 1; κατηχεω(카테헤오),

소리로 가르치다(혹은 입의 말), 8. 합계 14.

어원은 다르나 유사한 의미를 지닌 단어들 (WORDS FROM A DIFFERENT ROOT, BUT WITH SIMILLAR MEANINGS)

단어	횟수	소계	합계
ברוש (브르쉬), 전나무,	20	21	
ברותים (브로팀), 전나무,	1		
גת (가드), 포도 짜는 기구	5	21	
יקב (예케브), 포도주 통 …	16		
יצק (야차크), 주조하다	53	58	
יצקה (예추카), 주조	1		
מוצק (모차크), 주조	2		
מוצקת (모체케드), 속이 빈 관	2		
צוק (추크), ~을 붓다 주조하다	3	5	
מצוק (마추쿠), 기둥	2		63(9×7)
כוה (카바), 태우다	2	10	
כי (키), 타는	1		
כויה (크비야), 타는	2		
מכוה (미크봐), 타는	5		
צרב (차라브), 태우다	1	4	
צרבת (차레베드), 타는	3		
			14(2×7)

단어	횟수	소계	합계
ἄῤῥην(아렌), 남자	3[1]	11	21
ἄρσην(아르센), 남성의	6		
ἀρσενοκοίτης(아르세노코이테스), 남색하는 자 …	2		
θήλεια(델레이아), 여성의	2	10	
θηλάζω(델라조), 젖을 먹이다	5[2]		
θῆλυ(델뤼), 여성의	3		

단어	횟수	계
ἀμνός(암노스), 양	4	35(5×7)
ἀρήν(아렌), 양(눅 10 : 3)	1	
ἀρνίον(아르니온), 양	30	
γελάω(겔로오), 웃다	2	6
γέλως(겔로스), 웃음	1	
καταγελάω(카타겔라오), 조롱하다	3	
μυκτηρίζω(믹테리조), 멸시하다	1	3
ἐκμυκτηρίζω(엑믹테리조), 비웃다	2	
ἐμπαίζω(엠파이조), 희롱하다	13	17
ἐμπαιγμός(엠파이그모스), 희롱	1	
ἐμπαιγμονή(엠파이그모네), 희롱거리	1[3]	
ἐμπαίκτης(엠파익테스), 비웃는 사람	2	
χλευάζω(흘레바조), 조롱하다	2[4]	2
네 어원의 계		28(4×7)
ὁρμή(호르메), 공격	2	20
ὁρμάω(호르마오), 돌진하다	5	
ὅρμημα(호르메마), 돌진	1	
ἀφορμή(아포르메), 기회	7	
κονιορτός(코니오르토스), 먼지	5	
παροτρύνω(파로트뤼노), 선동하다		1
		21(3×7)

때때로 하나의 독립된 장(章)이나 부분만을 취하여 조사할 수도 있다. 그리하여 성경연구의 유익한 주제를 구성하기도 한다. 다음은 그 예[5]들이다.

---

1) R. V.의 본문 편집인들(textual editors)은 다음 세 문장에서 ἄρσην (중성) 대신 ἄῤῥην로 기록하였다 (롬 1 : 27, 계 12 : 5,13).

2) R. V.와 편집인들은 눅 23 : 29에서 τρέφω(—영양분을 주다)로 기록하고 있다.

3) 본문 편집인들과 R. V.에서 벧후 3 : 3에 이 단어가 첨가되었다. 따라서 "조롱으로 조롱하는 자"(scoffers with scoffing)로 기록되었다.

4) 모든 권위서는 행 2 : 13에 διαχλευάζω로 기록한다.

5) The Faithful Witness에서 W. H. Walker, 2세에 의해 제안됨.

에스겔 36장

I. 오늘날의 이스라엘에 관한 일곱가지

1. 하나님이 보시기에 부정함(29절).
2. 돌같은 마음을 소유하게 됨(26절).
3. 하나님의 거룩한 이름을 더럽힘(20, 22절).
4. 이방에 흩어짐(19절).
5. 불명예와 수치를 당케함(3－6절).
6. 이방의 통치에 예속됨(6절).
7. 황무케 되고, 버려지고, 치욕을 당함(3, 4, 30절).

II. 하나님께서 이스라엘의 억압자들에게 행하실 일곱가지

1. 그들에 대한 투기로 말씀하심(5절).
2. 그들의 영광을 수욕으로 만드심(7절).
3. 그 땅에서 그들의 소유를 박탈하심(10, 11절).
4. 그들을 이스라엘의 기업으로 주심(12절).
5. 이스라엘을 쳐부술 그들의 힘을 제하심(13, 14절).
6. 그들 중에 그 자신의 이름을 지키며 영화롭게 하심(22절).
7. 그가 하나님이심을 그들에게 가르쳐 주심(36, 38절).

III. 하나님께서 이스라엘을 위해 행하실 일곱가지

1. 열국중에서 그들을 취함(24절).
2. 그들의 땅으로 이끄심(24절).
3. 우상과 더러움에서 깨끗케 하심(25절).
4. 새 영과 새 마음 그리고 그의 신을 주심(26, 27절).
5. 그의 백성으로 삼으심(28절).
6. 소산을 풍성케 하심(30절).
7. 처음보다 낳게 대접하심(11절).

IV. 이스라엘 자신이 하게될 일곱가지

1. 악한 길과 불선한 행위를 기억(31절).
2. 죄악과 가증한 일을 스스로 밉게 봄(31절).

3. 부끄러워하고 한탄함(32절).
4. 여호와의 율례를 행함(27절).
5. 그의 규례를 지킴(27절).
6. 그 땅에 영원히 거함(33절).
7. 이 모든 축복의 성취를 구해야 함(37절).

게마트리아
(GEMATRIA)

다른 곳에 예들이 많이 있지만 여기서는 이름에 주어진 한 두 예만 해보자.

에녹, "아담으로부터 일곱번째"=84(7×12).
헬라어로 "하나님의 상속자"=1071(7×153).
헬라어로 "양"=651(7×93 또는 7×3×31).

칠의 배수들
(THE MULTIPLET OF SEVEN)

하나의 규범처럼 칠의 배수들은 동일한 영적 의미를 가지고 있다. 따라서 우리는 그것들 모두를 특별히 취급하는 것이 아니라 다른 인수의 제곱에서 생기는 특정한 의미를 갖는 곳만을 취급해야 한다. 42,49,70 등의 경우와 같이.

다른 배수들 중의 하나를 예를 취해 보자.

나귀
(THE ASS)

"나귀"는 인간에 비유된 유일한 동물이다. 욥 11:12를 보자. "허망한 사람은 지각이 없나니 그 출생함이 들나귀 새끼 같으니라."

출 13:13에는 인간의 첫 소산이 나귀의 첫 새끼와 동일하게 분류되었다. 둘 다 양으로 대속해야만 했다. 이것은 출 34:20에서도 반복된다. 구속하는 행위만을 위해 하나님께 꼭 제물을 가져와야 했다.

28(4×7)마리의 나귀가 따로따로 기록되었으며 이것은 전 3 : 1-8에 "허망한 인간"과 관련된 28(4×7)가지의 "때"(times)와 비교될 수 있다.

1. 발람의 나귀(민 22 : 21), "말할 때".
2. 악사의 나귀(수 15 : 18), "찾을 때", 그녀의 요구와 그녀가 구하는 것을 얻고자 나귀에서 내릴 때.
3. 삼손의 나귀(삿 15 : 15), "전쟁할 때".
4. 레위 사람의(삿 19 : 28), "잠잠할 때", "아무 대답이 없을 때". 그가 극단적 소식을 온 이스라엘로 보내어 무언의 소식을 들었을 때.
5. 아비가일의(삼상 25 : 20), "평화할 때", 그녀가 다윗을 만나 나발을 위해 평화를 맺을 때.
6. 그녀의 두번째 당나귀(42절), "사랑할 때", 그녀가 다윗을 만나 그의 아내가 되었을 때.
7. 아히도벨의(삼하 17 : 23), "죽을 때", 그가 나귀에 안장을 지우고 돌아가서 목매어 죽을 때.
8. "늙은 선지자의" 나귀(왕상 13 : 13,27), "죽일 때", 그가 사자에 의해 죽은 "하나님의 사람"을 발견했을 때.
9. "하나님의 사람"의 나귀(28절), "슬퍼할 때", 늙은 선지자가 "슬피 울며 그를 장사할 때".
10. 수넴 여인의 나귀(왕하 4 : 24), "치료시킬 때", 그녀가 아들을 살려 준 엘리사에게 타고 갔을 때.
11. 므비보셋의(삼하 19 : 26), "안을 때" 그가 가서 다윗을 맞이할 때.
12. 시므이의(왕상 2 : 40), "죽을 때".
13. 이새의(삼상 16 : 20), "살 때"(21절).
14. 모세의(출 4 : 20-26), "죽일 때", 그가 창 17 : 14의 심판을 초래했을 때.
15. 아브라함의(창 22 : 3), "찾을 때와 잃을 때", 하나님께서 주신 아들을 돌려 달라고 했을 때.

16. 구세주의 나귀(마 20 : 5), "웃을 때", 예루살렘의 딸들이 기뻐할 때.

17. 어린 나귀 새끼(마 21 : 5).

18–28. 야곱의 아들들의 나귀들(창 44 : 13)이 다른 "때"를 충족시키고 있다.

팔(8)

히브리어로 여덟은 שמנה(슈모네), 어원 שמן(샤멘), "살찌게 하다", "지방으로 뒤덮다", "남아 돌아가다"로부터 나왔다. 부사로는 "힘이 넘치는 자" 등을 의미한다. 명사로서 "매우 풍부하게 비옥함", "기름" 등. 따라서 수사로서는 과다한 수이다. 일곱(seven)이 일곱째 날이 온전과 안식의 날이었기 때문에 그렇게 불리운 것 같이 여덟번째 날로서 여덟(eight)은 이 완전한 온전함 이상으로 넘치는 것이며 실제로 여덟번째이면서 새로운 연속의 첫번째가 된다. 따라서 그것은 이미 하나안에 두 개의 숫자, 첫번째와 여덟번째를 나타내는 것이다.

여덟과 일곱 (EIGHT AND SEVEN TOGETHER)

여섯과 일곱 사이의 관계를 알아 보았던 것처럼 (206—215면) 일곱과 여덟이 함께 사용되었을 때 두 수 사이에 주목할 만한 관계를 알아 보아야 한다.

우리가 앞에서 어원 연구로 알아 보았듯이 일곱은 영적으로 완전한 혹은 충족하는 것을 의미한다. 한편 여덟은 과다한 혹은 충분히 만족시키는 것을 의미한다. 그러므로 우리는 흔히 이 차이와 연관지어 두 수를 찾아낼 수 있다.

아브라함과 맺은 여호와의 언약들 (JEHOVAH'S COVENANTS WITH ABRAHAM)

아브라함과 맺은 여호와의 언약들은 수로 보면 여덟이다. 일곱은 이삭전에 주어졌으며 여덟번째는 죽은 것과 "방불한" 데서 받았다.

1. 창12 : 1—3, 주권.
2. 창12 : 7, 씨.

3. 창 13 : 14－17, 하나님의 보증, 소생하는 땅에서 일어나 행함.
4. 창 15 : 13－21, 그 땅의 연한 ; 400년 ; 4대.
5. 창 17 : 1－22, 정복당하지 않은 은혜.
6. 창 18 : 9－15, 인간의 실패와 불완전.
7. 창 21 : 12, 그 씨앗에게 영적 축복을 주신다.
8. 창 22 : 15－18, 소생의 축복.

첫 세 가지는 "이 후에,"(15 : 1)라는 말로 다른 것들과 구별된다. 다음 네 가지는 22 : 1에 반복된 유사한 말로 여덟번째와 구별된다.

각 언약의 축복이 그 수적 의미의 특징을 깊이 새기고 있다는 것이 주목될 것이다.

요셉의 형제들과의 상징적 의사소통
(JOSEPH'S TYPICAL COMMUNICATIONS WITH HIS BRETHREN)

요셉의 형제들과의 상징적 의사소통은 수적으로 여덟이다. 일곱은 야곱의 죽기 전에 그리고 여덟번째는 그 후에 해당한다.

1. 창세기 37 : 6에는 곡식단에 관한 꿈을 이야기한다(세상의 영화).
2. 해, 달 그리고 별들에 관한 그의 두번째 꿈(요 3 : 12의 두 증언을 완전하게 하는 하늘의 영화).
3. 그의 사랑의 메시지가 아버지로부터 그들에게로, 그가 거절당하고 구덩이에 던지워졌으나 (그들에게 알려지지 않은) 권능의 오른손으로 들어 올리셨을 때.
4. 그들은 요셉에게 가야만 했다, (창 42장).
5. 그들이 다시 가다 (창 43 : 15).
6. 세번째 돌아가다(창 44 : 13), 요셉은 자신을 알린다. 그들은 그를 세번 부인했다. 그들은 그에게 세번 가야만 했다. 그리고 세번째는 회포를 푼 후에 축복의 장소에 이르렀다. 그러나 그것은(수 6처럼) 불완전한 것이다.

7. "이스라엘(더 이상 야곱이 아니라)이 모든 소유를 이끌고 발행하였다"(창46). 더 이상 바랄 것이 없었다. 그가 말하기를 "내가 네 얼굴을 보았으니 지금 죽어도 가하도다" 등(30절). 역사는 영적으로 완전하다. 그러나 다른 대화가 남아 있다.
8. 야곱은 죽었고 그들은 부활의 영광이신 그리스도의 모형, 요셉과 마주보고 있다(창50 : 15 등).

출애굽기
(EXODUS) 21 : 23−25

처벌과 관련하여 여덟개의 특정한 것이 있다. 일곱가지는 다른 범주에 속한다. 하지만 여덟번째 형벌을 과한다면 남아있을 수 없다. 즉 "생명은 생명으로."

항목	2–8	1–8
1. 생명은 생명으로,		8
2. 눈은 눈으로,	7	8
3. 이는 이로,	7	8
4. 손은 손으로,	7	8
5. 발은 발로,	7	8
6. 데운 것은 데움으로,	7	8
7. 상하게 한 것은 상함으로,	7	8
8. 때린 것은 때림으로,	7	8

출애굽기 40장
(EXODUS XL)

어구 "여호와께서 모세에게 명하신 대로"[1]가 일곱번 그리고 "여호와께서 그에게 명하신대로 다"가 한번(16절).

장막절

1) 23 "명하셨던"(had commanded)은 히브리어로 다른 여섯과 동일하다.

(THE FEAST OF TABERNACLES)

장막절은 팔일동안 계속되는 유일한 절기였다. 제팔일은 제칠일부터 구별되었다. 레위기 23：39을 보고 34－36을 비교하라 (민 29：39； 느 8：18).

역대하 6장
(2 CHRONICLES VI)

솔로몬이 그의 기도를 들으시기를 바라는 그의 여덟번의 호소. 일곱번은 "주는 하늘에서 들으사" 그리고 한번은(21절) "주는 주의 계신 곳 하늘에서 들으사." 열왕기상 8장에 유사한 문장이 있음.

이사야 5：1,2
(ISAIAH V. 1,2)

포도원을 묘사하는 여덟개의 문장이 있다. 일곱은 그 특징이고 하나는 그 결과이다.

에스겔 성전의 층계
(THE STEPS IN EZEKIEL'S TEMPLE)

일곱개의 층계는 바깥쪽을 인도하고(40：22,26), 여덟개의 층계는 바깥뜰에서 안뜰로 인도한다(40：31,34,37).[1]

일곱은 수고로부터 안식으로, 여덟은 안식으로부터 경배로 인도한다.

산상의 주 예수
(THE LORD JESUS WAS ON A MOUTAIN)

예수님의 산에 오르신 것은 여덟번이었다.[2] 일곱번은 십자가 전에 그리고 여덟번째는 죽음에서 부활하신 후였다.

---

1) 성전으로 들어가는 계단이 몇 개인지는 히브리 원전이 밝히고 있지 않다. 70인역은 열개였다고 말한다(49절, R. V. 본문과 난외를 보라).

2) 물론 마귀의 유혹에 나오는 것을 생략한다.

에베소서 4 : 4—6
(EPHESIANS Ⅳ. 4—6)

일곱 단위가 있는데, 일곱번째는 이중이다—"하나님 곧 만유의 아버지"이니—모두 합하여 여덟이다.

골로새서 3 : 12,13
(COLOSSIANS Ⅲ. 12,13)

일곱 가지의 은혜가 있으나 이 모든 것 위에는 "사랑"이 있다(14절). 사랑은 다른 것들을 온전하게 그리고 하나가 되게 하는 윗 덮개이며 완전하게 결속하는 고리이다.

야고보서 3 : 17
(JAMES Ⅲ. 17)

"위로부터 난 지혜"가 일곱개의 특정한 것으로 열거되었으며 다섯번째는 이중이므로, 합하여 여덟이 된다("긍휼과 선한 열매로 가득하고").

아브라함의 아들들
(ABRAHAM'S SONS)

아브라함의 아들들은 수적으로 여덟이었다. 일곱은 "육체에서 난" 아들이었고, 한편 여덟번째 아들은 "약속에 의한" 아들이었다.

아론과 그의 아들들의 성별
(THE CONSECRATION OF ARON AND HIS SONS)

아론과 그의 아들들의 성별은 "칠 주야를 회막문에 거한" 후 제팔일에 행하여졌다(레 8 : 35 ; 9 : 1).

솔로몬의 성전
(IN SOLOMON'S TEMPLE)

솔로몬의 성전에는 비품이 여덟 종류였으나 장막에는 일곱가지였다.

성전		장막	
1	언약궤	1	언약궤
1	시은소	1	시은소
1	향단	1	향단
10	촛대	1	촛대
10	떡상	1	떡상
1	번제단	1	번제단
10	물두멍	1	물두멍
1	놋바다		
35(5×7)		7	

안식일을 거룩히 지키라
(THE SABBATH TO EB KEPT HOLY)

모두 여덟번의 명령이 있다. 여호와가 일곱번(출 20 : 8 ; 신 5 : 12 ; 반복 ; 23 : 12 ; 31 : 13 ; 34 : 21 ; 레 19 : 3,30 ; 23 : 3), 모세가 한번(출 35 : 2).

다윗은 이새의 여덟번째 아들
(DAVID WAS THE EIGHT SON OF JESUS)

사무엘상 16 : 6 등과 17 : 12에 의하면 다윗은 이새의 여덟번째 아들이다. 그러나 기록되어 있지는 않지만 한 아들이 확실히 죽음으로써 족보에서 제외되었기 때문에 다윗은 역대상 2 : 15에서 "일곱째"로 불리웠다.

앞의 예들은 일곱(7)과 여덟(8)의 연관성을 보여 주기에 충분한 것이다. 이제 여덟 그 자체를 검토해 보자.

여덟 그 자체

(EIGHT BY ITSELF)

이는 7 더하기 1이다. 따라서 부활과 중생, 그리고 새로운 시대 혹은 질서의 시작과 특히 연관된 수이다.

전 세계가 홍수로 덮였을 때 만물의 새로운 질서를 시작하는 새 땅에 첫발을 내디딘 것은 "여덟번째 사람" 노아였다(벧후 2 : 5). "여덟 영혼"은 그와 함께 새로운 혹은 재생된 세상을 경험했다(벧전 3 : 20).

또한 할례는 제팔일에 행하여야 했다(창 17 : 12). 왜냐하면 그것은 "손으로 하지 아니한" 곧 "그리스도의 할례로 말미암아 육체의 죄"의 몸을 벗는 할례, 마음의 진정한 할례의 그림자이기 때문이다(골 2 : 11). 이것은 새로운 피조물과 연관된다.

첫 새끼는 제팔일에 여호와께 드려야 했다(출 22 : 29,30).

부활
(RESURRECTION)

그러나 부활은 뜻깊은 위대한 진리이다. 그리스도는 "그 주(週)의 첫째날" 즉 제팔일에 죽은 자 가운데서 일어나셨다. 그리고 성경이 다음의 기록을 담고 있다는 것은 주목할만하다.

부활한 여덟명(*Eight individual Resurrections*)

(주님과 승천한 사람들과는 다른) :

구약에	3	8
복음서에	3	
행 9장과 20장에	2	

구약의 셋은 우리 주님께서 살리신 셋과 일치한다.

1. 과부의 아들－
   사렙다 (왕상 17 : 17－25)와
   나인 (눅 7 : 11－18)
2. 부유한 사람의 자식－

수넴 여인의 아들 (왕하 4 : 32-37),
야이로의 딸 (막 5 : 35 ; 눅 8 : 49)
3. …… 매장 후에 성인-
엘리사의 무덤에서 (왕하 13 : 20,21),
나사로 (요 22장)

장막절
(THE FEAST OF TABERNACLES)

장막절은 팔일동안 지속되었다. 화육에 관한 특별한 언급과 함께(요 1 : 14).

변화
(THE TRANSFIGURATION)

변화는 그리스도의 "고난"의 첫 공표 이후 제팔일(포괄적인 계산포함)에 일어났으며 그것은 그가 다시 오실 때 따라 올 "영광"을 미리 보여주신 것이다.

첫 입방
(THE FIRST CUBE)

여덟은 첫 입방수(立方數), 둘의 입방, 2×2×2이다. 우리는 삼(3)이 첫 평면형의 상징이고 사(four)가 첫 사각형이 된다는 것을 알아 보았다. 그러므로 첫 입방에서 나타내는 초자연적 완전함, 길이, 폭 그리고 높이가 같은 것을 알아 보기로 한다. 입체의 의미는 장막과 성전 두 곳에 있었다. "지성소"가 입체였던 사실에 보여진다. 장막과 성전에서도 입방이었다. 장막에서 그것은 10규빗의 입방이었다. 성전에서는 20규빗의 입방이었다. 계 20장에새 예루살렘은 12,000 스타리온[1]의 입방이다. Milo Mahan 박사

---

1) 역자주 : 1furlong은 201.17m이고 1/8마일.

는 노아의 방주 역시 "창을 내되 위에서부터 한 규빗"—일의 입방, 일종의 성스러운 Shechinah을 갖는다고 믿고 있다. 만일 그렇다면 우리는 일련의 입방수를 갖게 된다.

$1=$방주

$10^3=1,000$, 장막

$20^3=8,000$, 성전

$12,000^3=1,728,$[1]$000,000,000$, 새 예루살렘

구약의 여덟개의 노래
(EIGHT SONGS IN THE OLD TESTAMENT)

시편 외에,

1. 구속, 출 15.
2. 공급과 유지, 민 21 : 17.
3. 하나님의 은혜와 인간의 불신앙을 증언하는 모세, 신 32장.
4. 억압에 대한 승리, 삿 5장.
5. 하나님이 세우신 자 다윗이 그의 모든 원수들로부터 구원됨, 삼하 22장.
6. 아가서.
7. 가장 사랑받는 이스라엘, 하나님의 포도원에 대한 노래, 사 5장.
8. 이것(여덟번째)은 부활의 땅에서 불려지기를 기다리고 있다(사 24장). 왜냐하면 "사망을 완전히 멸하신" 후에 시작될 것이기 때문에, 25 : 8.

엘리야의 이적들
(THE MIRACLES OF ELIJAH)

엘리야의 이적들은 수적으로 여덟이다. 이것은 그의 임무의 신적 특성을

1) 1728 역시 주목할 만한 수, 즉 $8^2\times3^3$이다.

나타낸다.

1. 하늘을 닫음, 왕상 17 : 1 ; 약 5 : 17 ; 눅 4 : 25.
2. 과부의 가루를 배가케 함, 왕하 17 : 14－16.
3. 과부의 아들을 살림, 17－23절.
4. 하늘로부터 불을 내림, 왕상 18 : 37, 38.
5. 하늘로부터 비를 내림, 41－45절.
6. 하늘로부터 불을 내림, 왕하 1 : 10.
7. 6과 동일, 12절.
8. 요단을 가름, 왕하 2 : 8.

엘리사의 이적들
(THE MIRACLES OF ELISHA)

엘리사의 이적들은 수적으로 두배, 즉 열여섯이다. 그의 요구는 "당신의 영감이 갑절이나 내게 있기를 구하나이다"(왕하 2 : 9)이었다.

1. 요단을 가름, 왕하 2 : 14.
2. 물을 고침, 21절.
3. 젊은 아이들을 저주함[1], 24절.
4. 세 명의 왕을 위해 물을 얻음, 왕하 3 : 16－20.
5. 과부의 기름을 배가케 함, 왕하 4 : 1－7.
6. 과부의 아들을 살림, 4 : 37.
7. 독이 든 국을 해독함, 38절.
8. 일백명을 먹임, 42－44절.
9. 나아만을 고침, 왕하 5 : 1－19.
10. 게하시에게 문둥병이 들게 함, 20－27절.
11. 도끼를 떠오르게 함, 왕하 6 : 1－7.
12. 종의 눈을 보게 함, 17절.

---

1) 이 단어는 이삭이 28세때, 요셉이 39세, 르호보암이 40세, 사드락과 그의 친구들이 바벨론에 있을때 사용되었다.

13. 아람 사람의 눈을 어둡게 함, 18절.

14. 그들의 시력을 회복시킴, 20절.

15. 왕의 사자를 저지함, 30－33절.

16. 시체가 그의 뼈에 닿자 회생함, 왕하 13 : 20,21.

성경에서 여덟(8)이라는 수의 사용과 의미는 경이로운 정도로 정확하게 되풀이되어 나타난다.

여덟은 주님의 수
(EIGHT IS THE DOMINICAL NUMBER)

실제로 여덟은 사용된 어느 곳에서나 주님(Lord)과 관련을 갖고 있다. 그것은 그의 이름, *ΙΗΣΟΥΣ*, 예수의 수이다.

$$
\begin{aligned}
I &= 10\\
H &= 8\\
\Sigma &= 200\\
O &= 70\\
\Upsilon &= 400\\
\Sigma &= \underline{200}\\
& \quad 888
\end{aligned}
$$

그것은 모든 사본들에서 책들의 수 24권(3×8)이 되는 구약에 새겨진 수이다.

계시록과 관계된 책에서 주의 영광을 소개하는 주의 날에 밝혀질 것을 설명하는 주님의 주되심이 기초가 되는 구약에 관한 여덟번의 언급이 있다.

계시록 1장에 구약에 관한 여덟번의 언급
(THE EIGHT REFERENCES TO THE OLD TESTAMENT IN REVELATION Ⅰ)

이것들이 우연히 주어진 것들은 아닐 것이다. 우리의 관심은 그것들이 주어진 순서에 다라 중요성을 돌리는 것이다. 이것들은 대응관계

(epanodos)—첫번째가 여덟번째와 동일한 책에서 인용되고, 두번째는 일곱번째와 같은 방법으로 상응하며, 세번째와 여섯번째, 네번째와 다섯번째—의 형태로 배열되었다. 따라서 차고 넘치는 완전한 하나님의 봉인은 예수의 주님으로써의 신분을 밝히는 성경에 있는 것이다.

A|5. 사55 : 4.
B|7—. 단7 : 13.
C|—7. 슥12 : 10.
D|8. 사41 : 4; 44 : 6; 48 : 12.
D|11. 사41 : 4; 44 : 6; 48 : 12.
C|12. 슥4 : 2.
B|13—15. 단7 : 9,13,22; 10 : 5,6.
A|—16—. 사49 : 2.

예수를 주님으로 말한 다른 이름들
(OTHER DOMINICAL NAMES OF JESUS)

예수를 주님으로 말한 다른 이름들 또한 Gematria로 표현되며 인수 여덟을 가지고 있다.

Χριστός, 그리스도, 1480 (8×185).
Κύριος, 주, 800 (8×100).
Κύριος ἡμῶν, 우리의 주, 1768 (8×221).
Σωτήρ, 구세주, 1408 (8^2×32).
Ἐμμανουήλ, 임마누엘, 25600 (8^3×50).
Μεσσίας, 메시야, 656 (8×82).
Υἱός, 아들, 880 (8×110).

우리는 또한 주된 수 여덟 이외에 다른 인수들도 깊은 뜻이 있다는 것에 주목해야 한다.

이들은 모두가 이렇게 말하고 있다. "하나님이 그 종 예수를 영화롭게 하셨느니라"(행 3 : 13)와 "예수를 하나님이 주와 그리스도가 되게 하셨느니라"(행 2 : 36)타는 사실을 "들을 귀"가 있는지 어떤지를 여기서 우리는 두 개의 수를 생각해봐야 한다.

여덟과 십삼이 함께 사용된 것 (EIGHT AND THIRTEEN TOGETHER)

이 후에 이 두 수를 비교하거나 대조하게 될지는 모르지만 이제 두 수를 검토해 보자. 따라서 여기에서 열 셋을 검토해 보고 한편 바른 순서로도 검토해 보자.

열 셋의 의미에 관해서는 나쁜 징조의 수로 전해내려 온다는 것을 누구나 알고 있다. 많은 미신들이 그 수를 가지고 있으며 그들에 관한 여러가지 해석들이 나돌고 있다.

불행히도 근거를 찾으러 거슬러 돌아가는 자들은 거의 대부분이 충분히 거슬러 돌아가지를 못한다. 우리가 알고 있는 한 대중적인 해석들은 사도시대 이상으로 돌아가지를 못한다. 하지만 우리는 13의 의미에 관한 해결책을 찾기 위해서는 13이 처음 나온 곳까지 거슬러가야 한다. 그것은 창 14 : 4에 처음 나온다. "이들이 십이년 동안 그돌라오멜을 섬기다가 제 십삼년에 **배반한지라**."

따라서 13과 그 배수들이 나오는 곳은 배반, 배교, 결점, 타락, 분열, 혁명, 혹은 비슷한 사상과 연관되어 있는 것을 나타내고 있다.

13의 두번째 언급은 이스마엘과 연관되어 있다. 창세기 17 : 25. 그가 열 세살 때 아브라함이 그에게 할례를 하였고 그가 이방인이 된다는 언약이 허락되고 그의 반역과 추방으로 끝난다.

우리는 계시록의 맨 첫부분에 새겨져 있는 것을 알 수 있다. 창세기 1 : 1의 시작 문장이 7단어와 28글자(4×7)로 구성되어 있는 반면, 제2절은 14단어이지만 52글자로 이루어져 있다. 4×13으로 되는 52는 그 구절이 말하는 파멸을 일으키는 배교 혹은 배반을 말한다.

게마트리아
(GEMATRIA)

Gematria를 보면 가장 놀라운 결과를 알 수 있다. 따라서 이 결과를 간략하게 기술하면, 주의 백성들의 이름을 8의 배수인 반면 배교, 혹은 배반 혹은 어떤 의미에서 그의 원수들이 되는 자들의 이름은 13의 배수이다. 이 주장이 증명된다면 세계가 예전에 알고 있던 축자영감의 가장 위대한 증거 중의 하나가 된다. 이 위대한 원칙의 발견은 이미 언급했듯이 지금은 절판된 그의 작품속에 많은 예를 주었던 뉴욕에 있었던 고(故) Milo Mahan 박사 덕분이라 믿고 있다. 이 법칙의 영향은 성경의 각 단어, 심지어 글자를 기술하는 데 있어서 성령이 항상 사역을 하신다는 것을 입증하는 것은 셀 수 없을 정도다. 이전에 어떤 인간적 예상 혹은 배열도 그러한 결과를 얻을 수 없었다. 어떤 인간의 힘도 그렇게 완전하게 완성할 수 없었다. 어느 곳을 찾아 보든지간에 처음부터 끝까지 중단없이, 끊임없이, 결점없이 작용하는 법칙을 알 수 있다. 하나의 결론만이 가능하다. 즉 성경은 그의 무한하신 계획을 계획하시고, 감독하시고, 역사하시며 수행하시는 하나의 저자, 영원한 전지의 저자만이 존재한다.

이제 이 경이로운 분야의 조사를 해보자.

셋과 가인의 혈통
(THE SETH AND CAIN LINE)

셋 혈통의 이름들의 수치(numberical value)는 총체적으로 8의 배수이고 반면에 가인 혈통의 그것들은 총체적으로 13의 배수이다.

셋 혈통의 이름들(*The Seth Line of Names*)

이름	값	합계
아담	45	3168(8×396)
셋	700	
에노스	357	
게난	210	
마할랄렐	136	
야렛	214	
에녹	84	
므두셀라	784	
라멕	90	
노아	58	
야벳[1]	490	

노아의 가족을 구별하여 따로 취하여 보면,

이름	값	합계
노아	58	936(8×9×13)
셈	340	
함	48	
야벳	490	

함이 없다면 세 이름 노아, 셈 그리고 야벳은 888과 같다. 함을 포함하면 위와 같이 936과 같다. 그러나 이것은 8의 배수이기도 하지만 동시에 13의

1) 셈이 예수 그리스도의 족보에 택하여졌으나 노아의 장자는 야벳이었다.

배수이며 또한 심판의 수, 9의 배수이기도 하다.

이 이름들을 기록하고 있는 창세기 5 : 6-24의 전체 gematria는 62960(8×7870)에 이른다.

가인 혈통의 이름들(*The Cain Line of Names*)

이름	수	합계
아담	45	2223(**13**×9×19)
가인	160	
에녹	84	
이랏	284	
므후야엘	95	
므드사엘	777	
라멕	90	
야발	42	
유발	48	
두발가인	598	

라멕의 가족을 구별하여 본다면 역시 주목할만하다.

라멕과 아다	169(**13**^{2}).
두 아내, 아다와 씰라	611(**13**×47).
야발, 그의 장자, 베두인의 육축치는 자의 조상 …	42 … 적그리스도의 수.
두발가인	598(**13**×46).
전 가족(딸 나아마를 포함하여)	1924(혹은 **13**×148).

가인 가족의 역사는 창세기 4 : 1-25에 있으며 130(**13**×10)년이 넘게 연장되있다. 창세기 5 : 3을 보라.

더욱이 이 역사를 기록하고 있는 창세기 4 : 1—25 전체의 gematria는 76882(**13**×5914)이다. 그러나 "규칙을 증명하는" 주목할 만한 예외가 있다. 25절은 셋의 출생을 기록하고 있는데 그 수치는 6560(**8**×820)이다. 또한 그의 아들 에노스의 출생과 당시에 사람들이 어떻게 "여호와의 이름을 부르기 시작"했는가를 기록하고 있는 26절은 3064(**8**×383)이다.

이와는 대조적으로 1절에 "하와가 잉태하여 가인을 낳고"의 수치는 1612(**13**×124)이다.

셋 출생 이전에 가인이 살아있는 동안 아담의 산 햇수는 130(**13**×10)년이었다. 창세기 5 : 3을 보라. 반면에 셋 출생 이후 그는 800(**8**×100)년을 살았다. 창세기 5 : 4를 보라.

라멕의 노래의 게마트리아
(THE GEMATRIA OF LAMECH'S SONG)

창세기 4 : 23,24에 있는 라멕의 노래의 gematria는 4667(**13**×359)이다. 한편 10—13절에 가인에 대해 말한 문장은 10283(**13**×791)이다.

창세기 6장
(GENESIS 6)

홍수의 심판을 유발시킨 인간의 배교를 기록하고 있는 창 6장에는 의미심장한 숫자들이 온통 새겨져 있으며 뒤섞여 있다.

1—3절은 7272로 계산된다(6×1212).

2절은 3198로 계산된다(**13**×6×41).

4절, "그들이 용사라 고대에 유명한 사람이었더라"=1703(**13**×131).

5—7절, 타락에 관하여 말하고 있는데=10335(**13**×795).

1—7절=21672(6^2×602).

그러나 이제 노아에 관해 8—10절을 대조해보면—"그러나 노아는 여호와

께 은혜를 입었더라" 등, 7008(**8**×876) :

11−17절, 모든 육체의 종말, 방주 건조의 명령과 홍수의 경고= 33549(**13**×2580).

14−16절, 방주에 관하여=17668(4×4417).

12,13절과 17절, 강포와 타락에 관하여=13220(666×20).

18−22절은 노아와 그의 가정을 구하시겠다는 약속을 말한다. 한편 이것들은 수 13(죄 뿐만이 아니라 구속의 수이기도 한, 이하를 보라)을 깊이 나타내고 있고 또한 화육과 구원을 말해주는 노아를 부른 그리고 수 2에 의한 완전한 은총의 수, 5의 세배 즉 15를 깊이 나타내고 있다. 이 절들의 gematria는 15002(**13**×1154)이다.

창 10 : 15−18
(GENESIS 10 : 15−18)

가나안족속의 이름들 :

가나안	190	
그리고	6	
시돈	154	
헷족속	408	
여부스족속	93	
아모리족속	256	
기르가스족속	521	3211(**13^2**×19)
히위족속	29	
알가족속	385	
신족속	135	
아르왓족속	226	
스말족속	345	
하맛족속	463	

욕단의 후손들(창 10 : 25-29)
(THE DESCENDANTS OF JOKTAN, GENESIS 10 : 25-29)

욕단(셈의 13대손) ················· 169(**13**^{2})
벨렉(그의 형) ······················ 113
셀라(그의 할아버지) ··············· 338(**13**^{2}×2)

그의 13 아들들 :

알모닷 ······························· 85
셀렙 ·································· 410
하살마엣 ····························· 744
예라 ·································· 218
하도람 ······························· 255
우살 ·································· 44
디글라 ······························· 139
오발 ·································· 108
아비마엘 ····························· 84
스바 ·································· 303
오빌 ·································· 287
하윌라 ······························· 59
요밥 ·································· 20

2756(**13**×212)

전체문장(창 10 : 25-29)은 10647(**13**^{2}×63)이다. 욕단은 아라비아 남쪽에 정착하는 한편 이스마엘은 아라비아 페트라에 정착했기 때문에 사라센족의 조상들의 기원을 강조하는 데는 그런 수고를 감수해야만 한다.

아르박삿의 혈통(창 11 : 10-27)
(THE LINE OF ARPHAXAD)

셈 ………… 340			
아르박삿 …… 605			
셀라 ………… 338	1944(8×243)		
에벨 ………… 272		3568(8×446)	
벨렉 ………… 113			
르우 ………… 276			
스룩 ………… 509			
나홀 ………… 264	1624(8×203)		
데라 ………… 608			
아브람 ……… 243			

(셈–르우 = 1944(8×243); 스룩–아브람 = 1624(8×203); 합계 3568(8×446))

나홀의 가족
(NAHOR'S FAMILY)

나홀 ……… 264
하란 ……… 255
롯 ………… 45
사래 ……… 510
밀가 ……… 95
이스가 …… 95

} 1264(8×158)

따라서 전 세대는 4832(8×604)

아브라함의 자손
(THE GENERATIONS OF ABRAHAM)

아브라함은 아들이 여덟이었다. 그들 중 일곱은 "육체로부터" 낳은 반면, 여덟번째는 "약속에 의한 것"이었다.

아브라함 …… 248(8×31)
이삭 ………… 208(8×2×**13**[1])
야곱 ………… 182(7×2×**13**)

} 456(8×57)

1) 야곱의 가정뿐만 아니라 이삭의 가정은 나누어진 가정이었다; 따라서 우리는 8 뿐만 아니라 13도 요소로써 취할 수 있다.

야곱의 가족
(JACOB'S FAMILY)

야곱 ……	182	456(8×57)
레아 ……	36	
라헬 ……	238	

레아의 여섯 아들
(*Leah's Six Sons*)

르우벤 ……	259	1726(**13**×2+1700)
시므온 ……	466	
레위 ………	46	
유다 ………	30	
잇사갈 ……	830	
스불론 ……	95	

부모의 이름들(야곱 182와 레아 36)을 더하면 1944(8×243).

라헬의 두 아들(*Rachel's Two Sons*)[1)]

요셉 …………………	156	308(77×4)
베냐민 ………………	152	

라헬의 하녀(*Rachel's Maid*)

빌하 …………………	42	666
단 ……………………	54	
납달리 ………………	570	

1) 철자는 창 35 : 22－26에서와 같이 취함.

레아의 하녀(*Leah's Maid*)

실바	122	666
갓	7	
아셀	501	
레아를 보태면	36	

에브라임(331)과 므낫세(395)를 포함한 야곱의 전 가족은=4512(8^3×4000).

열 두 지파
(THE TWELVE TRIBES)

한 지파는 늘 생략된 채 18(3×6)가지의 다른 방법으로 열거되었다. 왜냐하면 12지파가 존재하였지만 완전한 통치를 위한 하나님의 계획과 그 통치로부터 인간의 배교를 나타내는 13지파도 역시 있었다.

신명기 32장에 시므온이 빠졌다.

요한계시록 7장에는 단과 에브라임이 생략되었다(삽입된 것은 요셉과 레위).

일반적으로 생략된 것은 레위지파이다.

민수기 2장에서와 같이 4천막씩 배열하면 그 값은 3736(8×467)이다.

요한계시록 7장에서와 같이 배열하면 그 값은(물론, 헬라어 철자법에 따라) 8480(8×1060)이다.

열두 정탐꾼의 귀환시 불복종과 연관하여 민수기 13 : 3－16에서처럼 배열하면 우리는 즉시 잘못을 알 수 있다. 갈렙과 여호수아(788)를 제외한 지파의 모든 대표들이 실패했기 때문이다.

전체의 문장=17654(**13**×1358).

4－16절=12038(**13**×926).

그러나 여기서 창세기로 돌아가서,

이스마엘의 열 두 아들
(ISHMAEL'S TWELVE SONS, 창25 : 12—17)

이제	40	1327	4836(**13**×12×31)
~의 후예	836		
이스마엘	451		
느바욧	462	3509	
게달	304		
앗브엘	38		
밉삼	382		
미스마	450		
두마	55		
맛사	341		
하닷	212		
데마	451		
여둘	225		
나비스	440		
게드마	149		

에돔의 열 한 족장
(THE ELEVEN DUKES OF EDOM)

창36 : 40—43의 gematria는 9880이다.

40절=5453	9880(**13**×760)
41절= 670	
42절=1340	
43절=2417[1)]	

단어 אלוף (알루프), "족장"은 117(**13**×9)로 계산된다.
그리고 <u>열한번</u> 반복되었으며 여전히 13의 배수 즉 1287(**13**×99)이다.

1) "에서더라"까지.

아브라함—그두라 군
(THE ABRAHAM—KETURAH GROUP, 창 25 : 1 ; 2)

이름	수	합계
아브라함	248 (8×31)	2249 (**13**×173)
그두라	320 (8×40)	
시므란	297	
욕산	460	
므단	94	
미디안	104	
이스박	412	
수아	314	

창 25 : 3의 후손들
(THEIR DESCENDANTS IN GEN, 25 : 3)

이름	수	합계
스바	303	481 (**13**×37)
드단	58	
드단의 자손	120	
앗수르	547	1053 (**13**×81)
르두시	385	
르움미	121	

미디안의 아들
(THE SONS OF MIDIAN, 창 25 : 4)

이름	수	합계
미디안의 아들들	166	936 (**13**×72).
에바	165	
에벨	350	
하녹	58	
아비다	87	
엘다아	110	

목록을 종결하는 어구, "그두라의 자손이었더라"는 그 수치가 468(**13**×36)이 되어 전군(全群)은 5213 혹은 **13**×401을 만든다.

전 문장은 역시 **13**의 배수이다.

롯의 근친상간의 아이들
(The Incestuous Children of Lot, 창 19)

암몬(Ammon) … 166 }
암미(Ammi) … 120 } 286(**13**×22)

벤암미(암미족속)=182(**13**×14).

전 문장(창 19 : 31−38)은 13의 배수이다.

창세기 19장
(GENESIS 19)

"날이 저물때에 그 두 천사가 소돔에 이르니", 640(**8**×80).

"마침 롯이 소돔 성문에 앉았다가"[1]=1313.

1절, 전문장은 적그리스도(42)와 심판(9)을 상징하는, 4299.

1−25절=90441(**13**×9×773).

26−29절, 전복의 결과를 묘사=14274(**13**×9×122).

1−29절, 전체의 수=104715(**13**×9×895).

7절에 있는 롯의 말=777.

25절. 전복하시는 주님의 역사=2888.

벧후에서의 수=6999.

수 13 뿐만 아니라 다음 장에서 배울 심판의 수인 9까지도 여기에 있다는 것을 보게 될 것이다.

여리고의 멸망
(THE DESTRUCTION OF JERICHO)

---

1) 더우기 벧후 2 : 7에 표현된 "의로운 롯"은 1326(13×102)이다.

여리고의 멸망은 13을 깊이 나타내고 있다. gematria를 사용하지 않더라도 그 성읍을 6일 동안은 하루에 한번씩 그리고 일곱째날은 일곱번을 돌았으므로 합하면 13번(6+7)이 된다. 여리고, ירחו 는 234, 즉 **13**×2×9(심판의 수 아홉 이하를 보라).

열 두 사사
(THE TWELVE JUDGES)

배교와 배반의 시기에 구원자로써 세우신 사사들은 두 인수 8과 13을 보여준다.

이름	수	합계
옷니엘	561	
에훗	16	
삼갈	543	
바락	302	
기드온	133	
돌라	506	3848(8×**13**×37)
야일	221	
입다	498	
입산	143	
엘론	97	
압돈	132	
삼손	696	

아비멜렉은 그의 이름대로 강탈자가 되었다(삿 9장).

이름	수	합계
벤	52(**13**×4)	364(**13**×28)
여룹바알	312(**13**×24)	

사사시대는 사무엘 377(**13**×29)에서 끝이 나고, 우리 앞에 다가오는 마지막 세 이름,

엘리, 홉니와 비느하스를 합하여 462(42×11[1)])로 계산된다.

1) 각각의 의미를 두수 이하에서 보라.

사울 군의 이름들
(THE SAUL GROUP OF NAMES, 삼상 14 : 49—51)

사울	337	3900(**13**×300)
기스	760	
사울의 아들	399	
요나단	516	
리스위	326	
말기수아	476	
아히노암	179	
메랍	242	
미갈	100	
넬의 아들 아브넬	565	

유다와 이스라엘의 왕통
(THE JUDAH AND ISRAEL LINES OF KINGS)

유다와 이스라엘의 왕통은 현저한 방법으로 이 수들을 깊이 나타내고 있다.

특히 이스라엘에 관하여 나타내는 두 시기가 있다.

65라는 수는 이사야 7 : 8에 분리된 열 지파가 남아 있음과 관계가 있는데 "육십 오년내에 에브라임이 패하여 다시는 나라를 이루지 못하리라." 그 때부터 즉 여로보암 2세의 마지막 해부터 이스라엘의 멸망까지는 나라에서 진행된 분열을 특징짓는 정확히 65년 혹은 **13**의 **5**배이다.

이보다 더욱 중요한 수 390은 르호보암에 대해 반역했던 날부터 포로로 잡혀가는 날까지 전체의 존속기간으로써 이스라엘에 나타내고 있다. 이것은 에스겔에게 주어진 명령, 에스겔 4 : 4,5에서 알 수 있다. "너는 또 좌편으로 누워 이스라엘 족속의 죄악을 당하되 네 눕는 날 수대로 그 죄악을 담당

할지니라. 내가 그들의 범죄한 햇수대로 네게 날수를 정하였나니 곧 삼백구십 일이니라. 너는 이렇게 이스라엘 족속의 죄악을 담당하고"라 했다.

390은 30의 13배[1]이며 이스라엘의 배반의 존속기간은 그 위에 충분히 그리고 적당히 혼합되어 있다.

한편 유다를 돌아보면 그것에 충만한 8이라는 수를 볼 수 있다. 다음 절에 동일한 선지자는 40일동안 우편으로 누워 유다족속의 죄악을 담당하라고 명령하였다—각 날은 일년에 해당한다. 이 배교의 존속기간과 종말을 예언한 에스겔의 이름이 156(**13**×12)이라는 것에 주목해야 한다. 한편 에스겔 4:1—6의 예언수는 36673($\mathbf{13}^2$×7×31)에 이르며 전체 구절 4:1—8은 42069 (**13**×3313)이다.

예언의 성취 또한 주목해야 한다. 390년은 배교의 햇수를 상징하는 것 뿐만 아니라 예루살렘이 포위되었던 390날 즉 13개월(30×**13**)을 상징한다. 시드기야 9년 10월 제10일에 시작된 포위는 시드기야 11년 4월 제9일까지였다. 이것은 18개월이 된다. 하지만 느브갓네살의 군대가 그를 만나기 위해 나온 애굽왕 바로를 두려워하여 철수했던 기간 즉 포위를 풀었던 기간은 약 5개월이었다(렘 37장을 보라).

따라서 우리는 역사에 나타난 두 수를 알 수 있다. 유다에는 8, 그리고 이스라엘에는 13이다.

유다 왕의 계보
(THE LIST OF JUDAH'S KINGS)[2]

르호보암 …………	320
아비야 ……………	53
아사[3] ……………	62
여호사밧 …………	410

1) 주석가들 대부분이 390=**13**×30 대신에 10×39인 점을 간과하고 있다.
2) 철자는 때때로 변하므로 이름은 처음 나온 곳의 이름에 따랐다.
3) 그의 재위 39(3×13)년에 그는 여호와를 버렸다(대하 16:12).

왕	수	합계	총계
여호람	261	2424(8×303)	4400(8×550)
아하시야	37		
아달랴	515		
요아스	322		
아마샤	152[1]		
아사랴(웃시야)[2]	292		
요담	456	608(8×76)[3]	
아하스	16		
히스기야	136		
므낫세	395	824(8×103)	
아몬	97		
요시야	332		
여호아하스	37	544(8×68)	
여호아김	181		
여호아긴	111		
시드기야	215		

이스라엘의 왕들
(THE ISRAELITE KINGS)

왕	수
여로보암 1세	322
나답	56
바아사	373
(혹은 429(13×33))[4]…	

1) 아마샤=철자에 의하면 146 혹은 152이다. 만일 146이라면 합계는 4394가 될 것이다. 그러나 사울 337, 다윗 14와 솔로몬 375를 합하면 5120($8^3\times10$)이 된다.

2) 그가 하나님을 저버리고 통치한 기간은 52(4×13)년이다(대하 26 : 3,21).

3) 이 셋은 대하에 하나님의 전에 관한 그들의 행위는 기이하게 연관되어 있다 : —요담(27 : 1,2) "여호와의 전에는 들어가지 아니하였고" ; 아하스(28 : 1,24) "전문들을 닫고" ; 히스기야(29 : 1,3) "여호와의 전 문들을 열고".

4) 또 하나의 수들은 다른 철자에 의한 것이다. 하지만 위에서 보여지는 것처럼 결과는 같다.

엘라	36	3900(**13**×300)
시므리	257	
오므리	320	
아합	12	
아하시야	37	
여호람 (혹은 923(**13**×71))	261	
예후	22	
여호아하스	37	
요하스	317	
여로보암 2세 (혹은 676($\mathbf{13}^2$×4))	322	
스가랴	242	
살룬	376	
므나헴	138	
브가히야	203	
베가	188	
호세아 (혹은 910(**13**×70))	381	

바벨론에서 귀환한 지도자들 (THE LEADERS WHO RETURNED FROM BABYLON, 스2:2)

스룹바벨	241
예수아	386
느헤미야	113
스라야	515
르엘라야	315

모르드개	274	3008($8^2 \times 47$)
빌산	382	
미스발[1]	380	
비그왜	21	
르훔	254	
바아나	127	

다른 것과 연관되어 언급된 우두머리들은–

세스바살, 유다의 목백(牧伯)	892	1624(8×203)
에스라 서기관	619	
느헤미야	113	

결과는 직접적인 대조에 의해서 가장 잘 나타나기 때문에 이 현상들을 제시하는 것에서 엄밀한 순서를 검토하는 것은 어려운 일이다. 예를 들어 주님의 반대편에 위치한 적들의 이름을 뽑아낸다면 그 법칙은 더욱 명확해질 것이다.

에스라의 대적들
(THE ADVERSARIES OF EZRA, 4 : 7–9)

비슬람	372	3913(**13**$\times 301$)
미드르닷	1044	
다브엘	42	
"그 동료들"	989	
방백 르훔	475	
서기관 심새	991	

그 동료들(스 4 : 9)은

디나 사람	75
아바삿 사람	772

1) 히브리 원문에는 מספר, 미스발이 바아나 뒤에 반복되었다. 이것을 포함해서 계산하면 합계는 3008 대신에 3388이 될 것이다. 8의 배수는 아니지만 매우 중요하다.

다블래 사람	330	2665(13×205)
아바새 사람	352	
아렉 사람	237	
바벨론 사람	45	
수산 사람	687	
데해 사람	16	
엘람 사람	151	

그들 모두를 합하여 6578(13×506)이 된다.

이방 여인을 취한 자(스 10 : 17-44)는 수적으로 113이다. 그들 이름의 gematria는 38194(13^2×226)이다.

느헤미야의 대적들 (THE ADVERSARIES OF NEHEMIAH)

느헤미야의 대적들은 2 : 19; 4 : 7, 그리고 13 : 4에 언급되었으며 명명되었다.

호론사람 산발랏	424	2717(13×209)
종이 되었던 암몬사람 도비야	294	
아라비아사람 게셈	636	
아라비아사람들	333	
암몬사람들	221	
아스돗사람들	376	
제사장 엘리아십	433	

이와 함께 우리는 153면에서 보았듯이 그들을 대적하는 여섯겹의 본성을 볼 수 있다.

다니엘과 그의 친구들 (DANIEL AND His Companions, 단 1 : 6)

다니엘	95

하나냐 ……………… 120
미사엘 ……………… 381 } 888
아사랴 ……………… 292

그러나 느브갓네살이 지어준 그들의 갈대아 이름은 모두 아무런 의미없는 수가 된다.

하나님과 그의 백성들의 원수들
(THE ENEMIES OF GOD AND HIS PEOPLE)

성경에 명명되었듯이 그들은 일반적으로 13의 배수이다.

가장 큰 원수부터 시작해보자. 명백히 하기 위해서 우리가 늘 기여하고 있는 한글로 주어졌지만 gematria는 언제나 원래의 히브리어 혹은 헬라어에 관한 것이다:

사탄, 히브리어로=364(**13**×28)
사탄, 헬라어로=2197(13^2),
"옛 뱀, 사탄")(*ὄφις ὁ αρχαῖος … καὶ ὁ Σατανᾶς*)=2756(**13**×212)
"하세랍"[1](민 21:8)=585(**13**×45)
바알세불(관사 포함)=598(**13**×46)
벨리알=78(**13**×6)
Δράκων(드라콘), 용(계 12:9)=975(**13**×75)
Ὄφις(오피스), 뱀=780(**13**×60)
살인한 자=1820(**13**×140)
시험하는 자=1053(**13**×81)
The Scape-goat[2]=585(**13**×45)
사자(시 91:**13**)=338(**13**×16)
"사자같이"(벧전 5:8)=1885(**13**×145)

---

1) 역자주 ① 불뱀
② 속죄할 염소.

"원수의 모든 능력"(눅 10 : 9)=2509(**13**×193)

"너희 대적 마귀가 우는 사자같이"=6032(**13**×464)

새 사냥꾼(시 91 : 3)=416(**13**×32)

"마귀라고도 하고 사단이라고도 하는 자"(*ὁ καλούμενος διάβολος καὶ ὁ Σατανας*)=2197($\mathbf{13}^2$)

"일곱 마귀"=572(**13**×44)

"이 세상 임금이 심판을 받았음이라"(요 16 : 11)=5577($\mathbf{13}^2$×33)

"거짓을 말할 때마다 제 것으로 말하나니 이는 저가 거짓말장이요"(요 8 : 44)=7072(**13**×544).

창세기 3장(*Genesis* 3)

창세기 3장은 사탄이 처음 언급되고 밝혀진 곳이다. 그 시작하는 말들은,

"여호와 하나님의 지으신 들짐승 중에 뱀이 가장 간교하더라"=1521($\mathbf{13}^2$×9)

유혹의 역사, 1-7절=24011(**13**×1847)

두번째 부분(8-11절)=49478($\mathbf{13}^2$×1903)

세번째 부분(22-24절), 에덴으로부터의 추방=10894(**13**×838)

3장 전장=84383(**13**×6491)

이브의 고백(**13**절)=3692(**13**×284)

8절, 하나님의 행위를 묘사한 곳은 반대로 4064(**8**×508)

21절, 하나님의 은혜로 예비된 옷을 기록=2856(7×**8**×51)

15절, 최초의 예언적 언약을 의미하는 것을 발견할 수 있는 것은 4266(3^3×158)이다. 여기에서 적그리스도의 수 42와 66 그리고 심판의 수 9를 갖는다.

16절, 약속된 씨를 포함하며 15절에 추가하면=8512(8000+8^3).

이사야 27 : 1(*Isaiah* 27 : 1)

"날랜 뱀, 리워야단"=1170(**13**×90)

"꼬불꼬불한 뱀"=1014(**13**^{2}×6)

"바다에 있는 용"=1469(**13**×**113**)

이사야 14 : 29(*Isaiah* 14 : 29)

"블레셋 온 땅이여 너를 치던 막대기가 부러졌다고 기뻐하지 말라 뱀의 뿌리에서는 독사 가 나겠고 그 열매는 나는 불뱀이 되리라"=5369(**13**×**413**).

시편 75 : 15 (*Psalm* 75 : 15)

"리워야단의 머리를 파쇄하시고 그것을 사막에 거하는 식물로 주셨으며"=3510(**13**×270) (혹은 **13**×6×45, 혹은 **13**×3^3×10).

요한계시록 9 : 11(Revelation 9 : 11)

모든 절수=12090(**13**×930)

황충(The locusts)=351(**13**×3^3)

"저희에게 임금이 있으니 무저갱의 사자라"=3978(**13**×306).

에베소서 2 : 2(*Eephesians* 2 : 2)

"이 세상 풍속을 좇고 공중의 권세 잡은 자를 따랐으니"=9178[1](**13**×76)

"공중 권세"=2600(**13**×200).

눅 10 : 10(*Luke* 10 : 18)

"하늘로서 번개"=2626(**13**×202)

"예수께서 이르시되 사단이 하늘로서 번개같이 떨어지는 것을 내가 보았노라"=6903(**13**×531).

---

1) 9100은 **13**×700이고 78은 **13**×6이다.

에베소서 6 : 12 (*Ephesians* 6 : 12)

"정사와 권세와 이 어두움의 세상 주관자들과 하늘에 있는 악의 영들에게 대함이라"=16211 (**13**×1247).

마태복음 16 : 23 (*Matthew* 16 : 23)

"나를 넘어지게 하는 자" (*σκανδαλόν μου*)=936 (**13**×72).

인간의 대적들
(THE HUMAN ADVERSARIES)

인간의 대적들은 동일하게 기이한 현상을 제시한다.

앗수르=169 ($\mathbf{13}^2$)[1]

"죄인"=**13062** ($\mathbf{13}^3$×6)

"하나님으로 자기 힘을 삼지 아니하는 자"=2197 ($\mathbf{13}^3$).[2]

에스더서
(THE BOOK OF ESTHER)

에스더서는 운용면에서 동일한 법칙을 밝히고 있다. 별점(푸르, פּוּר, 사 47 : 13을 보라)을 친 후에 "유대인의 대적"[3] 하만은 계획을 수행할 가장 적절한 시기를 찾았다.

에스더 3 : 7은 12개월동안 별점을 고려했음을 말해준다. "그달 첫날에 … 날과 달에 대하여 … 십 이월을 얻은지라." 그 후(12절) 정월 십 삼일에(즉 그들이 시작한 때부터 열 세번째 달) 적절한 날을 찾았다. 그리고 나서(3 : 13) 조서가 준비되었으며 "십이월 곧 아달월 십 삼일 하루 동안에"(두번째 해의 마지막에) 유대인들 모두가 죽음에 처할 운명이었다. 그 날에 구원은

---

1) 니므롯은 294 혹은 7×42로써 적그리스도와 연관된 수를 보여준다.
2) 시 52편 전체는 19572 (42×466)이다.
3) 하만을 제외한 어느 누구에게도 적용되지 않은 용어이다. 스3 : 10 ; 7 : 6 ; 8 : 1 ; 9 : 10, 14를 보라.

이르렀다(8 : 12 등). 따라서 우리는 하나님의 백성과 그들에게 달린 것은 물론 약속된 자손마저도 멸하려는 거대한 적의 막대한 노력과 연관된 세 개의 십 삼을 알 수 있다. 이것이 하나님의 백성에 대한 거대한 원수의 계획속에 있는 궁극적인 목표이다.

반면에 주의 백성들에서 주님의 수 여덟의 배수를 볼 수 있다.

모르드개(2 : 5) ……	274	1912(8×239)
야일의 아들 ………	273	
시므이의 손자 ……	472	
기스의 증손 ………	462	
베냐민 자손 ………	431	

אתהדסה היא אסתר(에드 하닷사 히 에스데르), (2 : 7)

에드 하닷사 ……	475	1152(8×12^2)
즉 에스더 ………	677	

부림(9 : 26), 336(8×42)

한편,

빅단(2 : 21) ………… 455(**13**×35)

아각사람 하만 ………… 117(**13**×9)

데레스(그의 아내) …… 507($\mathbf{13^3}\times3$)

하만의 아들들은 진기한 현상을 나타낸다. 모든 히브리 사본에는 이 이름들이 다음과 같이 주어졌다(9 : 7–9).

그리고(베에드)	바산다다
그리고(베에드)	달본
그리고(베에드)	아스바다
그리고(베에드)	보라다
그리고(베에드)	아달리야
그리고(베에드)	아리다다
그리고(베에드)	바라스다
그리고(베에드)	아리새
그리고(베에드)	아리대
그리고(베에드)	왜사다

이 기이한 형태는 모든 사본들 뿐만 아니라 히브리 원전의 모든 인쇄판에서 나타나고 있다. 어떤 기자나 편집인도 제시된 이 형태를 바꾸려고 하지 않았다.

그들의 이름들을 언제나 이와같이 나타내는 이유에 대해서 여러 추측들이 고대의 유대 해석자와 현대의 주석가들에 의해 해석되어져 오고 있다. 하지만 아무도 이름들을(물론 하나의 수로써 각 글자에 관하여) 부가한 합계로 간주하려고 하지 않는다. 이와같이 간주하면 이름들의 합은 10244 혹은 **13**×788에 이른다.

전 가족은 10868 혹은 **13**×836이다.

그리스도의 대적들
(THE ADVERSARIES OF CHRIST)

"서기관들"=780(**13**×60).

"외식하는 서기관들과 바리새인들"=2704($\mathbf{13}^2$×16).

"화일을 진저"=481(**13**×37).

"바리새인과 사두개인들의 누룩"=3718($\mathbf{13}^2$×22).

"악하고 음란한 세대"=1365(**13**×105).

<u>바라바에 관한 성구들</u>(*The Scriptures concerning Barabbas*)

마 27 : 20-"대제사장들과 장로들이 무리를 권하여 바라바를 달라 하게 하고 예수를 멸하자 하게 하였더니"=10127(**13**×779).

장로들=1352(**13**×104).

무리=2340(**13**×180).

마 27 : 16-"그 때에 바라바라 하는 유명한 죄수가 있는데"=2743(**13**×211).

막 15 : 6-"명절을 당하면 백성의 구하는대로 죄수 하나를 놓아 주는 전례가 있더니"=910(**13**×70).

눅 23 : 18-"무리가 일제히 소리질러 가로되 이 사람을 없이 하고 바라바를 우리에게 놓아 주소서 하니"=9347(**13**×719).

요18:40-"저희가 또 소리질러 가로되 이 사람이 아니라 바라바라 하니 바라바는 강도러라." 이 구절 중에-

"저희가 또 소리질러" =2600(**13**×200)

"이 사람이 아니라 =**1300**(**13**×100)

바라바라 하니 바라바는 강도러라."

=1833(**13**×141)

5733(**13**×441)

<u>가룟유다에 관한 성구들</u>(*The Scriptures concerning Judas Iscariot*)

눅22:3, "열 둘 중에 하나인 가룟인이라 부르는 유다에게 사단이 들어가니"=8359(**13**×643).

47절, "열 둘 중에 하나인 유다라 하는 자가"=3458(**13**×267).

요12:4, "제자중 하나로서 예수를 잡아 줄 가룟 유다가"=4511(**13**×347).

요13:26, "예수께서 대답하시되 내가 한 조각을 찍어다가 주는 자가 그니라 하시고 곧 한 조각을 찍으셔다가 가룟 시몬의 아들 유다를 주시니"=19435(**13**×1495).

마지막 절("찍으셔다가" 등)=7371(**13**×567).

마26:48, "예수를 파는 자가 그들에게 군호를 짜 가로되 내가 입맞추는 자가 그이니 그를 잡으라 하였는지라"=9867(**13**×759).

행1:16, 막14:44,45과 상응하는 모든 문장들도 마찬가지다.

<u>행4:25-27</u>

25절, "어찌하여 열방이 분노하며"=1560(**13**×120).

26절, "세상의 군왕들이 나서며 관원들이 함께 모여 주와 그 그리스도를 대적하도다"=12467(**13**×959).

27절, "헤롯과 본디오 빌라도는 이방인과"=3926(**13**×302).

다른 대적들
(OTHER ADVERSARIES)

마술사 시몬(관사 포함)=1170(**13**×90).
엘리마=676($\mathbf{13^2}$×4).
"유대의 한 제사장 스게와의 일곱 아들도 이 일을 행하더니"(행 19:14)=4953(**13**×381).

<u>사도바울이 부른 대적들</u>(*The Adversaries named by st. Paul*)
허모게네(딤후 1:15)=481(**13**×37).
빌레도(딤후 2:17)=1118(**13**×86).

<u>모든 그룹</u>(*The Whole Group*)

후메내오와 알렉산더(딤전 1:20)
부겔로와 허모게네(딤후 1:15)
후메네오와 빌레도(딤후 2:17)
데마(딤후 4:10)
} 5226(**13**×402)

<u>요한의 서신들과 계시록</u>(*John in his Epistles and the Apocalypse*)
계 2:20, "여자 이세벨"=1573(**13**×121).
계 3:1, 사데=520(**13**×40).
요일 2:18-22, "적그리스도"=1651(**13**×127).
적그리스도=1911(**13**×147).
"마지막 때"=2015(**13**×155).
"이것이 곧 적그리스도의 영이니라"=4836(**13**×372).
요일 4:3, "예수를 시인하지 아니하는 영마다 하나님께 속한 것이 아니니 이것이 곧 적그리스도의 영이니라"=17329(**13**×1333).
요일 2:22, "아버지를 부인하는"=1963(13×151).
"예수께서 그리스도이심을 부인하는 자"=4992(**13**×384).

요이 7, "미혹하는 자"=611(**13**×47).

"이것이 미혹하는 자요"=2106(**13**×162).

"적그리스도"=1911(**13**×47).

πλάνη(프라네), 미혹하는 자(즉, 잘못 혹은 기만)=169(**13**^{2}).

계시록(*The Apocalypse*)

13:1, "바다의 모래"=1716(**13**×132).

"바다"=1157(**13**×89).

"바다에서 한 짐승이 나오는데"=1644(**13**×128).

θήρ(데르), 야생동물=117(**13**×9).

11절, 절전부=6318(**13**×486).

θηρίον(데리온), 짐승=247(**13**×19).

ἄλλο θηρίον(할로 데리온), 다른 짐승=378(9×42).

"두 뿔이 있고"=1521(**13**^{2}×9)

"새끼양같이 두 뿔이 있고"=2704(**13**^{2}×16).

15절, "짐승의 우상"=1482(**13**×114).

18절, "짐승의 표"=2483(**13**×191).

"짐승의 수"(관사 포함하여 목적격)=2067(**13**×159)[1].

17:1, "큰 음녀"=403(**13**×31).

5절, "가증한 것들의 어미"=2756(**13**×212).

"비밀이라, 큰 바벨론이라, 땅의 음녀들과 가증한 것들의 어미라"=8138(**13**×626).

19:20, "짐승이 잡히고 … 거짓 선지자도 잡혔으니"=8489(**13**×653)

"음녀, 짐승 그리고 거짓 선지자"=3510(**13**×270). 거짓 삼위일체는 3×3×3×10×**13**으로 나타낸다.

절전부=25441(**13**×1957).

1) 관사없이 주격으로 쓰일때=1027(**13**×79).

22 : 15, "개들과 술객들과 행음자들과 살인자들과 우상 숭배자들과 및 거짓말을 좋아하며 지어내는 자마다"=8710(**13**×670).

8 : 10, "큰 별"=858(**13**×66).

8 : 11, "쑥"=1040(**13**×80).

20 : 8, "곡"=806(**13**×62)(헬라어).

"마곡"=52(**13**×4).

곡에 대한 에스겔의 예언(*Ezekiel's Prophecy of Gog*)

38 : 2, "메섹의 왕"(곡의 명칭)=1222(**13**×94).

39 : 11, "하몬 곡"(곡의 무덤)=**113**.

"그의 모든 무리"=156(**13**×12).

그에 관한 에스겔의 전체 예언(겔 38 : 2과 39 : 29)=204256(**13**×15512).

마지막 부분 39 : 16—29=55887(**13**×4299).

유다서(*Jude*)

3—9절=230464(**13**×17728).

14과 15절=30940(**13**×1380).

15절, "심판"(Κρίσιν, 명사)=390(**13**×30).

"발람의 실수"[1]=1014($\mathbf{13}^2$×6).

"고라"[2]=195(**13**×15).

데살로니가후서 2 : 3

"배도"=871(**13**×46).

"불법의 사람"=1963(**13**×151).

---

1) 수 13 : 22, "이스라엘 자손이 그들을 도주하는 중에 칼날로 죽인"=1183($\mathbf{13}^2$×7). 발람과 비교하라.

2) 민 16 : 1—4=12909(13×993).

"멸망의 아들"=1807(**13**×139).

4절과 함께 "멸망의 아들"=13182($\mathbf{13}^3$×6).

따라서 우리가 이 두수의 어느 것을 되풀이 해볼지라도 그 역사에 점철되어 있는 동일한 법칙을 알 수 있다. 몇 가지 예로 충분할 것이다.

창세기 10장에는 나라의 흩어짐과 지상에 그들의 구역을 갖는 장면이 있다. 그것은 벨렉의 시대에 일어났으며 그의 이름의 gematria는 일백과 십삼이다. 그것을 기록하고 있는 성경(창 10 : 25-29)은 10647(**13**×63)이다.

셀라(벨렉의 조부)는 338($\mathbf{13}^2$×2)이었다.

웃시야가 배도하였을 때는(대하 26장) 그가 52(4×**13**)년 동안을 다스린 후였다.

여로보암 2세는 40년간은 번성하였고 12년간은 배도하였다=52(4×**13**).

요아스가 39(3×**13**)년을 통치한 후 배도하였다(대하 23, 24장).

요시아 **13**년에 예레미야는 유다의 배도에 대해 예언을 시작했다.

가인은 아무 연대기도 갖고 있지 않으며 사울도 인수 13을 갖는 다윗의 즉위 첫해이자 그의 말년을 제외하고는 아무 연대기도 갖고 있지 않다.

솔로몬이 그의 자신의 집을 짓는 데는 **13**년이 걸렸다. 따라서 그것은 배도로 가득차게 되었다(하지만 여호와의 전을 지은 것은 7년이었다).

<u>고라의 반역으로 인해 죽은 자들의 수</u>
(*The Number of those who died in Korah's Rebellion*)

고라의 반역으로 인해 죽은 자들의 수는 250+14700=14950(**13**×1150)이었다. 민 16 : 35,49를 보라.

<u>힌놈의 골짜기</u>(*The Valley of Hinnom*)

힌놈의 골짜기(혹은 힌놈의 아들 혹은 자녀의 골짜기)는 **13**번 나온다. 그곳은 솔로몬에 이 들여온 몰록의 잔인한 우상숭배 의식을 행하던 장소였다(왕상 11 : 7). 골짜기에 불속으로 아들을 던지는 것은 풀무불에 던져질 죄인들의 미래의 형벌에 대한 적절한 상징이 되었으며 히브리어 גֵּיא הִנֹּם (게힌놈), 힌놈의 골짜기로부터 γεέννα(겐나)라는 단어가 파생되었다. 계곡의 전역사를 포함하고 있는 **13**번의 나타남은 연관된 연구를 할 가치가 있다(수15 : 8,18 ; 18 : 16(두번) ; 왕하23 : 10 ; 대하28 : 3 ; 33 : 6 ; 느11 : 30 ; 렘7 : 31,32 ; 19 : 2, 6 ; 32 : 35).

그러므로 두 수 **8**과 **13**은 하나님의 계시 전체에 계속해서 가로지르고 다시 가로지르고 하여 고루 펴진 두 가닥의 실—금빛과 진홍빛—과도 같다.

그러나 이 부분에 대한 우리 주제의 매우 중요한 한 분야는 아직도 남아 있다. 즉 : —

수 13이 가지는 대속과 구속과 연관
(THE CONNECTION OF THE NUMBER THIRTEEN WITH SUBSTITUTION AND ATONEMENT)

구세주는 죄가 없을지라도 그의 백성을 위해 "죄가 되었고" 혹은 속죄제물이 되었다. 그는 "우리의 죄악을 위해 상하셨다." 실제로 그는 **"범죄자 중 하나로 헤아림을 입었다"**(사53 : 12).

그러므로 이 수는 죄로 충만한 인수일 뿐만 아니라 죄의 구속의 인수이기도 하다. 하나님에 대한 반역으로써 죄인이라는 낙인을 찍는 수이기도 하지만 죄인의 대속으로 태어난 수이기도 하다.

구속의 사역이 시작되거나 성취되기 전에 구약에서는 그의 이름들이 모두 **13**의 배수들이었듯이 구속의 사역이 수행된 이후에 신약에서는 그의 이름들이 모두 **8**의 배수들이 되었다.

구약의 이름들은,

여호와=26(**13**×2).

아도나이=65(**13**×5).

하 엘로힘=91(**13**×7).

메시야, 시편2에 주어진 것처럼 "기름부음 받은 자"의 형태로 10번 나온다=364(**13**×18)—바로 사탄 자신의 수(하사탄).

그러나 여기에서 화육, 은혜와 영적 완전을 나타내는 것으로써 이미 언급했기 때문에 자세히 설명할 필요가 없는 다른 인수들, 즉 2,5와 7의 놀라운 조합과 의미에 주목하라.

참으로 "나무에 달린 자마다 저주아래 있나니"라고 기록되었다. 그 단어 *ἀνάθεμα*(아나데마), 저주에 대한 수치는 546(**13**×42)이고 6번 나온다.

창 4 : 4(*Genesis* 4 : 4)

하나님의 어린양, 죄인들의 대속물의 첫 모형을 기록한 창 4 : 4는 수 **13**을 보여준다.

"아벨은 자기도 양의 첫 새끼와 그 기름으로 드렸더니 여호와께서 아벨과 그 제물은 열납하셨으나"=2093(**13**×160).

7절, 이 제물에 대한 한발 더 나아간 언급이 있는=5421(**13**×3×139).

아벨은 고통을 받고, 가인은 죄를 지었으며, 셋은 아벨을 대신하여 주어졌다. 따라서 세 이름은,

아벨 ……	37	897(**13**×69)
가인 ……	160	
셋 ………	700	

그들 전체의 역사(창 4 : 1－25)는 76882(**13**×5914)로 계산이 된다.

레위기 16장(*Leviticus* 16)

구속에 관한 위대한 장으로 가장 주목된다. 우리는 전체 장을 기재할 수 없으나 다음에 주목하라.

2－4절, 아론의 준비를 묘사=15015(**13**×5×7×33).

5－11절, 희생물의 선택, 수송아지를 제물로 드림=24739(**13**×1903).

12－14절, 향기로운 향을 태우는 것과 시은소 앞에서 피를 일곱번 뿌림=13377(**13**×3×7^3). 이것과 엡 5 : 25, 26에 있는 말씀을 비교할 수 있다. "그리스도께서 교회를 위하여 자신을 주심같이"=4459(**13**×7).

15, 16절, 구속의 성소=13637(**13**×1049).

17－34절, 대제사장 홀로 들어감, 영원히 지킬 규례로 끝남=80613($\mathbf{13}^2$×3^2×53).

20－23절, 염소를 풀어 줌=20670(**13**×5×6×53).

24－27절, 대제사장과 그의 돕는 자들의 정화=18993(**13**×3×487).

후자 두개의 합(20－27절)=39663(**13**×3^3×113).

염소(The scape－goat)=585(**13**×45).

20절, 염소의 선택=3575(**13**×5×55).

21－23절, 염소를 놓아줌=17095(**13**×1315).

24－27절, 구속의 남은 것=18993(3×**13**×487).

<u>민수기 21 : 8,9</u>(*Numbers* 21 : 8,9)

뱀(하세라프) 역시 염소와 정확히 같은 수 585인 것을 알 수 있을 것이다.

6,7절, 죄, 심판 그리고 기도에 대해서 이야기하는=7241(**13**×557).

8절, "여호와께서 모세에게 이르시되"=1664(**8**×**8**×**13**).

"장대위에 달라. 물린 자마다 그것을 보면 살리라"=1430(**13**×110).

8,9절=8886.

<u>요 3 : 14</u>(*John* 3 : 14)

민 21장에 관한 주님 자신의 언급=2366($\mathbf{13}^2$×14)

<u>이삭</u>(*Isaac*)

대속으로 그리스도의 모형이 되었던 이삭은 그의 이름의 인수로써 **8** 뿐만 아니라 **13**도 가지고 있다. 그의 이름은 208(**13**×**8**×2)이다.

창 22 : 1－19에 이삭의 역사(하나님의 면담과 언약 중 여덟번째) 역시 54808 혹은 (**13**×8×17×31)이 된다.

<u>그의 친구들을 위한 욥의 제물</u>(*The sacrifice of Job for his Friends*)
욥 42 : 8=6721(**13**×517).
<u>고라의 반역 이후의 구속</u>(*The Atonement after Korah's Rebellion*)
민 16장, "아론이 죽은 자와 산 자 사이에 섰을 때."
45−47절=8138(**13**×2×313).
45−50절=20501(**13**×19×83).

<u>이사야 53장</u>(*Isaiah* 53)

2−4절=7995(**13**×15×41).
1−5절=13286(**13**×1022).
6−8절=8749(**13**×673).

52 : 14−53 : 10=36582(**13**×42×67).
52 : 1−12 역시 36582와 같다. 따라서 시온에 기쁨의 소리가 높이 들림과 인자의 들림은 바로 동일한 수를 나타낸다.
52장과 53장=84123(**13**×9×719).

<u>이사야 7 : 7−16</u>(*Isaiah* 7 : 7−16)

7절=1391(**13**×107).
8절, "다메섹"=444.
9절=4017(**13**×309).

10절= 712	2490(2×15×197).
11절=1778	2=화육.
	15=하나님의 은혜.
	197=임마누엘.

<u>구속의 날</u>(*The day of Atonement*)

레 23 : 26,27=6526(혹은 **13**×502, 혹은 **13**×5+2×13).

레 23 : 27, 28=5187(13×133).

<u>다니엘 9 : 25-27</u>(*Daniel* 9 : 25-27)

세 절=21264(**13**×4×407), 혹은 (**13**×1628).

"성소를 훼파하는 미운 물건"=966(42×23).

"미운 물건"=546(42×**13**).

"훼파"=420(42×10).

26절, 메시야가 끊어져=988(**13**×76).

25절, "메시야"=432(2×**8**×3^3)

25절, "메시야 곧 왕"=425(5^2×17).

24절, "지극히 거룩한 자를 기름부음"=1242.

24절, "지극히 거룩한"=858(**13**×66).

전체 예언=43554(42×17×61[1]).

마 24 : 15의 헬라어와 비교하라.

"가증한 것"(Abomination)=855(9×19×5)

"멸망"(Desolation)=2158(**13**×166).

한편 어구 "멸망의 가증한 것"=2666.

인용구 전체 "선지자 다니엘이 말한 바 멸망의 가증한 것이 거룩한 곳에 선 것"=9373(**13**×711).

<u>고린도전서 15 : 3</u>(1 *Corinthians* 15 : 3)

"그리스도께서 우리 죄를 위하여 죽으시고"=5616(**13**×**8**×2×3^3).

<u>고린도후서 5 : 17-21</u>(2 *Corinthians* 5 : 17-21)

전 문장은 53365, 혹은 (**13**×4105).

---

1) 61은 열아홉번째의 주요한 수이다.

요한복음 13 : 31,32(*John* 13 : 31,32)

"지금 인자가 영광을 얻었고"=3887(**13**^{2}×23).

"하나님도 인자를 인하여 영광을 얻으셨도다"=2197(**13**^{3}).

"하나님도 자기로 인하여 저에게 영광을 주시리니"=3016(**13**×8×29).

로마서 6 : 6–8(*Romans* 6 : 6–8)

6절, "그리스도께서 경건치 않은 자를 위하여 죽으셨도다"=1794(**13** ×6×23).

8절, "우리가 죄인 되었을 때"=4290(**13**×330).

9절, "이제 우리가 그 피로 인하여 의롭다 하심을 얻었은즉"=4602(**13** ×3×118).

9절, "진노하심에서"=1040(**13**×80).

9절, "그로 말미암아 구속을 얻을 것이니"=1989(**13**×153).

고린도전서 2 : 2(1 *Corinthians* 2 : 2)

"그의 십자가에 못박히신 것"=3211(**13**^{2}×19).

갈라디아서 6 : 14(*Galatians* 6 : 14)

"그러나 내게는 우리 주 예수 그리스도의 십자가 외에 결코 자랑할 것이 없으니 그리스도로 말미암아 세상이 나를 대하여 십자가에 못 박히고 내가 또한 세상을 대하여 그러하니라"=16367(**13**×1259).

빌립보서 2장(*Philippians* 2)

8절, "죽기까지 복종하셨으니 곧 십자가에 죽으심이라"=4745(**13**×5 ×73).

8절 전체=11804(**13**×908).

7절, "자기를 비어"=1911(**13**×3×7^2).

7절, "종의 형체"=1742(**13**×**134**).

5—9절=42328(13×8×407).

골로새서 2 : 14,15(*Colossians* 2 : 14,15)

두 귀절 전체=22282(**13**×1714).
"우리를 대적하는 의문에 쓴 증서를 도말하시고"=4407(**13**×3×113).
"우리를 거스리고… 제하여 버리사 십자가에 못 박으시고 정사와 권세를 벗어버려"=13065(**13000**+5×**13**)
"밝히 드러내시고 십자가로 승리하셨느니라"=5018(**13**×386).

수 팔(8)로 한번 더 돌아가서 다음을 주목하자.

부활하신 그리스도
(THE RISEN CHRIST)

부활하신 그리스도는 512명에게 보여졌다. 그리고 512는 8의 입방수(8^3)이다.

제자들의 수
(THE NUMBER OF THE DISSIPLES)

다락방에(행 1 : 15) 모였던 제자들의 수는 120(8×15)이었다.

베드로전서 3장
(1 PETER 3)

20절. "구원얻을 193 } 사람" 1287 } =1480, 그리스도의 수
"여덟명이라." =4536
} 6016(8^2×84)

한편,
"노아의 날"=1209(**13**×31×3)
22절, "하나님 우편에 계신 자"=2224(8×278).

누가복음 1 : 35
(LUKE 1 : 35)

천사의 말=5688(8×711).

"나사렛" 수태고지의 장소=464(8×58).

하지만 "나사렛 예수"=2197(13^3)

계시록에 나타난 여덟
(EIGHT IN THE APOCALYPSE)

우리는 책 전반에 걸쳐 영적완전을 깊이 새기고 있는 수 칠(7) 뿐만 아니라 부활과 새 하늘과 새 땅으로 이끄는 역사를 담고 있는 수 팔(8)도 역시 볼 수 있다.

24 장로들(3×8).

각각 여섯 날개를 가진 네 짐승=24(3×8).

각 지파에서 일만2천, 12000=(8×15×100).

모든 지파에 대해서는 144000=$8^2 \times 15^2 \times 10$; 어린양의 뒤를 잇는 처녀의 수와 같다.

1600 스타디온(furlong), 포도짜는 기구의 척도(8×8×25) 혹은 ($8^2 \times 5^2$).

천년(8×125).

"네모반듯한" 도시의 길이 12000규빗(8×15×100).

나타난 횟수
(THE NUMBER OF OCCURRENCES)

단어 ζύμη(쥐메), "누룩"이 신약에 나온 횟수는 신약에서 열 세번이고 진실로부터 배도함을 나타내는 타락과 연관하여 매우 중요하다.

우연의 교리에 관하여 이 모든 증거를 설명하는 것은 확실히 불가능하다.

거기에는 계획이 있음이 틀림없다. 그 계획은 너무 완전하고 너무 균일하며 너무 상징적이기 때문에 하나님만이 계획하셨을 것이다. 그리고 살아 계신 하나님은 진실한 성경의 문자적 그리고 축자적 영감을 위한 반박할 수 없는 논거다.

구(NINE)

구(9)는 여러면에서 가장 두드러진 수이다. 비학(祕學—occult science)을 연구하는 모든 이들은 매우 존경하는 태도를 보였으며, 수학적으로는 다른 수에서 발견할 수 없는 특성과 급수를 가지고 있다.[1]

아홉은 아라비아 숫자의 마지막 수이다. 따라서 종말을 나타내고 어떠한 일의 결론을 의미한다.

아홉은 그 요소의 합이 여섯이 되므로(3×3=9와 3+3=6), 육(6)에 가깝다. 따라서 **인간의 종말**과 인간작업의 총합을 의미한다. 그러므로 아홉은 최후 혹은 심판의 수이다.

최후 혹은 심판의 수 (THE NUMBER OF FINALITY OR JUDGMENT)

심판은 "인자"이신 예수에게 위임된 것이다(요 5 : 27 ; 행 17 : 31). 그것은 인간—인간과 그의 모든 작업의 심판—에 관한 만물의 온전함—종말과 결과를 나타낸다.

아홉은 666의 인수이고 9×74이다.

심판을 의미하는 단어 "단"의 gematria는 54(9×6)이다.

"*τῆ ὀργῃ μου*"(테 오르게 무), 나의 진노=999(히 3 : 11)

우리 주님의 경건한 말씀 *ἀμήν*(아멘), 아멘 혹은 "진실로"는 99가 되며 그의 말씀의 요약과 끝맺음을 나타낸다.

히브리 알파벳 22글자의 합은 4995(5×999)이다. 그러므로 은혜와 최후의 수를 깊이 나타내고 있다.

---

1) (1) 다른 수 들 중에서 배수를 만드는 자리수들의 합은 그 자체가 언제나 9의 배수가 된다 ; 예를 들면, 2×9=18(그리고 1+8=9) ; 3×9=27(그리고 2+7=9) ; 4×9=36(그리고 3+6=9) ; 5×9=45(그리고 4+5=9) 등등. 그리고 큰 수에서도 마찬가지다. 52843×9=475587(그리고 4+7+5+5+8+7=36 그리고 3+6=9)
(2) 아홉개의 그 배수들의 합은 405 혹은 45의 9배이다.

헬라어 알파벳의 합은 3999이다.

첫 싸움
(THE FIRST CONTEST, 창 14장)

첫 싸움은 네 왕과 다섯 왕들간의 전쟁이었다(=9).[1)]

소돔
(SODOM)

소돔의 심판을 기록한 창 19장은 구(9)의 배수로 나타난다. 4−29절의 합은 89550(9×9950, 혹은 9×50×199)이 된다. 이것을 다음과 같이 구분하면 동일한 법칙을 알 수 있다.

4−18절. 소돔에서의 소동부터 소알을 위한 롯의 변명은 50733(9×3×1879).

19−25절. 롯의 변명부터 소돔의 전복까지 24543(9×9×303).

26−29절. "롯의 아내"로부터 역사의 종말까지 14274(9×2×13×61).[2)]

우리는 베드로후서에서 주어진 기사에서와 같이 동일한 현상을 볼 수 있다. 또한 예루살렘에 선고된 심판에서도 알 수 있다.

---

1) 배반과 전쟁을 기술한 3절과 4절의 Gematria는 5655(13×435)이다. 네 왕들의 나아옴을 기술한 4절과 5절은 5590(13×430)이다. 따라서 배반절은 전쟁과 그 원인을 함께 묶고 있다. 또한 전투를 기술한 9절은 4732(13^2×28)이다.

아브람의 신속한 보복 13−16절=10738(13×7×118).

멜기세덱 앞에선 아브람의 입장=19019(13×7×11×19).

따라서 아브람에게는 13 뿐만 아니라 그 자신과 그 임무의 영적특성을 나타내는 7도 발견할 수 있다.

2) 이 부분 가운데 롯의 구원에 관한 말씀−"그리고 속히"(22절)부터 "치밀음을 보았더라"까지(29절)−이 주님의 수, 8의 배수가 된다는 것은 흥미롭다; 그 값은 25304(8×3163). 한편 25−28절은 각각 구별되어 8의 배수가 되며 총합은 11312(8×1414)이다. 전 장의 합계는 13의 배수이다.

예루살렘의 포위
(THE SIEGES OF JERUSALEM)

예루살렘의 포위는 수적으로 27 혹은 구(9)의 세배이며 하나님의 온전하심(3)과 심판(9)의 수를 나타낸다. 이 27 가운데 다른 수들의 의미가 내포되고 설명되었으므로 예루살렘의 포위에 관한 완전한 목록을 다음과 같이 작성할 수 있다.

1. 여부스 족속을 대적한 유다 자손에 의해(주전 1425년경 ; 삿1 : 8) 이것이 첫 포위이기 때문에 우리는 그 성의 그후 역사가 되었던 것에 처음부터 아주 선명하게 나타나 있는 엄숙한 말씀에 주목해야 한다. "유다 자손이 예루살렘을 쳐서 취하여 칼날로 치고 성을 불살랐으며". 이 때가 주전 1400년경 혹은 로마 건국되기 700년 전이었다. 다윗 재위시에도 여전히 그 성을 차지하고 있던 여부스 사람을 발견할 수 있기 때문에 이 때의 포위는 부분적일 뿐이었다.

2. 여부스 족속을 대적한 다윗에 의해(주전 1046년경 ; 삼하5 : 6—10 ; 대상12 : 23—39).

3. 르호보암을 대적한 애굽왕 시삭에 의해(주전 971년경 ; 대하12 : 9 ; 왕상14 : 25,26). 이 때에는 단지 미약한 저항이 있었을 뿐이며 성전은 약탈당하였다.

4. 여로보암을 대적한 블레셋인, 아랍인, 이디오피아인들에 의해(주전 887년경 ; 대하21 : 16). 이 때에 왕궁이 약탈당하였고 성전도 다시 탈취당하였다.

5. 유다왕 아마샤를 대적한 이스라엘왕 요아스에 의해(주전 826년경 ; 왕하14 : 13,14). 성벽은 헐리었으며 성과 성전은 강탈당하였다.

6. 아하스를 대적한 이스라엘왕 베가와 수리아왕 르신에 의해(주전 841년경 ; 대하28장). 성은 굴복하지 않았으나 아하스는 성전을 약탈한 앗수르왕 디글랏 빌레셀의 원조를 요청하였다.

7. 히스기야를 대적한 앗수르왕 산헤립에 의해(주전 713년경 ; 대하32장). 이 경우에는 선지자 이사야가 예언한대로 하나님의 중재로 포위가 해

제됐다(다음 수의 의미를 보라).

8. 여호야김을 대적한 바벨론왕 느브갓네살에 의해(주전 606년경; 대하 36:7). 성전은 부분적으로 약탈당하였다.

9. 다시 한번 여호야긴을 대적한 느브갓네살에 의해(주전 599년경; 대하 36:10). 성전은 완전히 약탈당했으며 10,000명이 잡혀갔다.

10. 시드기야를 대적한 느브갓네살에 의해(주전 590−585년경; 대하 36:17−20). 이 때에는 완전히 전복되어 성전은 불탔으며[1] 성은 50년간 황폐하였다. 약 58년 후에 다시 포위공격받았다.

11. 유대를 대적한 애굽왕 톨레미 소텔(Ptolemy Soter)에 의해(주전 320년). 100,000명 이상의 포로가 애굽으로 잡혀감.[2]

12. Antiochus대제에 의해(주전 203년경).

13. 알렉산더의 장군 스코프스(Scopus)에 의해(주전 199년경). 그는 요새를 남겼다.

14. Antiochus에 의해 2차침공(주전 168년). 10번째 이후 가장 최악의 공략이었다. 도시 전체가 약탈당했으며 10,000명의 포로가 잡혀갔고 성벽은 파괴되었으며 제단은 더럽혀졌고 고대 사본은 소실되었으며 가장 좋은 건물들은 불탔고 유대인들이 그 곳에서 경배를 드리는 것이 금지되었다. 이것이 다니엘의 예언(단 9장과 11장)에 대한 과거로 해석하는 자의 성취였으며 미래로 해석하는 자의 성취에 관한 선례이다.

15. Judas Maccabæus를 대적한 Antiochus에 의해(주전 162년경) 3차침공. 이 때에는 훌륭한 협정이 맺어졌으며 확실한 특권이 보장되었다.

16. John Hyrcanus를 대적한 수리아왕 Antiochus Sidetes에 의해(주전 135년경).

17. Hyrcanus(Alex. Jannæus의 아들)와 사제 Aristobulus에 의해

---

1) 하나님의 전이 불탄 때는 느부갓네살 9년이었다; 기근이 만연했던 사월의 제9일(왕하 25) 앗시리아 왕이 사마리아를 수중에 넣고 이스라엘을 빼앗은 때는 호세아 9년이었다는 것은 여기서 주목할만하다.(왕하 17:6).

2) 70인역은 이후에 Ptolemy Soter의 계승자 Philadelphus를 위해 만들어졌다.

(주전 65년경) Pompey's의 장교 중 한명인 Scaurus에 의해 포위는 해제되었다.

18. Aristobulus를 대적한 Pompey에 의해(주전 63년경). 기계장치는 유대인들이 아무 저항도 하지 않았던 안식일에 옮겨졌다. 그때에 예루살렘이 정복되었으며 12,000명의 유대인이 살육당했다.

19. [1]로마군과 함께 헤롯은 주전 39년에 5개월동안 성을 포위했다.

20. Titus에 의해 (주후 70년). 이 잊을수 없은 공략으로 정복은 완결되었다. 두번째 성전(헤롯의)은 불탔다(Titus의 명령에도 불구하고). 제10보병군단이 파괴작업을 수행하기 위해 남았으며 10번째 공략후에 그랬던 것처럼 50년동안 그 성은 역사에서 다시 사라졌다.

21. 멸망의 소유를 얻었던 거짓 메시야 Bar-Cochebas를 대적한 로마인들은 주후 135년에 다시 성을 포위했다. 이에 대해 알려진 것은 많지 않으나 아마 모든 공략중에 가장 무서운 것이었을 것이다. 전투는 오랫동안 계속되고 격렬했기 때문에 Hadrian은 로마 원로원에 종전을 알리면서 경축어구를 늘 사용하던 것을 그만두었다. 도시는 당대의 역사에서 지워졌다. 그 이름은 바뀌었고 *Ælia Capitolinus*로 개칭되었다. 성전은 쥬피터를 위해 세워졌으며 Hadrian의 상이 지성소의 자리에 놓이게 되었다. 200년동안 도시는 역사에서 사라졌으며 어떤 유대인의 접근도 허락되지 않았다.[2] 이 포위공략은 우리 주님에 의해(눅 19 : 43,44 ; 21 : 20-24) 예언되었었다.

22. 400년간의 이른바 기독교 식민지 건설 후에 페르시아의 Chosroes는 나라를 휩쓸었다(주후 599년경). 수천명이 학살되었고 예수의 무덤이라는 교회는 파괴되었다. 그 후에 Heraclius 황제가 그를 패퇴시켰으며 도시와

---

1) B.C 40년에 Aristobulus의 아들 Antigonus는 Parthian군으로 도시를 장악했다 ; 포위는 하지 않았고 기습공격으로 점령했다.

2) 로마는 예루살렘과 유대인들의 이 금지조치로 인해 대단한 위안을 경험했기 때문에 로마의 연회에서는 "Hierosolyma Est Perdita", "예루살렘은 파괴되었다"라는 축사가 유행하게 되었으며 하객들은 즉시 Hurrah라는 환성으로 환영하였다. 이것이 "Hep! Hep! Hurrah"의 기원이다. 세 단어의 약어가 되는 H.E.P는 그 첫글자로 이루어졌다(Notarica, 혹은 Notricon 원칙). 오늘날에는 한 사람만이 Hep 혹은 Hip을 외치고 나머지는 그것을 환영하는 환성으로 함께 한다.

교회를 회복하였다.

23. 주후 636–637년에 Caliph Omar는 Heraclius를 대적하여 도시를 포위했으며 미약한 저항후에 항복문서를 받아냄으로써 도시는 투르크족(the Turks)의 수중으로 넘어갔다. 이것은 도시와 그리고 연대학과 연관된 가장 중요한 사건중에 하나다.[1)]

24. 1098년에 애굽 Caliph의 대신 Afdal이 모슬렘의 두 경쟁 당파를 포위했으며 1098년에 도시를 약탈했다.

25. 1099년에 십자군의 첫 군대가 포위했다.

26. 1187년에 7주동안 Saladin에 의해 포위되었다.

27. 1244년에 야만인 Kharezmiah 무리들이 도시를 함락시키고 약탈했으며 제사장과 수도승들을 학살했다.

위의 개요에서 보여지는 몇가지 요점때문에 간단하게라도 말하는 것이 필요한 것 같다. 우선 이 목록은 "성경의 수"에 관한 조금의 언급도 하지 않은 채 만들어졌다. 심판의 수로써 아홉을 고려해 볼 때, 얼마후에야 비로소 포위공략 횟수가 27 혹은 아홉의 세배라는 사실에 주목하게 되며 그 수의 의미를 알게 된다.

그리고 교회의식의 완전과 어떤 온전한 것의 주기를 나타내는 수가 십(10)이므로 목록을 보지 않고서 10과 20이란 수에 특이한 것이 있지 않을까 예상할 수 있다. 조사해보면 그것이 옳다는 것이 증명된다. 왜냐하면 열번째와 스무번째의 포위공략은 모두 불로 성전을 파괴한 것을 나타내고 있기 때문이다. 열번째는 느브갓네살에 의한 솔로몬 성전의 파괴였으며, 스무번째는 Titus의 명령으로 헤롯성전의 파괴였음을 입증하고 있다.

또한 영적완전수인 일곱의 경우에 다른 모든 포위공략 일곱번째, 열네번째 그리고 스물한번째를 구별하는 것과 하나님의 계시의 완전함이 어떤 방법으로 그들과 연관시키는 것이 있으리라고 느껴진다. 조사해보면 이것 역

---

1) 동일 저자의 The Witness of the Stars를 보라. p.186.

시 그렇다.

이 세번의 포위공략이 하나님의 예언의 각 주제였다. 일곱번째는 역대하 32장, 열네번째는 다니엘 11장, 스물한번째는 누가복음 29 : 43,44 그리고 성경에 예언된 미래의 포위공략—스물여덟번째—이 있다(참조 슥 14장 등).

이러한 대칭관계(*epanodos*)를 형성한다. 첫번째는 네번째와 상응(첫번째와 네번째 포위공략은 각각 하나님의 중재로 중단되었다)하고, 반면에 두번째와 세번째는 각각 가공할 특성면에서 상응한다. 따라서 ;

A | 일곱번째—산헤립. 포위는 하늘로부터 온 천사의 초자연적인 중재로 풀어졌다(대하 32장).

B | 열네번째—Antiochus(단 11장). 가장 무서운 포위공략중의 하나.

B | 스물한번째—Hadrian(눅 19 : 43,44). 가장 철저한 포위공략 중의 하나.

A | 스물여덟번째—적그리스도. 아직은 미래적이지만 포위는 영광스러운 구원, 즉 천사에 의해서가 아니라 하늘에서 오시는 주님 자신에 의해 풀어질 것이다(슥 14장).

그러므로 예언의 주제는 넷이다(일곱번째, 열네번째, 스물한번째, 스물여덟번째).

열번째와 스무번째 이 둘은 성전이 파괴되었을 때 각각 50년간의 침묵이 이어졌으므로 이(2)는 온전한 주기를 나타낸다.

열 넷(7×2)은 성경에 기록되었다.

열 셋은 비성경적이며 세속적인 역사에만 기록되었다.

분명히 의미있는 이 수들이 나오는 곳에는 우연보다 더한 무언가가 존재한다.

심판
(THE JUDGMENTS)

학개서 1 : 11[1]에 하나님의 심판은 아홉개의 특정한 것으로 열거되었다.

---

1) 이 절에서 언어의 두가지 형태의 설명을 주목하라— 액어법(軛語法)과 다종합법(多綜合法).

"내가 한재를 불러 이 땅에,
산에,
곡물에,
새 포도주에,
기름에,
땅의 모든 소산에,
사람에게,
육축에게,
손으로 수고하는 모든 일에."

어원 δίκη, 의 혹은 심판으로부터 사용된 아홉 단어가 있다.

1. δίκη(디케), 의, 공의, 형벌(행 25 : 15 ; 28 : 4 ; 살후 1 : 9 ; 유 1 : 7).
2. δίκαιος(디카이오스), 의, 옳은.
3. δικαιόω(디카이오오), δίκαιος(2번)하다, 의롭다 하다.
4. δικαιοσύνη(디카이오쉬네), δίκαιος(디카오스)한 사람의 상태, 혹은 성질 혹은 상황.
5. δικαίως(디카이오스), 정의롭게, 정당하게.
6. δικαίωμα(디카이오마), 의로운 행위 혹은 필요조건.[1]
7. δικαίωσις(디카이오시스), δίκαιος한 정도를 선언하는 혹은 그런

---

1) 다양하게 번역된 이 단어의 10번 나온 것을 구별하는 것은 중요하다. 모두 적어보면 : –

눅 1 : 6 규례 (righteous ordinance)
롬 1 : 32 정하심 (the righteous sentence of God)
롬 2 : 26 제도 (the righteous requirement of the Law)
롬 5 : 16 의롭다 하심 (righteous acquittal)
롬 5 : 18 의 (righteous act)
롬 8 : 4 요구 (righteous requirement).
히 9 : 1,10 예법 (righteous ordinances).
계 15 : 4 의로우신 일 (righteous sentence).
계 19 : 8 옳은 행실 (righteous awards, given).
δικαίωμα(디카이오마)와 δικαιοσύνη (디카이오쉬니)의 차이는 다음 사실을 지적해

사람을 발표하거나 인식하는 판단행위(롬 4 : 25 ; 5 : 18).

8. *δικαστής*(디카스테스)는 재판관(눅 12 : 14 ; 행 7 : 27,35).

9. *δικαιοκρισία*(디카이오크리시아)는 재판관의 의로운 판단(롬 2 : 5).

단어의 사용 (OCCURRENCES OF WORDS)

다음의 단어들은 9번 나오고 어떤 방법으로든 심판과 모두 연관되어 있다 : —

ἄβυσσος(아뷔소스), 밑없는 혹은 깊은 곳.
ἀσεβής(아세베스), 신을 섬기지 않는.
ἀσέλγεια(아셀게이아), 방탕.
ἀστραπή(아스트라페), 번개.

이들은 모두 심판에 적당한 또는 관련된 것들이다.

수 아홉의 의미가 심판 특히 하나님의 심판 그리고 인간에 관계있는 모든 문제들의 결말이라는 것을 충분히 알아보았다.

하지만 아홉은 3의 제곱이고 삼(3)은 성령 특별한 수일 뿐만 아니라 하나님의 완전수이다. 따라서 이 수가 하나님의 일에서 최후(finality)를 나타낸다는 것을 깨닫는 것은 놀라운 일이 아니다.

"성령의 열매"(복수형 열매들이 아니다)는 아홉(3^2)가지의 은혜를 포괄한다 : (1) 사랑, (2) 희락, (3) 화평, (4) 오래참음, (5) 자비, (6) 양선, (7) 충

준다. 후자의 단어가 하나님 앞에 허락될만한 그것의 상황, 성질, 혹은 속성이나 공의에 관한 하나님 자신의 상대적 속성과 관련되는 반면 전자는 유죄의 선고나 생활의 규칙을 위해 율법아래 있는 것이 아니라 사도들처럼 *ἔννομος χριστοῦ*(에노모스 크리스투) 즉 그리스도의 계명에 복종하는 사람들에 의해 율법의 의로운 필요조건이 성취되었다는 것을 보여준다(p. 121—122면을 보라. 그는 *ὑπὸ νόμον*(후포 노몬), 법 아래 있지 않았다고 바울사도가 분명히 기록한 고전 9 : 20을 보라) 율법은 그 아래있는 모든 이에게 죄를 선고하였다. 그러나 그리스도와 함께 죽어 죽음에서 살아난 자들처럼 산다는 것을(주관적으로) 깨닫고 성령과 그리스도의 권능안에서 행하는 기독인들은 실제적으로 율법의 의로운 필요조건을(많은 실패가 있지만 의심없이) 수행한다.

성, (8) 온유, (9) 절제.[1)]

성령의 은사
(THE GIFTS OF THE SPIRIT)

역시 수적으로 아홉가지이다(고전 12 : 8–10).

지혜의 말씀,
지식의 말씀,
믿음,
병 고치는 은사,
능력행함,
예언,
영을 분별,
각종 방언,
방언을 통역.

---

1) 성령의 열매에서 "절제"가 마지막에 위치하는 것에 주목해야 한다 ; 반면 "육체의 일"(19–21절)에서는 16가지 중에 (4^2, 세상의 수) "술취함과 방탕함"이 마지막에 놓여 있다! 진실로 인간의 방법은 하나님의 방법이 아니며 하나님의 생각은 인간의 생각과 같지 않다(사 55 : 8).

십(10)

십(10)이 완전수 중의 하나이며 새로운 일련의 수들을 합하여 시작하는 하나님의 질서의 완전함을 상징한다는 것을 이미 지적한바 있다. 최초의 열까지의 수는 전체 수 체계의 대표이며 전체의 계산체계가 여러 십단위로 구성되어 있기 때문에 "십진법"이라 불리우는 계산법이 생겼다.

따라서 어떤 것의 전체적인 순환을 나타내는 질서의 완전함이 십(10)이라는 수에 항상 내재하는 의미이다. 그것은 부족함이 없다는 것을 암시한다. 즉 그 수와 질서는 완전하며 전체의 주기는 온전하다.

노아
(NOAH)

노아는 하나님으로부터 열번째 세대에서 홍수이전의 시대를 완결했다.

십계명
(THE TEN COMMANDMENTS)

십계명은 그 수와 질서에 관하여 필요한 모든 것과 더이상 필요치 않은 모든 것을 포함한다. 반면에

주 기도
(THE LORD'S PRAYTER)

주 기도는 십절(節)로 완결되었다.[1)]

---

1) 절들은 각기 그들의 수의 의미를 가지고 있다: —
첫째, 하나님의 주권.
둘째, 여호와의 명시된 이름.
셋째, 하나님 나라의 인식.
네째, 땅에 대한 첫 언급.

십일조
(THE TITHES)

십일조는 대체적으로 하나님의 요구를 나타내고 인식하는 것과 같이 인간에게서 하나님께로 당연히 드려져야 할 모든 것을 대표한다.

속전
(REDEMPTION MONEY)

속전은 십게라 였다. 따라서 하나님이 요구하셨던 것과 인간이 드려야 할 책임이 있었던 것을 알게 된다. 그리고 십게라는 반세겔이었다(출 30 : 12–16 ; 민 3 : 47). 20세 이상으로 계수된 남자는 이 액수를 드려야 하고 하나님의 요구를 채워야했다.[1)]

그러나 장자들은 그보다 열배를 드려야 했다. 왜냐하면 하나님께서 이스라엘의 장자들 대신에 레위인으로 대속하셨을때,

22,273명의 남성 장자들이 있었지만, 고작
22,000명이 레위인이었다. 그러므로
273명이 속전을 드려야 했다.

그 속전은 십게라의 열배로 계산했다. 따라서 오(5) 세겔이 다른 것처럼 보이지만 십의 의미는 유지되고 있다. 왜냐하면 오(5) 세겔은 "반 세겔"의 열배이기 때문이다(민 3 : 12,13 ; 40–51).[2)]

다섯째, 우리의 필요를 공급하시는 은혜의 선물.
여섯째, 인간의 죄.
일곱째, 영적인 인도를 간청.
여덟째, 모든 악으로부터의 마지막 구원을 간청.
아홉째, 하나님의 영광을 요약(3^3).
열번째, 영원한 주기를 완결.

1) 다윗이 그 백성을 계수했을때(삼하 24과 대상 21) 이 속전이 드려지지 않았으며 하나님의 요구도 충족시키지 못했다. 그러므로 심판이 따랐다.

2) 남성의 수가 273(13×21)이었고 한편 세겔의 양은 1365(13×105)였다는 것은 주목할만하다.(민 3 : 50) 이것의 의미에 대해서는 "십삼(13)" 이하를 보라.

열 가지 재앙
(THE TEN PRAGUES)

열 가지 재앙은 애굽에 대한 하나님의 심판의 완전한 주기를 대표하는 것들이다. "내가 이번에는 모든 재앙을 … 내려"(출9 : 14).

적그리스도의 지상권세
(ANTICHRIST'S WORLD POWER)

적그리스도의 지상권세는 느브갓네살의 꿈에서 우상의 열 발가락과(단 2 : 41), 다니엘의 이상에서 네번째 짐승의 열 뿔로 상징되는 열 개의 나라로 구성된다(단7 : 7,20,24 등; 계12 : 3; 13 : 1; 17 : 3,7,12).

열 족속
(TEN NATIONS)

열 족속은 아브라함의 언약의 땅에 있는 열 족속을 의미한다(창15 : 19).

아브라함의 믿음
(ABRAHAM'S FAITH)

아브라함의 믿음은 열번의 시험으로 이루어진 완전한 주기로 증명되었다.

1. 하란으로부터의 출발.
2. 기근으로 인해 애굽으로 피함.
3. 사라의 붙잡힘에서.
4. 롯을 구출하기 위한 전쟁에서.
5. 하갈을 취하는 데서.
6. 할례를 받을 때.
7. 그랄에서 사라가 두번째 잡혔을 때에.
8. 이스마엘의 추방에서.
9. 하갈의 추방에서.
10. 이삭을 드리는 데서.

열번의 배반
(THE TEN REBELLIONS)

광야에서 이스라엘의 열번의 배반은(민 14 : 22) 완결된 일련의 이스라엘의 사악한 행위를 나타낸다.

은받침
(THE SILVER SOCKETS)

성막의 기초를 구성했던 은받침들은 10×10 크기였다(출 38 : 27). 이들은 은으로 만들어졌으며 은은 구속의 상징이다(벧전 1 : 18,19).[1]

하늘에서 내려온 불
(FIRE CAME DOWN FROM HEAVEN)

하늘에서 내려온 불은 열번이었으며 그 중 여섯번은 심판으로 내린 것이었다.

창세기 19 : 24, 소돔에.
레위기 9 : 24, 첫 제물에.
레위기 10 : 2, 나답과 아비후에.
민수기 11 : 1, 다베라에서 불평자들에게.
민수기 16 : 35, 고라와 그 동료들에게.
열왕기상 18 : 38, 갈멜에서 엘리야의 제물에.
열왕기하 1 : 10, 엘리야의 원수들에게.
열왕기하 1 : 12, 엘리야의 원수들에게.
역대상 21 : 26, 다윗의 제사에.
역대하 7 : 1, 솔로몬의 제사에.

백성들이 기쁨으로 외쳤던 열번의 외침
(TEN TIMES THE PEOPLE SHOUTED FOR JOY)

---

1) 열(Ten) 역시 앙장(仰帳)의 폭(幅)의 수이다(출 26 : 1).

레위기 9 : 24, 하늘에서 내려온 불이 첫 제사를 살랐을 때.
여호수아 6 : 20, 여리고를 점령할 때.
사무엘상 4 : 5, 언약궤가 진에 들어올 때.
사무엘상 10 : 24, 사울이 왕으로 택함받을 때.
사무엘상 17 : 20, 이스라엘이 블레셋과 싸우러 나갈 때.
사무엘상 17 : 52, 그들을 뒤쫓을 때.
사무엘하 6 : 15(대상 15 : 28), 언약궤가 오벧 에돔의 집에서 돌아올 때.
역대하 13 : 15, 하나님이 아비야 앞에서 여로보암을 패배시키셨을 때.
역대하 15 : 14, 아사와 백성이 오벳의 예언을 들었을 때.
에스더 3 : 11, 두번째 성전의 기초가 놓여졌을 때.

열 처녀
(THE TEN VIRGINS)

열 처녀는 이스라엘 민족 전체(신랑이 되는 선민들과는 구별되는)를 상징한다[1]. 반면에 다섯은 은혜로 인해 "이 분이 우리의 하나님이시며 우리는 그 분을 기다리고 있었다"라고 말하게 될 사람들을 나타낸다.

하나님의 공의로운 저주
(GOD'S RIGHTEOUS CURSES)

하나님의 공의로운 저주는 일련의 열개로 완결되었다.

창세기 3 : 14 ; 15, 뱀에게.

---

1) 이 비유의 대중적 해석은 정확한 것일 수 없다. 왜냐하면 한 비유에서 두개의 전적으로 다른 부류의 사람들을 하나와 그 동일한 사람으로 간주할 수 없기 때문이다. 교회(the church)를 열처녀와 신랑 둘 따로 나타내는 것은 불가능한 일이다! 교회가 신랑이라면 그것은 열처녀들이 될 수 없으며 교회가 처녀들로 나타낸다면 그것은 신랑일 수가 없다. 이 딜레마에서 탈출할 유일한 방법은 이후의(subsquent) 계시의 주제(롬 16 : 25, 26 ; 엡 3 : 1-11 ; 골 1 : 26, 27)였던 것을 마태복음을 읽어서 깨닫는 것이 아니라 신랑에 대하여 구약에서 이미 이전. 신랑에 대하여 제시한 것에서 해석할 수 있다. 88면의 첫번째로 나타나는 단어들을 보라.

창세기 3 : 17, 땅.
창세기 4 : 11, 가인.
창세기 9 : 25, 가이난.
여호수아 6 : 17, 여리고.
여호수아 6 : 28
7 : 12 }, 아간.
여호수아 9 : 23, 기브온 족속.
사사기 9 : 57, 세겜 족속.
열왕기상 16 : 34, 벧엘사람 히엘.
마가복음 11 : 21, 무화과나무.

"내가 범죄하였나이다"
(I HAVE SINNED)

열[1] 사람이 이 고백을 시인하고 하나님의 심판, 형벌을 깨달을 자들을 나타내고 있다.

바로, 출애굽기 9 : 27 ; 10 : 16.
발람, 민수기 22 : 34.
아간, 여호수아 7 : 20.
사울, 사무엘상 15 : 24,30 ; 26 : 21.
다윗, 사무엘하 12 : 13 ; 24 : 10,17 ; 역대상 21 : 8,17 ; 시편 41 : 4 ; 51 : 4.
시므이, 사무엘하 19 : 20.
히스기야, 열왕기하 18 : 14(감정을 상하게 하다).
욥기 7 : 20.
미가 7 : 9.
느헤미야 1 : 6.

1) 열 가지 중에 6은 개인적인 것이었다(인간의 수). 한편 4는 민족-"우리"-을 대표하는 것이었다.

성막
(THE TABERNACLE)

성막은 "증거막"으로서 열번 기록되었다. 이들 중 다섯은 מִשְׁכָּן (미쉬칸 ; , 출 38 : 21 ; 민 1 : 50,53(두번) ; 10 : 11)이다. 이것은 שָׁכַן (솨칸), "거하다"로부터 유래한 하나님이 거하시는 장소로써의 성막에 대한 특별한 언급을 갖는다. 즉 미쉬칸은 하나님이 거하시는 장소(출 25 : 8)를 의미한다. 따라서 성령이 계신 "전체 회중"으로는 결코 사용되지 않았다.

다른 다섯은 אֹהֶל (오엘 ; 민 17 : 7,8,10 ; 18 : 2 ; 대하 24 : 6)이다. 오엘은 단순히 천막을 의미하고 지정된 시기에 혹은 약속에 의해 사람들이 만나는 장소에 대한 특별한 언급이다. 이 단어는 성령이 계신 "회중의 천막"으로 사용되었다.

시편 119편의 열개의 단어
(THE TEN WORDS OF PSALM 119)

시편 119편의 열개의 단어는 하나님의 말씀을 거룩하게 묘사한 것을 보여준다. 각 절에는 이 열개의 단어중에 한개 혹은 그 이상이 나온다(122절은 제외). 즉 **길, 증거, 교훈, 계명, 법도, 율례, 규례, 의, 법규, 말씀.** Massorah는 이들이 "십계명에 상응한다"고 말한다.[1)]

열번째 세대(世代)
(THE TENTH GENERATION)

열번째는 가족 혹은 민족전체의 존재를 완결했으며 상징하였다. "암몬사람과 모압사람은 여호와의 총회에 들어오지 못하리니 그들에게 속한 자는 십대뿐 아니라 영원히 여호와의 총회에 들어오지 못하리라"(신 23 : 3). 그 이유는 4절과 5절에 주어졌다. 또한 느헤미야 13 : 1을 보라.

---

1) 동일 저자에 의해 편집된 Thomas Boys, 목사가 쓴 A key to the Psalms를 보라.

천국의 비유
(THE PARABLES OF THE KINGDOM)

천국의 비유는 그 수가 열 가지이다. 마태복음 13장에 일곱 그리고 22장과 25장에 셋이 있다.

들어가지 못할 불의한 자들
(THE UNRIGHTEOUS WHO SHALL NOT ENTER)

하나님의 나라를 유업으로 받지 못할 사람들은 열개의 특정한 것으로 열거되었다(고전 6 : 9, 10).

성도의 안전
(THE SCECURITY OF THE SAINTS)

성도의 안전은 "그리스도 안에" 있는 모든 이들에게 보장하는 전체의 주기를 완결하는 열겹의 열거로 설명된다(십칠(17)이하를 보라 ; 롬 8 : 38, 39). 그것을 다섯개씩 둘로 주어졌다.

"내가 확신하노니

{사망이나 생명이나,
천사들이나 권세자들이나 ;

{현재 일이나 장래 일이나,
높음이나 깊음이나 다른 아무 피조물이라도."

요한복음에서 예수의 열번의 "나는 ~이다"
(THE TEN I AM'S OF JESUS IN JOHN)

"내가 곧 생명의 떡이니"(6 : 35).

"하늘로서 내려온 떡이라"(6 : 41).

"나는 산 떡이니"(6 : 51).

"나는 세상의 빛이니"(8 : 12).

"내가 나를 위하여 증거하는 자가 되고"(8 : 18).

"나는 양의 문이라"(10 : 7,9).
"나는 선한 목자라"(10 : 14).
"나는 부활이요 생명이니"(11 : 25).
"내가 곧 길이요 진리요 생명이니"(14 : 6).
"내가 참 포도나무요"(15 : 1,5).

반복된[1] 이름들
(THE REPEATED NAMES)

십은 반복된 이름의 완전한 주기를 이룬다. 더우기 이들이 상징적으로 나누어진다는 것을 주목해야 할 것이다. 이 열 가지 중에 일곱은 직접적으로 인간 개인에게 말해진 것인 반면 셋은 다른 것들과 연관되어 주님께서 말씀하신 것들이다. 이 일곱중에 넷은 구약에 있는 것이고 셋은 신약에 있다.

이름	구분	
1. 아브라함아, 아브라함아, 창 22 : 11	구약(4)	하나님이 인간에게 사용하심(7)
2. 야곱아, 야곱아, 창 46 : 2.		
3. 모세야, 모세야, 출 3 : 4.		
4. 사무엘아, 사무엘아, 삼상 3 : 10.		
5. 마르다야, 마르다야, 눅 10 : 41.	신약(3)	
6. 시몬아, 시몬아, 눅 22 : 31.		
7. 사울아, 사울아, 행 9 : 4.		
8. 주여, 주여, 마 7 : 21, 22; 25 : 11; 눅 6 : 46; 13 : 25	다른 상황에서 사용됨(3)[2]	
9. 엘리, 엘리, 막 15 : 34; 마 27 : 46; 시 22 : 1.		
10. 예루살렘아, 예루살렘아, 마 23 : 37; 눅 13 : 34.		

---

1) 열 네개의 바뀐(changed) 이름은 성경 연구의 도움이 될만한 주제를 이룰 것이다. 구약에 10개의, 그리고 신약에 4개의 예가 있다. 열네개중 5는 하나님의 권위로 바뀌었으며 9는명백히 인간에 의해 바뀌었다. James Smith 목사저 A & R Milne, Aberdeen이 발행한 *The Repeated Name*을 보라.

2) 이들 셋은 제각기 특색이 있다. 즉:
8번은 인간에 의해 주님의 이름이 불려진 것이다.

열번 나오는 단어와 어구
(WORDS AND PHRASES WHICH OCCUR TEN TIMES)

이들 중에 언급해야 될 것들은 다음과 같다.

זִר (자이르), 언약궤의.

כִּיּוֹר (키요르), 물두멍, 출애굽기와 레위기에 성막과 관련하여 열번; 열왕기서와 역대기서에 성전과 관련하여 열번.

כֵּן (카인), 물두멍의 받침 혹은 발.

ἁγιασμός(하기아스모스), 거룩.

ἅγιον(하기온), 거룩한(이들 중 7은 지성소에 대해 복수형태로).

δικαίωμα(디카이오마), 의로운 필요조건 (306면을 보라).

παντοκράτωρ(판토크라토르), 전능자, 하나님께만 사용(계시록에 9번).

καταβολή κόσμου(카타볼레 코스무), 세상의 기초 (144면과 159면을 보라).

λέγει κύριου(레게이 퀴리우), 주께서 말씀하시다(히 10 : 30은 제외, R. V. T., Tr., W. & H., 그리고 R. V.와 함께).

탈무드
(THE TALMUD)

탈무드는 다음 사실에 주의를 돌리게 한다.

열개의 다른 단어들이 우상에 대해 사용되었다.

열개의 선지자를 가리키는 단어들 즉 대사, 충성자, 종, 사자, 예언자, 파수꾼, 이상을 보는 자, 꿈꾸는 자, 선지자, 하나님의 사람 (*Avoth*, 34장).

열개의 명칭이 하나님의 말씀에 적용되었다. 즉 성경, 잠언, 판단, 보

9번은 예수에 의해 하나님의 이름이 불려진 것이다.
10번은 예수에 의해 하나님의 성과 백성이 불려진 것이다.

이지 않은 말씀, 계시, 말, 작정, 책임, 예언, 꿈.
열개의 기쁨에 대한 다른 단어들.
아담부터 노아까지 열 세대 그리고
노아부터 아브라함까지가 열 세대이다.
아브라함은 열번의 시험을 받았다(*Av. d. R. N.* 33. *Pd. R. E.* 26).

십 일(11)

십이 하나님의 질서의 완전을 나타내는 수라면 십일은 그 질서에 하나 추가된 것, 전복시키려는 그리고 파기하려는 것이다. 십이가 하나님의 통치의 완전을 나타내는 수라면 십일은 그것에 부족한 수이다. 그러므로 10+1 혹은 12−1이든 어떻게 간주되든지간에 십일은 무질서, 혼란, 불완전 그리고 분열을 나타내는 수이다.

하나님의 말씀에는 그것에 관하여 많지 않지만 특히 인수(因數, factor)로써 그리고 33−66면에 이미 알아 본 대로 중요한 것이다.

에돔의 족장들
(THE DUKES OF EDOM)

에돔의 족장들은 수적으로 열하나이다(창 36 : 40−43). 그리고 에돔은 이스라엘과 밀접한 관계가 있지만 질서와 통치면에서 구분되었다. 한편 그들 간에는 뼈속 깊숙한 증오가 존재하였다. "족장"(Duke)이라는 단어는 13의 배수이다.

야곱의 열한 아들
(THE ELEVEN SONS OF JACOB)

야곱의 열한 아들은 야곱가족의 분열과 해체를 말하고 있으며, "하나가 아니다"라고 말할 수 있게 했다.

호렙에서 가데스 바네아까지
(FROM HOREB TO KADESH BARNEA)

호렙에서 가데스 바네아까지는 열하루 동안의 여행이었다(신 1 : 2). 하루를 더 갔었다면 그들은 하나님께서 주셨던 그 놀라운 모든 법을 행하는 것을 완결했었을 것이다.

엘리, 홉니와 비느하스
(ELI, HOPHNI AND PHINEHAS)

엘리, 홉니와 비느하스는 그들의 *gematria*가 462이었다. 그것의 인수는 11과 42이다. 모두 엘리집안의 무질서와 이스라엘의 분열을 상징한다.

여호아김은 십일년을 통치하였다
(JEHOIAKIM REIGNED ELEVEN YEARS)

그 때에 느브갓네살이 올라와서 예루살렘의 분열작업을 시작했다(왕하 23 : 36 ; 24 : 1 ; 대하 36 : 5,6).

시드기야는 십일년을 통치하였다
(ZEDEKIAH REIGNED ELEVEN YEARS)

"십일년만에 성이 함락되기" 때문에(렘 39 : 2) 느브갓네살이 예루살렘에서 이스라엘의 법을 끝냄으로써 그 사역을 완결하였다(대하 36 : 11 ; 렘 52 : 1).

제 십일년
(THE ELEVENTH YEAR)

두로(겔 26 : 1)와 애굽(30 : 20과 31 : 1)에 대적해 에스겔이 예언한 때는 예루살렘 성이 함락된 시드기야 제십일년이었다. 그리고 이것을 세번 반복한 것은 예루살렘이 겪었던 것처럼 두로와 애굽이 함락될 것이라는 사실을 우리에게 강하게 마음에 새기게 하는 것이다.

열한 사도
(THE ELEVEN APOSTLES)

열한 사도는 열두 사도 사이에 분열의 증거가 된다(행 2 : 14 등).

제 십일시
(THE ELEVENTH HOUR)

반면에 제십일시(마20 : 6,9)는 올바른 질서와 순서에 모두 상반되는 것이라는 교훈을 준다.

지상에서 주님의 생활
(THE LIFE OF OUR LORD ON EARTH)

지상에서 주님의 생활은 약 33(3×11)년이었다. 그리고 그는 끊겼고 "우리가 만물이 아직 저에게 복종한 것을 보지 못하고" 있다(단 9 : 26 ; 히 2 : 8).

일천 일백
(ELEVEN HUNDRED)

일천 일백은 두번만 나오는데 이것은 모두 "왕이 없었던" 사실을 나타내는 결함있는 통치시대를 말하고 있다.

(1) 사사기 16 : 5, 이스라엘에게서 그들의 강한 사사이며 구원자인 삼손을 빼앗은 블레셋의 뇌물.

(2) 사사기 17 : 2 등, 이스라엘의 우상 도입과 관련되며 그것으로 인해 고통과 분열이 생겼고 그들을 위해 하나님의 명령과 율법이 추가되었으며 결국에는 모든 통치권의 퇴패와 상실을 초래했다.

단과 에브라임은 범죄한 두 지파였다. 왜냐하면 일천일백(십일백) 세겔로 우상을 만든 미가는 에브라임사람이었고 우상과 그의 제사장을 훔친 지파는 단지파였다. 신명기 29 : 18—20에 여호와의 공언에 의하여 두 지파는 요한계시록 7장에 지파들 가운데 생략되었다. 이스라엘에 우상을 소개한 "남자나 여자나 가족이나 지파는", "**여호와께서 그의 이름을 도말하시되.**"

십 이(12)

십이는 통치의 완전 혹은 통치적 완전을 상징하는 완전수이다. 그것은 통치(rule)와 관계있는 모든 것에서 배수로써 발견된다. 낮을 "주관하는" 해와 밤을 "다스리는" 달과 별들은 360(12×30)도 혹은 분할로 하늘의 대주기를 완결하는 황도 *12*표징을 지나는 그들의 경로로 주관하며 년(年)을 지배한다.

십이는 3(하나님과 하늘의 완전수)과 4(물질적이고 유기적인 세상의 수)의 곱이다.

7은 3에 4를 더하여 이루어지고, 12는 3에 4를 곱하면 된다. 따라서 말로는 거의 설명될 수 없지만 영적인 직관으로 즉시 이해할 수 있는 것을 나타낸다. 즉 두 수가 구분되어 포함된 모든 것의 생산과 증식과 증가를 나타내는 산물, 유기체이다. 4는 일반적으로 십이(12)에서 특출하게 보여진다.

열두 족장
(THERE WERE TWELVE PATRIARCHS)

셋부터 노아와 그 가족까지 그리고 셈부터 야곱까지 열두 족장이 있었다.

이스라엘의 열두 아들
(THE TWELVE SONS OF ISRAEL)

수적으로는 사실상 열 셋이지만 어느 하나의 목록에도 열 둘 이상이 지칭된 경우는 없다. 모두 합하여 18개의 목록이 있지만 각 목록에는 하나 혹은 다른 것이 생략되었다. 그것은 일반적으로 레위였으나 늘 그런 것은 아니었다. 요한계시록 7장에는 단과 에브라임이 빠져 있다 (275면을 보라). 하지만 그 목록은 대 환란중에 상처입지 않을 남은 자들의 특별한 봉인으로 소개된 레위와 요셉을 포함하여 변함없이 열 둘을 유지하고 있다.

그리고 열 두 사사 혹은 구원자가 있었다.

솔로몬의 성전
(THE TEMPLE OF SOLOMON)

솔로몬의 성전은 우세적인 인수로 열 둘을 갖는다. 이와는 대조적으로 성막은 다섯을 갖고 있다. 이것은 성막에서 비취는 은혜과 성전에서 보여지는 왕국의 영화와 일치한다.

우리가 족장과 민족 정치에서 알아 보았듯이 신약에 가서는 사도정치에 점철되어 있는 동일한 대원칙을 발견할 수 있다. 왜냐하면 우리는 다음과 같은 것을 가지고 있다:

열 두 사도.
열 두 기초(하늘의 예루살렘에서).
열 두 문.
열 두 진주.
열 두 천사.

새 예루살렘의 크기
(THE MEASUREMENT OF THE NEW JERUSALEM)

새 예루살렘의 크기는 12,000스타디온[1]의 제곱이 될 것이고 벽은 144규빗[2](12×12)이 될 것이다(계 21:16,17).

요한계시록 7:4에 인친 자들의 수는 144,000명이 될 것이고 열 두 지파와 관계있는 모든 것은 대제사장의 가슴받이에 있는 보석, 요단에서 가져온 돌, 정탐꾼의 수 등과 같이 이 숫자로 필연적으로 온통 퍼져 있다. 따라서 이 페이지에서는 그와 같은 모든 언급을 하지는 않겠다.

역자주 1) furlong는 길이의 단위
1furlong=1/8마일 / 201.17m
2) 규빗(cubit) 팔꿈치에서 가운데 손가락 끝까지의 길이 약 46~56cm.

기름부음 받은 열두 사람
(TWELVE PERSONS WERE ANOINTED)

여러종류의 통치를 위해서 이들은 기름부음 받았다. 물론 모든 왕, 제사장, 선지자 그리고 나은 문둥병자들은 기름부음 받았다. 하지만 열 두 명의 기름부음 받는 상황이 특별히 기록되어 있다. 이들 중 다섯은 제사장(아론과 그의 네 아들, 출6 : 23)이었고 일곱은 왕이었다.

1. 아론, 출29 : 7,9 등
2. 나답, 출29 : 7,9 등
3. 아비후, 출29 : 7,9 등
4. 엘르아살, 출29 : 7,9 등
5. 이다말, 출29 : 7,9 등

} 제사장(5).

6. 사울, 삼상10 : 1
7. 다윗,[1] 삼상16 : 13
8. 압살롬, 삼하19 : 10
9. 솔로몬, 왕상1 : 39
10. 예후, 왕하9 : 6
11. 요아스, 왕하11 : 12
12. 여호아하스, 왕하23 : 30

} 왕(7).

} 12

인간이 선택한 사람, 사울은 수 육(6)을 그리고 하나님이 선택한 사람 다윗은 수 칠(7)을 깊이 나타내고 있음을 위 목록으로부터 알게 될 것이다. 왜나하면 사울과 다윗은 순서적으로 각각 여섯번째와 일곱번째에 있기 때문이다. "하나님의 마음을 좇는 자"라는 말은 단지 하나님이 선택하신 사람을 의미하며 이교도들이 주장하는 것처럼 하나님께서 다윗이 범한 모든 죄를 승인하셨다는 것을 의미하는 것은 아니다.

---

1) 다윗은 세번 기름부음 받았다, 즉 : 사무엘에 의해, 삼상16 : 13.
유다 사람들에 의해, 삼하2 : 4.
이스라엘의 장로들에 의해, 삼히5 : 3.

열두 살
(TWELVE YEARS)

예수님이 공적으로 처음 나타나시고(눅 2 : 42) 그의 기록된 첫 말씀을 이야기하신 때는 그가 열 두살 때였다.

열두 무리
(TWELVE LEGION)

천사들의 열두 무리는 천사의 능력의 완전함을 나타낸다(마 26 : 53).

열둘의 반
(THE HALF OF TWELVE)

열 둘의 반은 때때로 인간의 통치에 있어서 장애 혹은 결점을 나타낸다.

단어의 나온 수
(THE NUMBER OF OCCURRENCES)

단어의 나온 수는 그 의미와 일치한다. 예를 들면 *αὐλή*, 아울레, "궁전"은 열 두번 나온다.

십 삼(13)

이 수는 독자들과 이미 알아 보았던 팔(8)과 연관하여 고찰해 보았다(264—296면을 보라).

십 사(14)

칠(7)의 배수가 되어 그 의미를 분담하고 7의 두배가 되므로 영적완전의 두배의 크기를 암시하고 있다. 그러나 조합되어 있는 수 이(2) (2×7)는 예수 그리스도의 족보가 14(2×7)세대의 집합으로 나누어 주어진 마태복음 1장에서와 같이 이(2)가 화육과 연관되어 있는 수의 그 의미가 그 뜻이 될 수도 있다.

동일한 원칙이 다른 칠(7)의 배수에 적용될 수도 있으며 성경연구생들은 그들 자신의 설명을 찾을 수 있다.

십 오(15)

오(5)의 배수이므로 5의 의미를 가지고 있으며 또한 조합되어 있는 삼(3)의 의미도 가진다. 3×5.

이미 알아 보았듯이 오(5)는 은혜의 수이고 삼(3)은 하나님의 완전수이다. 따라서 십오(15)는 특히 하나님의 은혜의 힘으로 만들어진 행위와 관계가 있다.

15를 표현하는 두 히브리 글자 י, 욷(10), 그리고 ה,헤 (5)이므로 그 안에서 신성(Deity)이 보여진다. 이들은 모든 은혜의 근원이 되시는, 함부로 부르지 못할 יה, 야, *Jah*의 이름의 철자이다. 따라서 십오(15)는 10+5로 이루어졌다. 하지만 유대인들은 이 두 글자의 계속적인 사용으로 인해 거룩하신 이름이 더럽혀지지 않도록 다른 두 글자가 이 수에 대해 임의적으로 사용되었다. 따라서 별개의 인공적인 조합이 형성되었다. ט (테드)=9와 ו (와우)=6이다. 그러므로 9+6이 십오(15)를 나타내지만 의미는 전혀 없다. 십오(15)는 3×5 뿐만 아니라 8+7로 될 수도 있으므로 영광에서 나오는 하나님의 은혜의 힘의 특별한 상징으로써 부활에 관한 언급도 포함하게 될 것이다.

다음의 몇가지 예로 충분히 설명이 된다.

방주는 홍수로 인하여 15규빗 위에 있었다(창 7 : 20).

히스기야가 죽음의 집행 연기기간을 받은 것은 15년이었다(왕하 20 : 6).

유대인들은 그 달 제15일에 에스더 하에서 죽음으로부터 구원받았다(9 : 18, 21). 우리가 이미 알아 보았듯이(286면)이것은 그들의 죽음에 대한 선고가 13과 연관되어 있기 때문에 특히 중요하다.

나사로가 살아나고 주님께서 승천하신 베다니는 예루살렘으로부터 15스타디온 떨어진 곳이었다(요 11 : 18).

바울의 배는 13일간의 시련과 고난후에 제14일에 열 다섯길로 안전하게 닻을 내렸다(행 27 : 27).

첫달 제십오일이 무교절이었다(레 23 : 6).

제7월 제십오일은 장막절이었다(34절).

십 칠(17)

십칠은 중요한 수로써 매우 특출하게 눈에 띈다. 그것은 다른 수의 배수도 아니다. 따라서 인수가 하나도 없다. 그러므로 소수(素數, prime number) (혹은 나눌 수 없는) 중의 하나로 불리웠다. 더욱 중요한 것은 소수의 목록에서 일곱번째에 위치한다는 것이다.

일련의 소수들은 1, 3, 5, 7, 11, 13, 17 등으로 이어진다. 십삼(13)이 소수라는 것에 주목될 것이므로 중요하다. 하지만 그것이 소수의 순서에서 여섯번째에 위치하고 있다. 따라서 6의 의미를 가지고 있으며 실제로 그것의 표현을 강하게 하고 있다.

이와 같은 방법으로 십칠(17)은 일련의 일곱번째에 위치하므로 칠(7)의 의미를 강하게 가지고 있다. 사실상 17은 두 완전수–영적완전수 7과 의식의 완전수 10–의 조합 또는 합이다.

함께 비교해보건 이 두 수의 의미는 명확해진다. 그리고 수 17로 합하면 각기 의미의 결합, 즉 영적완전, 더하기 의식의 완전 혹은 영적 질서의 완전을 의미한다.

우리는 다음에서 훌륭한 예문을 볼 수 있다.

로마서(ROMANS) 8 : 35–39

로마서 8 : 35–39는 매우 중요한 서신의 첫번째 큰 부분을 맺고 있고 그리스도 안에서 죽고 살아난 자들의 축복을 요약했다. 우선 우리는 일련의 일곱 가지, 그 다음에는 일련의 열 가지를 볼 수 있다. 일곱 가지는 질문의 형태로 주어짐으로써 구별되며 한편 열 가지는 그것에 대한 답으로 주어졌다.

"누가 우리를 그리스도의 사랑에서 끊으리요

1. 환난이나,
2. 곤고나,
3. 핍박이나,
4. 기근이나,
5. 적신이나,
6. 위험이나,
7. 칼이랴?

기록된바, 우리가 종일 주를 위하여 죽임을 당케 되며 도살할 양같이 여김을 받았나이다 함과 같으니라. 그러나 이 모든 일에 우리를 사랑하시는 이로 말미암아 우리가 넉넉히 이기느니라. 내가 확신하노니,

8. 사망이나(1),
9. 생명이나(2),
10. 천사들이나(3),
11. 권세자들이나(4),
12. 현재 일이나(5),
13. 장래 일이나(6),
14. 능력이나(7),
15. 높음이나(8),
16. 깊음이나(9),
17. 다른 아무 피조물(10)이라도,

우리를 우리 주 그리스도 예수 안에 있는 하나님의 사랑에서 끊을 수 없으리라."

따라서 그리스도 안에서 믿는 자들의 신분이 영적인 그리고 영원한 완전함을 말해준다.

질문에 결정적인 답을 형성하는 것과 긍정적인 확신(형태는 부정적이지만)을 우리에게 줌으로써 마치 십(10)이 함께 사용된 칠(7)보다 더욱 중대한 것처럼 보인다. 역대하 2장에서도 그러하다. 7절에 솔로몬은 공교한 공장(cunning workman) 하나를 구하러 후람에게 보내는데 일곱 가지의 특

기사항을 상술하고 있으며 14절에는 보냄받은 한 사람이 그의 자질을 열개의 특정한 것으로 열거하였다. 더욱 중요한 설명이 다음에서 발견될 것이다.

히브리서(HEBREWS) 12 : 18-24

구약시대와 신약시대를 대조하는 히브리서 12 : 18-24에서(18-19절과 22-24절 비교),

"너희의 이른 곳은

1. 만질만한,
2. 불붙는 산과,
3. 흑운과,
4. 흑암과,
5. 폭풍과,
6. 나팔 소리와,
7. 말하는 소리 ……

그러나 너희가 이른 곳은

8. 시온산과(1),
9. 살아계신 하나님의 도성인(2),
10. 하늘의 예루살렘과(3),
11. 천만 천사와(4),
12. 일반적 모임과(5),
13. 하늘에 기록한 장자들의 교회와(6),
14. 만민의 심판자이신 하나님과 및(7),
15. 온전케 된 의인의 영들과(8),
16. 새 언약의 중보이신 예수와 및(9),
17. 아벨의 피보다 더 낫게 말하는 뿌린 피니라(10).

여기에서 다시 **새 언약**의 축복이 **옛 언약**의 축복보다 수적으로나 중요성으로나 모두 더 나은 것처럼 보인다. 옛 언약은 영적인 것이었지만 후자는 더욱 그러하다. 왜냐하면 하나님의 은혜를 두배로 명시하기 때문이다. 십(10) 혹은 2×5.

시편(PSALM) 83:6−11

시편 83:6−11은 십(10)과 칠(7)을 다른 순서로 나타내고 있다. 6−9절은 이스라엘을 멸절시키고 "끊어 다시 나라가 되지 못하게" 할 목적으로 열(10) 족속의 원수들의 동맹을 보여 주며 반면에 10절과 12절은 주님께서 과거에 패망시킨 일곱 원수들을 열거하고 있으면서 과거에 일곱 원수들에게 하셨던 것처럼 열 원수들에게도 행하시기를 간구하고 있다.

주석가들은 그와 같은 동맹이 과거 이스라엘의 역사에서 전혀 발견되지 않기 때문에 이 시편이 예정적인(*Proleptic*) 것이며 후대의 선지자들이 더욱 특별하게 말한 미래의 동맹에 대해 이야기한다고 결론을 내리는 것에 동의하고 있다.

6−9절, 열겹의 동맹.

1. 에돔.
2. 이스마엘인.
3. 모압.
4. 하갈인.
5. 그발.
6. 암몬.
7. 아말렉.
8. 블레셋인.
9. 두로.
10. 앗수르.

그리고 10−12절에는 오래전에 패망시키셨던 일곱 원수들이 따라 나온다.

11. 미디안인(1), 사사기 7:8.
12. 시스라(2), 사사기 4:21.
13. 야빈(3), 사사기 4:24.

14. 오렙(4), 사사기 7 : 25.
15. 스엡(5), 사사기 7 : 25.
16. 세바(6), 사사기 8 : 5.
17. 살문나(7), 사사기 8 : 5.

수 십칠(17)(단순히 단어가 아니다)은 자신의 의미를 갖는다. 따라서 하나님의 말씀에서 자체적으로 또는 인수로써 나타나는 곳마다 고려해야 할 중요성이 있다.

17은 수 153에서 중요한 인수를 형성한다.

십 구(19)

십구는 무의미하게 만들어진 수가 아니다. 19는 10과 9의 조합이며 심판과 연관된 하나님의 질서의 완전함을 나타낸다. 이것은 또한 하와와 야곱의 *gematria*이기도 하다.

이 십(20)

이십은 십의 두배이며 어떤 경우에는 그것의 농축된 의미를 나타내기도 한다. 하지만 그 의미는 오히려 스물 하나에서 하나가 부족한 사실과 연관되어 있는 것처럼 보인다. 21−1=20, 즉 21이 7의 세배이고 영적완전(7)과 관계하는 것처럼 하나님(3)의 완전하심을 나타낸다면 21에서 하나 부족한 이십(20)은 Milo Mahan 박사가 기대(expectancy)라고 명명한 것을 나타낼 것이다. 그리고 그것을 뒷받침해줄 분명한 실례들을 보면,

이십년을 야곱은 그의 아내와 재산을 소유하기 위해 기다렸다, 창 21 : 38, 41.

이십년을 이스라엘은 야빈의 압제로부터 구원자가 나오기를 기다렸다, 삿 4 : 3.

이십년을 이스라엘은 삼손을 통한 구원을 기다렸다, 삿 15 : 20 ; 16 : 31. 그러나 그의 사역은 "시작했던" 것보다 나은 것이 없었다. 삿 13 : 25.

이십년을 언약궤는 기랏여아림에서 기다렸다, 삼상 7 : 2.

이십년을 솔로몬은 두 집의 완성을 기다렸다, 왕상 9 : 10 ; 대하 8 : 1.

이십년을 예루살렘은 그 포로됨과 파괴 사이에서 기다렸으며 ;
이십년을 예레미야는 그것에 관해 예언하였다.

이 십 이(22)

십일(11)의 두배이므로 특히 하나님의 말씀과 연관되어 강조된 형태—해체와 분열—로 그 수의 의미를 갖는다. 수 이(2)는 신성의 제2위, 살아계신 말씀)과 연관되어 있기 때문이다.

그것은 각각 22년을 통치한 가장 악한 이스라엘 왕들—여로보암(왕상 14 : 20)과 아합(왕상 16 : 29)—과 연관되어 있다.

이미 알아보았던 11은 하나님의 질서(10)에 하나를 추가함으로 하나님의 통치(12)에서 하나를 뺌으로써 그 의미를 얻었다. 이들이 기록된 하나님의 말씀을 전와(轉訛)시킬 수 있는 세 방법중에 두 가지이다—세번째는 수정(alteration). "주의 말씀은 순결함이여"—단어들은 이 세상에 속한 것이므로 정화시키는 것이 필요하다(219면을 보라). 하지만 인간은 이 단어들을 수정하고 빠뜨리고 더하였다. 히브리 알파벳 글자가 수적으로 22개라는 사실과 관련있는 이것에 어떤 다른 것이 있을까? 하나님의 계시가 인간의 언어와 인간의 보존에 위탁되었기 때문에 분열과 타락에 빠지기 쉬웠다는 사실을 그것은 지적하고 있는가?

이 십 사(24)

이십 사는 십이(12)의 배수이므로 동일한 의미를 더 나은 형태로 표현한다(22가 11에 관해 그랬던 것처럼). 24는 하늘의 통치와 경배에 연관된 수이며 이스라엘에 있는 통치와 경배의 지상의 형태는 단지 모방일 뿐이었다. 모세와 다윗은 모두 하나님의 직접계시로 하늘에 있는 것들의 모방품같은 성막과 성전의 경배와 관련된 모든 것들을 지시했다. 히브리서 8：5； 역대상 28：12,19. 그리고(출 40장에) 일곱번 나오는 어구 "여호와께서 명하신 대로"는 모든 것이 하나님의 명령임을 증거한다. 지상의 성전에 있는 제사장들의 스물 네 행동(courses)도 그러하다. 이것은 "하늘에 있는 것들의 양식"으로 구성되었다. 하나님께서 우리에게 어떤 것을 말씀하실 때에 그것이 다른 어떤 것을 의미한다고 결론 짓는 것이 왜 필요한가? 요한계시록 4장에서 우리가 하늘의 이십사(24) 장로에 대해 읽을 때 그들은 단지 읽은 것, 즉 하늘의 경배의 지도자들 뿐이다라고 왜 추측하는 것일까? 왜 그들이 인간을 구속시키기를 원한다거나 구속된 인간들의 상징적인 대표라는 것일까? 왜 그들은 홀로 있지 않는 것일까? 하나님의 백성들이 그렇게 많은 학파와 분파로 나누어지는 것은 이것들처럼 기록된 것에 어떤 첨가를 하기 때문이다.

그들을 구속된 자들의 대표로 간주하는 자들은 요한계시록 5：9의 가정된 권위에 입각하여 그렇게 한 것이다. 그러나 요한계시록 5：9를 옮겨쓰는 과정에서 그 문장을 요한계시록 1：5, 6에 들어맞게 하기 위해서(그것은 다소 비슷하다) 혹은 바로 이 견해를 지지하기 위해서 특정한 단어를 수정한 어떤 기자에 의해 잘못 인도된 것이다. 따라서 이 이십사(24) 장로가 구속되었다는 것이 전승되어서 영화롭게 된 인간들이 된 것이다.

그러나 현재는 고대의 진실한 다른 문장(reading)은 매우 달랐다는 것이 알려지고 있다. 그 문장은 개정역(R. V.)에 주어졌다. "새 노래를 노래하여 가로되 책을 가지시고 그 인봉을 떼기에 합당하시도다. 일찍 죽임을 당하사 각 족속과 방언과 백성과 나라 가운데서 사람들[1]을 피로 사서 하나님께 드리시고 저희[2]로 우리 하나님 앞에서 나라[3]와 제사장을 삼으셨으니 저희가 땅에서 왕노릇하리라.[4]"

그러므로 고대의 진실한 다른 문장은 이 장로들이 인간을 구속시킨다는 모든 근거를 제거하였으며 그들을 하늘의 경배에서 천사의 지도자들이 되게 한다.

---

1) 단어 ἡμᾶς(히마스) "우리"(us)는 Lachmann, Tischendorf, Alford, Westcott와 Hort, 개역자들과 the Codex A의 권위로 바뀌게 되었다. 권위자들의 의견이 이 단어에 대해서 나누어진 것은 사실이지만 그 절에서 다른 대용물에 관해서는 의견이 일치하였으므로 결과적으로 이 단어는 반드시 바뀌어야 했다.

2) 단어 ἡμᾶς(히마스), "우리를"은 모든 비평적 권위로 인해 αὐτοὺς(아우토우스), "그들을"(them)으로 바뀌어야 했다.

3) 단어 βασιλεῖς(바실레이스), "왕들", 모든 비평적 권위로 인해 βασιλεείαν(바실레이안), "나라"로 바뀌어야 했다.

4) 단어 βασιλεύσομεν (바실레이소멘), "우리가 통치할 것이다"는 Lachmann, Tregelles, Alford, Westcott와 Hort, 개역자들과 Codexes A and B로 인해 βασιλεύουσιν (바실레우신), "그들이 통치하다"로 혹은 Griesbach, Scholz, Tischendorf, Tregelles in margin와 Sinaitic Codex로 인해 βασιλεύσουσιν (바실레우수신), "그들이 통치할 것이다"로 바뀌어야 했다.

이 십 오(25)

오(5)의 평방수(5^2 혹은 5×5)이므로 단독으로 사용되든지 아니면 더 큰 수에서 인수로써 나오든지간에 오(5)의 의미, 즉 은혜의 본질을 표현한다. 동일한 원칙이 다음에서도 적용될 수 있다.

이 십 칠(27)

이십 칠은 3의 입방수이다.

이 십 팔(28)

이십 팔은 배수이므로 칠(7)의 의미를 갖는다. 또한 4×7의 산물이므로 4의 의미도 가지고 있다. 242-244면을 보라.

이 십 구(29)

이십 구는 기대의 수, 20과 심판의 수 9의 조합이다.

삼 십(30)

삼십은 3×10이므로 알맞은 순간을 나타내므로써 하나님의 질서의 완전함을 한층 더 높여 나타낸다. **그리스도**께서 사역을 시작할 때가 나이 삼십(30)이었다(눅 3 : 23).

그의 모형(type)인 요셉도 같은 나이였다(창 41 : 46).

다윗 역시 통치하기 시작할 때였다(삼하 5 : 4).

삼 십 일(31)

이것의 히브리 표현은 אל, 엘, 하나님의 이름이다. 그리고 수 또는 인수로써의 의미는 신성(Deity)일 것이다.

사 십(40)

사십은 발생빈도와 수련기(probation), 시험(trial)과 응징(chastisement)—(9와 같이 원수들의 형벌과 관련되는 심판이 아니라 아들들과 언약의 백성들의 응징)—의 기간에 관련한 것의 일관성 때문에 중요한 수로써 일반적으로 오랫동안 인식되어 왔다. 40은 5와 8의 곱이며 부흥과 갱생(8)으로 이끌고, 끝나는 은혜(5)의 행위를 가리킨다. 이것은 사십(40)이 일정

기간의 명백한 수련기와 관련있다는 확실한 예이다. 하지만 확대된 영토 혹은 갱생된 또는 확장된 통치와 관계있는 것은 인수 4와 10에 의해서 그리고 그들의 의미와 일치하기 때문이다.

성경의 표면상에 나타난 그런 기간은 15이다. 그리고 그것은 분류될 수 있다.

시험으로써의 40년 수련기

광야에서의 이스라엘, 신 8 : 2-5 ; 시 95 : 10 ; 행 13 : 18(모세의 생애 120년 중에 세번째 40년).

십자가의 처형부터 예루살렘의 파괴까지의 이스라엘.

구원과 평안함 가운데 번영으로써의 40년 수련기

옷니엘 하에서, 삿 3 : 11,

바락 하에서, 삿 5 : 31,

기드온 하에서, 삿 8 : 28.

확장된 영토에서 번영으로써의 40년 수련기

다윗 하에서, 삼하 5 : 4,

솔로몬 하에서, 왕상 11 : 42,

여로보암2세 하에서, 왕하 12 : 17,18 ; 13 : 3,5,7,22,25 ; 14 : 12-14,23,28.

여호아하스 하에서, 왕하 12 : 1,

요아스 하에서, 대하 24 : 1.

수치와 고역으로써의 40년 수련기

블레셋 하에서의 이스라엘, 삿 13 : 1.

엘리시대에 이스라엘, 삼상 4 : 18.

사울 하에서 이스라엘, 행 13 : 21.

기다림으로써의 40년 수련기

애굽에서 모세, 행 7 : 23.

미디안에서 모세, 행 7 : 30.

사 십 날
(FORTY DAYS)

성경의 표면상에는 그런 중대한 기간이 팔(8)이라는 수이다:

사십(40)일을 모세는 산에 있었으며, 출24:18; 이는 율법을 받기 위함이었다. 출24:18.

사십(40)일을 모세는 금송아지의 범죄 이후에 산에 있었다, 신9:18, 25.

사십(40)일의 정탐을 40년의 형벌로 됨, 민13:26; 14:34.

사십(40)일을 엘리야는 호렙에 있었다, 왕상19:8.

사십(40)일간의 요나와 니느웨, 욘3:4.

사십(40)일을—유다의 범죄한 40년을 상징하는 것으로—에스겔은 우편으로 누웠다.[1]

사십(40)일 후에 예수님은 마귀에게 시험받으셨다, 마4:2.

사십(40)일 후에 예수님은 하늘나라에 속한 것들을 말씀하시면서 제자들에게 보이셨다, 행1:2.

사 십 이(42)

사십 이는 적그리스도와 연관된 수이다. 그의 사역 중에 중요한 부분은 42개월동안 지속하는 것이다(계11:2; 13:5). 따라서 이 수는 그에게 고정되어 있다. 적그리스도의 다른 수는 1260이며 이것은 30×42이다.

---

1) 390(겔4:5)이 구별된 이스라엘의 수인 것처럼 40은 유다와 밀접한 관계를 갖게 된다. 40이 8의 배수이고 390이 13의 배수이기 때문에 이 뜻(will)의 의미는 면에서 알 수 있다. 65(5×13)가 에브라임의 수인 반면 70은 예루살렘 특별히 연관된 수라는 것도 주목할 만하다.

인수가 여섯(6)과 일곱(7) (6×7=42)이며 이것은 인간과 하나님 사이의 관계와 그리스도와 적그리스도 사이의 관계를 나타낸다.

사십이(42) 단계의 이스라엘에 대한 경고는 하나님의 뜻과의 충돌을 나타낸다.

사십이(42) 젊은 아이들[1]이 엘리사에게 엘리야의 승천을 흉내내라고 조롱하였다(왕하 2 : 23,24).

42가 칠(7)의 배수이므로 영적완전과 연관되어 있지 않을까 하고 추측할 수도 있을 것이다. 하지만 그것은 일곱(7)의 여섯배이다. 따라서 인간의 수와 하나님께 대한 인간의 대적의 수인 여섯(6)이 있으므로 사십이(42)는 하나님께 대한 인간의 대적에서 나온 일을 의미하게 된다.

보통 어구에서 "여섯과 일곱"(sixes and sevens)으로 이루어진 것들에 관한 많은 것들이 있을지도 모른다. 실제로 인간이 하나님의 일들에 혼합되었을때 그리고 종교적인 "육체"(flesh)가 영적인 것들에 개입하였을때 그렇게 된다. "여섯과 일곱" 이하를 보라.

게마트리아
(IN GEMATRIA)

그것은 니므롯의 이름의 수 294 혹은 42×7에 있는 인수이다. 적그리스도의 이름에 인수로서는 흔히 발견된다. "열 셋" 이하를 보라.

그것은 개별적인 수로는 흔히 나타나지 않지만 다른 수의 인수로써 나타날 때는 언제나 그 수에 자신의 의미를 나누어 준다.

---

1) 277면을 보라.

오 십(50)

오십은 기쁨(jubilee) 혹은 구원의 수이다. 50은 7×7(7^2)의 소산이며 시간의 완전한 성취의 결과로써 이어지는 구원과 안식을 가리킨다.

오 십 일(51)

이것은 하나님의 계시의 수이다.

왜냐하면 24권이 구약이며

27권이 신약이다.

모두 합하여 51권이다.

물론 이것은 인간의 조작에 따른 계산이 아니고 사본(寫本-MSS.)에서 보인 것처럼 우리의 권위있는 근거만으로 만든 책들의 하나님의 구별을 포함한 것이다. 유대인과 이교도들의 공상추론은 완전히 다르며 모순되는 수를 만들었다.

육 십 오(65)

십삼(13)의 배수인(13×5=65) 65는 특히 에브라임과 연관되어 있으며, (사 7 : 8을 보라) 그 지파의 배교를 나타낸다. 사사기 17장에서 시작된 이 배교는 이후에 "에브라임"이란 이름으로 흔히 불리워진 열지파의 왕국까지 확장되었다.

"육십오(세개의 이십과 오)년내에 에브라임이 패하여 다시는 나라를 이루지 못하리라."

칠 십(70)

칠 십은 완전수 두개—일곱(7)과 십(10)—의 다른 조합이다. 우리는 십칠(17) 이하에서 그들의 합의 의미에 대해 알아 보았다. 그들의 곱(*product*)도 의미가 적지는 않다.

두 수의 합으로 비교된 것처럼 곱은 각각의 의미를 강조된 형태로 보여준다.

따라서 7×10은 모든 영적 능력과 의미로 성취한 완전한 영적질서를 상징한다. 영과 권세 이 둘이 크게 강조되 있다.

칠 십 족속
(THE SEVENTY NATIONS)

땅을 차지한 칠십 족속은 그 사실의 중요성을 보여주는 특정한 것으로 설명된다(창 10장을 보라).

창 46장의 칠 십 영혼
(THE SEVENTY SOULS OF GENESIS 46)

칠십 영혼의 칠십(70)은 7×10이므로 7의 배수로 인해 보여지는 영적진리의 완전함 뿐만 아니라 10의 배수에서 보여지는 하나님의 질서의 완전함에 의해서 나타난다.

사도행전 7 : 14에 주어진 수에 주목해야 한다. 이것은 다른 분류 즉 그 수가 75에 이르는 "모든 친족"에 관한 언급이기 때문에 별개의 것이다. 창세기 46 : 26에는 하나님께서 다른 분류—즉 "야곱의 몸에서 나온" 자들은 수적으로 칠십(70)이었다—에 대해 말씀하신다.

이 수는 레아와 그녀의 하녀의 후손과 라헬과 그녀의 하녀의 자손을 구별하는 현저한 방법으로 구성되었다.[1] 후자가 7의 배수들을 더욱 현저하게 나

---

1) 그들 이름의 Gematria는 꼭 주목할만하다. p. 268—269면을 보라.

타낸다.

레아의 자손 …………………………………	33 (3×11)
(32명만이 기명되었다. 왜냐하면 한명, 즉 모세의 어머니 요게벳[1]은 임신하고 있었지만 애굽에 도착해서 낳았다(민 26 : 59). 따라서 여기에 기명될 수 없었다)	
그녀의 하녀 실바의 자손 ………………………	16 (4×4)
구분하여 합하면(구분하면 되지 않지만) 7의 배수가 된다 …………………………………	49(7×7)
라헬의 자손 …………………………………	14 (2×7)
그녀의 하녀 빌하의 자손 ………………………	7
	21(3×7)
구분하거나 합하거나 모두 7의 배수 …………	70(7×10)

이들 칠십명이 이스라엘 국가를 세웠다. (창 46 : 27; 출 1 : 5; 룻 4 : 11을 보라).

칠십 장로들은 이스라엘의 위대한 재판소를 설치하였다(출 24 : 1; 민 11 : 16). 이후에 산헤드린(공회)이라고 불리게 되었다. 다음 수(120) 이하를 보라.

주님께서 보내신 칠십인은 그들이 좇았던 주인이 영적으로나 능력으로나 강하다는 것을 예시한다(눅 10 : 1,17).

그것은 예루살렘과 특별한 관계가 있는 수이다.

예루살렘
(JERUSALEM)

칠십(70)은 특히 예루살렘과 연관된 수이다. 왜냐하면 유다가 바

---

1) 그녀 이름의 *gematria*는 42(6×7)였지만, 하나님의 부르심을 입은 단지 인간이었다.

벨론에 있는 동안 성은 칠십(70)년동안 안식하였기 때문에, (렘 35 : 11).

그리고 칠십 칠(77)은 범죄를 끝내는 것으로 정해졌으며 그것을 위한 영원한 의를 초래한다.

일백 이십(120)

일백 이십은 세개의 사십으로 형성된다(3×40=120). 이것은 시간에 적용하면 하나님께서 지정하신 수련기간을 상징한다(창 6 : 3).

사람에게 적용하면 기다리는 기간 동안에 나타내는 하나님께서 지정하신 수를 암시한다(행 1 : 5).

또한 바벨론에서 귀환한 자들의 수, 42,360의 인수이다(120×353).

또한 애굽에서 나온 자들의 수 600,000의 인수이다(120×5000).

또한 이스라엘의 열두 지파에서 대환난 기간을 통하여 흠이 없게 인침받을 144,000명의 인수이기도 하다(120×1200).

유대 전통의 이름을 알 수 없는 사람은 **"대 회중"**(느 10 : 1—10)이 120명의 회원으로 구성되었다는 탈무드[1]에 동의한다. "하나님의 법을 최초의 위대함으로 회복하는데 영향을 미치는 위대한 작업과 향유했던 위대한 권위와 명성때문에 그것은 '대'(great)라고 불

1) *Jerusalem Berachoth*, 2 : 4 ; *Jerusalem Megilla.*1 ; *Bab. Meg.* 176.

리웠다." 그들의 가장 위대한 작업은 구약의 정경을 완결하는데 있었다. 대 회중은 주전 410－300년, 혹은 느헤미야 말기부터 의인 시몬의 죽음까지 약 110년동안 존속되었다. 그후 전체적인 조직이 변하자 산헤드린으로 넘어갔다.[1)]

1) *Kitto*, vol.3, 909면을 보라.

일백 오십 삼(153)

이 수는 초창기부터 성경연구생들 중에 많은 이들을 고심하게 만든 수이다. 요한복음 21 : 11에 소개된 엄숙한 방법으로부터 이 수에 의미가 매우 깊고 신비스러운 것이 있을 것이라고 모든 이들이 느꼈다. "시몬 베드로가 올라가서 그물을 육지에 끌어 올리니 가득히 찬 고기가 일백 쉰 세마리라."

다른 이적들은 그 교훈속에 비유들이 있다. Augustine[1]은 두개의 기적적인 어획량—한번은 그리스도의 사역초기에 그리고 다른 하나는 부활후 말기에—사이에 비교와 대비를 지적했다. 그와 다른 주석가들은 마지막 하나까지도 특정적이고 한정적으로 세어졌기 때문에 큰 짝수가 아니라 더 작은 홀수 153을 구성하는, 이 수에 구원받은 자들과 연관된 어떤 것이 있으리라고 보고 있다. 그들은 이 수에서 선민의 수가 고정적이고 예정되었다는 사실의 증거로 보고 있다.[2]

또한 Jerome은 그 수에 더 깊은 의미가 있으며 153종류의 물고기, 즉 복음의 그물에 걸려든 모든 종류의 사람들이라고 말한다.

다른 이들은 더욱 놀라운 제안들을 만들어 왔지만 그것은 모두 공상의 산물이다.

우리가 최대한 말할 수 있는 것은 그것이 만약 짝수 150이었다면 모든 정의가 없었을 것이지만 그것은 150을 초과하는 것으로 3을 더하고 있듯이 이 고기들이 구원받은 자의 상징이라면 요한복음에 기록된 우리 주님의 말씀의 실례와 확증을 여기에서 제시한다는 느낌을 받게 된다. "내게 주신자 중에

---

1) 요한복음에 대한 논문, 122.
2) Trench의 이적에 대한 논문 194면.

내가 하나도 잃어버리지 아니하고"(요 6 : 39), "저희를 보존하와 지키었나이다. 그중에 하나도 멸망치 않고"(요 17 : 12)라 한다.

이 수를 판단하였던 방법으로 돌아가면 우리는 여러 형태를 발견한다. Augustine과 Gregory 대제는 17이 10과 7의 합이라는 사실부터 시작한다. 그것은 17의 의미이기 때문이다(331면을 보라) 하지만 그들은 17을 다른 방법으로 다루고 있다.

Gregory는 단순히 17에 3을 그리고 다시 3을 곱한다(17×3^2). 그리하여 153에 이르게 된다.

한편 Augustine은 가산법(addition)을 채용하여 모든 숫자의 합과 17을 포함하여 총계가 정확히 153에 이르는 방법을 취한다. 그가 말하기를[1] 1에 2를 더하면 물론 3이 되고, 이것에 3과 4를 더하면 전체의 수는 10이 된다. 그리고나서 17까지 이어지는 모든 수를 더하면 합계는 전술한 수 [153]에 이른다. 즉 1부터 4까지 모두 더함으로써 10에 이르렀다면 5를 더하여 15가 되고, 이것에 6을 더하면 값이 21이고 또 7을 더하여 28이 되며 이것에 8과 9와 10을 더하면 55를 얻으며 이것에 11과 12와 13을 더하면 91이 되며 이것에 다시 14와 15와 16을 더하면 136에 이른다. 그리고 이것에 남아있는 수, 즉 17을 더하면 고기의 수를 채울 것이다.[2]

Wordsworth 감독은 다른 방법으로 자신의 결과를 도출한다. 그는 두 수를 사용하여 곱과 합으로 다루고 있다. 우선 12(교회의 수)의 제곱을 취하고 3(신성의 수)의 제곱을 더하여 $12^2+3^2=153$, 혹은 $(12\times12)+(3\times3)$임을 지적한다.

우리는 아직도 수 가운데서 우리 연구의 결과로써의 여러 형태에 또 다른 공헌을 하는 것이 가능하며 $153=9\times17$임을 말할 수 있고 하나님의 백성(17)을 위해 그들의 중보자로 고갈된 모든 심판(9)을 이 수에서 알 수도 있

1) 요한에 대한 논문, 122.
2) 이것을 좀더 체계적으로 표현하면, $1+2+3+4+5+6+7+8+9+10+11+12+13+14+15+16+17=153$.
그리고 Gregory의 주장을 표현한다면 : $(10+7)\times(3\times3)=153$.

다.

그러나 "구원은 주님의 것이다"에서 그 근원, 그 힘과, 그 결과에는 동일하신 하나님이 있다는 위대하고 축복된 사실에는 모두가 동의한다.

동일한 하나님의 성격은 그것이 작용될 때 있던 많은 제자들에 의해 이적과 교훈에 깊이 나타나 있다. 거기에는 일곱이 있다. 일곱은 보통 3과 4로 나누어진다—3은 이름이 있는 것이고 4는 이름이 없는 것.

남아있는 한 가지 교훈은 진실하다. 즉 구속된 자의 전체적인 수는 삼위의 하나님(Triune)의 능력으로 구원된 것이다.

우리는 단순히 153이라고 생각함으로써 이 모든 것을 요약할 수 있다.

하나님의 아들들의 수
(THE NUMBER OF THE SONS OF GOD)

어구 בני האלהים (베니 하엘로힘), "하나님의 아들들"은 일곱번 나온다![1]

이 표현의 gematria는 정확히 153이다.

ב = 2
נ = 50
י = 10
ה = 5
א = 1
ל = 30
ה = 5
י = 10
ם = 40

153

---

1) 그것들 중 하나는 약간 다르다. בני אל־הי (베니 엘 하이), "살아계신 하나님의 아들들". 따라서 인간적이고 신적인 요소가 여섯과 일곱에서 나타난다(212면을 보라).

헬라어에서 그 표현은 동일한 현상을 다른 형태로 보여준다. Gematria는 3213 혹은 3×7×153이다.

이것과 관련하여 욥기 2:1에 "베니-하 엘로힘, 사탄도 그들 가운데 함께" 있다는 것은 매우 주목할 만하다. 이 표현의 gematria는 1989이고 이 수의 두 인수는 153과 13이다(13×153=1989).

단어 συγκληρονόμοι(숭클레로노마이), "공동 상속자"(롬 8:17)는 1071로 계산되고 인수는 153×7이다(153×7=1071).

συγκληρονόμοι δὲ Χριστοῦ(숭클레로노마이 데 흐리스투), "그리스도와 함께 한 후사"(롬 8:17)라는 표현은 2751로 계산된다. 이제 우리가 앞에서 보았듯이 153의 인수는 9와 17이며, 수 2751은 구백(900)에 열일곱을 더하여 세배한 것이다. 즉 3×(900+17)=2751.

κτίσις θεοῦ(크티시스 데우), "하나님의 피조물"라는 표현은 1224, 혹은 8×153이다.

이적 그 자체의 기록에는 어떤 주목할 만한 현상들이 있다.

"물고기들", ἰχθύες(이흐두에스)란 단어는 gematria가 1224, 혹은 8×153이다.

"그 그물"이란 단어는 τὸ δίκτυον이고 이것의 gematria 또한 1224, 혹은 8×153로 계산된다. 왜냐하면 그것은 찢어지지도 않았고 배의 "오른편"으로부터 해변까지 소중한 짐을 무사히 옮겼으며 "잃은 것이 하나도 없었다."

완전히 새로운 견해가 최근에 F. Roberts 중령에 의해 제시되었다. 그는 그리스도로부터 직접적인 축복을 받은 무리들 가운데서 정확히 153명의 특별한 개인적 사례들이 기록되었다는 것을 발견하였다. 한 두 예를 수정하여 첨부하였다. 그리고 어떤 이름이 없어진 것이 나타난다면 그들을 생략한 정당한 이유가 있다는 것을 조사한 후에 알게 될 것이다. 예를 들면 나다나엘은 바돌로매와 같은 이름이다. 한편 맛디아와 바사바(행 1:23), 요셉, 바나바(행 4:36), 스데반 다른 많은 이들과 함께 그들은 예수님으로부터 축복을 받았을지도 모르지만 그리고 실제로 받았을테지만, 그러나 그렇게 기록되어 있지 않다. 사가랴, 엘리사벳, 세례요한, 요셉, 시므온, 안나 그들은 모두 예수 탄생 전에는 축복 속에 있었지만 그들 역시 포함되지 않았다.

다음은 그 목록이다.

1. 문둥병자 …………………………………… 마8:2 … 1
2. 백부장과 하인 ……………………………… 마8:5 … 2
3. 베드로의 장모 ……………………………… 마8:14 … 1
4. 귀신들린 자 둘 ……………………………… 마8:18 … 2
5. 침상에 누운 자와 나른 사람들 (막2:3) …… 마9:2 … 5
6. 야이로와 그의 딸 …………………………… 마9:18 … 2
7. 혈루증 앓는 여인 …………………………… 마9:21 … 1
8. 소경 ………………………………………… 마9:27 … 2
9. 벙어리 ……………………………………… 마9:32 … 1
10. 열한 사도 …………………………………… 마10:2 …11
11. 손이 마른 자 ……………………………… 마12:10… 1
12. 귀신들려 눈 멀고 벙어리 된 자 …………… 마12:22… 1
13. 주님의 형제 (행1:4) ……………………… 마13:55… 4
14. 수로보니게 여자와 딸 ……………………… 마15:22… 2
15. 간질병 아이와 아버지 ……………………… 마17:14… 2
16. 소경들(여리고를 떠나갈 때)[1] …………… 마20:30… 2
17. 문둥병자 시몬 ……………………………… 마26:6 … 1
18. 마리아(나사로의 누이, 32번과 47번을 보라) ……………………………………… 마26:7 … 1
19. 백부장 ……………………………………… 마27:54… 1
20. 살로메(세베대의 아들들의 어머니) ……… 마27:56… 1
21. 마리아(야고보의 어머니이며 글로바의 아내) ……………………………………… 마27:56… 1

---

1) 그들중 하나는 바디매오이므로(막10:46) 이 두명은 예수께서 여리고를 떠나실 때 고침받았다.

22. 막달라 마리아 ································ 마 27 : 56 ··· 1
23. 아리마대 요셉 ································ 마 27 : 57 ··· 1
24. 더러운 귀신들린 자 ························ 막 1 : 23 ··· 1
25. 귀먹고 어눌한 자 ··························· 막 7 : 32 ··· 1
26. 소경 ··· 막 8 : 22 ··· 1
27. 나인성의 과부의 아들 ····················· 눅 7 : 12 ··· 1
28. 죄인인 한 여자 ······························· 눅 7 : 37 ··· 1
29. 요안나와 수산나 ····························· 눅 8 : 3 ··· 2
30. 한 제자–"나를 따르라" ····················· 눅 9 : 59 ··· 1
31. 칠십인 제자 ··································· 눅 10 : 1 ··· 70
32. 마르다 ·· 눅 10 : 38 ··· 1
33. 귀신들려 꼬부라진 여자 ···················· 눅 13 : 11 ··· 1
34. 고창병자 ··· 눅 14 : 2 ··· 1
35. 열 문둥병자 ···································· 눅 17 : 12 ··· 10
36. 소경(여리고에 가까이 오실 때)[1] ·········· 눅 18 : 35 ··· 1
37. 삭개오 ·· 눅 19 : 2 ··· 1
38. 말고 (요 18 : 10) ······························ 눅 22 : 51 ··· 1
39. 뉘우치는 강도 ································· 눅 23 : 43 ··· 1
40. 엠마오의 두 제자 ····························· 눅 24 : 13 ··· 2
41. 니고데모 ··· 요 3 : 1 ··· 1
42. 사마리아 여인 ································· 요 4 : 4 ··· 1
43. 왕의 신하와 아들 ····························· 요 4 : 46 ··· 2
44. 무능한 사람(베데스다) ······················ 요 5 : 1 ··· 1
45. 간음한 여인 ···································· 요 8 : 11 ··· 1
46. 소경으로 난 아이 ····························· 요 9장 ··· 1

1) 소경은(36번) "여리고에 가까이 오실 때" 고침받았다(눅 18 : 35). 따라서 그는 예수께서 여리고를 떠나실 때 고침받은 두명에 부가적인 것이다. 마 20 : 30 ; 막 10 : 46을 보라.

47. 나사로 .... 요11장 … 1
48. 마리아(예수의 어머니) .... 요19 : 25… 1
153

위의 모든 것이 진실일 것이라 믿고 선택적인 해답으로써가 아니라 부가적인 설명으로써 위의 사항들을 제시한 것이다. 이는 모든 것이 진실일 것이며, 적어도 별들에게 무수한 축복이 있었던 것처럼 주의 백성에게 적용되는 동일한 사실을 지지하는 중복 증거가 늘어나도록 기여를 하고 있다는 것을 믿기 때문이다. "저희를 다 이름대로 부르시는도다" (시147 : 4).

출애굽기는 우리가 구속에 대한 들을 책이며(출15 : 14), 이 책의 히브리식 정경의 이름은 **"이름들"**이다. 왜냐하면 그의 백성을 이름으로 구속하셨기 때문이다.

이것이 153마리의 거대한 고기들의 교훈이다.

이백(200)

이십은 전술했듯이 기대(期待-expectancy)의 수이다(332 면). 여기에서는 그것의 십배를 알아보자(20×10).

이 수의 의미는 요한복음 6 : 7에 암시하고 있다. "이백 데나리온의 떡이 부족하리이다."

그래서 우리는 많은 것들에 부족(insufficiency)으로 나타나 있는 이 수를 발견하게 된다.

인간의 200세겔은 그의 죄과로부터 구원하기에는 "부족한"것이었다(수 7 : 21). 이것은 금전의 불충분을 보여준다(시 49 : 7-9).

압살롬의 머리털 무게 200세겔은 그를 구원하기에 "불충분" 하였으며 오히려 그의 파멸의 원인이 되었다(삼하 14 : 26; 18 : 9). 이것은 외모의 불충분을 보여준다.

미가의 새긴 우상은 200세겔로 구입하였고(삿 17 : 4; 18장), 이스라엘에 우상소개와 요한계시록 7장의 축복으로부터 단과 에브라임 지파를 삭제하게 만들었다. 이것은 단순한 신앙의 불충분을 보여준다.

에스라의 200 "노래하는 남녀"(스 2 : 65)는 "하나님과 함께 하는 평안", 진정한 영적 경배 혹은 주님 안에 기쁨을 낳기에는 "불충분" 하였다. 올바르게 베풀어진 하나님의 말씀만이 이것에 이르게 할 수 있다(느 8 : 5-9). 이것은 하나님의 경배에서 영원한 것의 불충분과 관성(senses)으로 하나님을 경배하는 것의 불가능성을 보여준다. 하나님이 홀로 받으실 진정한 예배는 **"반드시"** 영적인 것이어야 한다 (요 4 : 24).

삼백 구십(390)

이것은 13×30이므로 이스라엘의 수이다(겔 4 : 5). 65(5×13)가 에브라임의 수이고(사 7 : 8), 40(5×8)이 유다의 수이며(겔 4 : 6), 70(7×10)이 예루살렘의 수이듯이 이들 각각의 수 이하와 또한 수 8과 13 이하를 보라.

연대학적으로는 왕국의 분열에서부터 포로생활까지가 390년이다. 따라서 이스라엘의 분리된 왕국의 존속기간은 에스겔 4장에 언급된 것처럼 390년이다.

사백(400)

사백은 8과 50의 곱이며 하나님의 완전한 기간이다.

이삭의 출생으로 아브라함에 대한 약속의 성취로부터 출애굽까지가 400년 동안의 기간이었다. 스데반은 "그 씨로부터 연대를 추정하여 언급하고 있다(행 7 : 6). 그리고 하나님께서는 아브라함에게 "네 자손"[1] (창 15 : 13)을 말씀하신 그 순간부터 연대를 계산하신다. 이것은 흔히 완전히 다른 430년의 기간과 혼동된다.

---

1) 이 절의 구조는 말도 안되게 곡해되었던 상황에서 벗어나게 한다 : –

A | "너는 정녕히 알리라 네 자손이 이방에서 객이 되어
　B | 그들을 섬기겠고
　B | 그들은 … 네 자손을 괴롭게 하리니
A | 사백년 동안

B와 *B*를 하나의 삽입구로 놓으면 A와 *A*는 전체의 체류(sojourh)기간을 망라하는 반면 B와 *B*는 그 400년 내에 삽입구의 지칭되지 않은 기간 동안의 섬김과 체류에 대한 언급이다. 행 7 : 6의 구조도 이와 동일하다.

사백 삼십(430)

430년은 그 결말에 관하여는 동일한 시한을 갖는다 해도 동일한 시한에서 시작하지는 않는다.

아브라함의 부르심 혹은 부르실 때 그에게 하신 "약속"(창 12 : 3)으로부터 출애굽까지 430년이다. 이것은 "체류" 전 기간을 포함한다. 창세기 15 : 13[1]와 사도행전 7 : 6에서와 같이 아브라함의 "씨"가 아니라 아브라함 자신의 체류, 이것이 "약속"으로부터 "율법"까지의 기간으로 갈라디아서 3 : 17에 언급된 것이다. 또한 출애굽기 12 : 40에도 언급되었다. 여기에서 "체류"가 동사의 주격(혹은 주어)인 반면, "애굽에 거주한"이란 문장은 그들에 관한 중요한 시한을 삽입하여 한정하는 관계절이다.

사백 구십(490)

이것은 연대학 서두에 언급한 일곱개의 70년이다(15 면). 따라서 70의 7배인 수 자체의 영적 의미를 지적하는 것 이상은 여기에서 확대할 필요가 없다.

다니엘은 기도중이었으며 그는 예레미야가 예언한 70년에 관하여 염려하였다(단 9 : 2 ; 렘 25 : 11,12 ; 29 : 10). 그리고 응답은 그 정해진 70년들이 회복과 축복으로 막 끝내려고 하지만 다른 70년의 일곱배

1) 앞쪽의 주 1)를 보라.

의 기간이 결정되었으며(9 : 24—27), 그것은 전자의 70년을 끝내는 그 "포고"(decree ; 느 2장)로부터 시작된다는 것을 의미한다. 그리고 다니엘의 "성"과 "백성"의 충만한 그리고 최후의 회복이 성취되기 전까지 이들은 어떤 사건으로 나타나게 되는 그들의 경로로 나아가게 된다.

수 490은 예루살렘의 수(70)에서 나오는 일에 관하여 영적 완전(7)의 곱을 나타낸다. 왜냐하면 70의 7배는 490이기 때문이다.

육백 육십 육(666)

육백 육십 육은 "이름의 수"이다(계 13 : 17,18). 적그리스도의 이름이 알려지게 된다면 그것의 gematria는 여지없이 666으로 발견될 것이다. 하지만 이 수는 고대 종교의 은밀한 신비에 심오한 언급과 관련을 갖는다고 생각한다. 그리고 그것은 최후의 큰 배교와 관련하여 다시 명백해질 것이다.[1)]

글자의 수치가 666에 이르는 많은 이름들이 발견될 수 있다. 약 40개의 그런 *gematria*를 갖는 목록이 있다. 그들 대부분은 히브리어와 헬라어(아라비아 숫자나 숫자에 대한 다른 특별한 기호가 없음)로 제한된 *gematria* 대신에, 똑같은 방법으로 철자를 만들었다는 가정하에 영어, 불어 그리고 다른 현대어의 이름들에 원칙을 확대하였으므로 부조리한 것이다.

한편 인명과 지명을 여러 언어로 음역하는 것이 단순하지 않다는 것은 주지의 사실이다.[2)] 따라서 아라비아 숫자를 사용하는 현대의 유럽어에서 단어를 취하려는 시도는 모순된 일이다.

Gematria는 이름을 밝히기 위한 방법이 아니라 그 사람이 밝혀진 후에 이름을 확인할 시금석(test)과 증거(proof)가 될 것이다.

육(6)이 세속적인 혹은 인간의 수라면 66은 동일한 사실의 강조 표현이 되고 666은 농축된 표현이 된다. 그러므로 666은 인간적 완전의 삼위일체, 철저한 불완전, 하나님을 의존하지 않는 인간적 교만함의 절정

---

1) James Nisbet회사에 의해 발행된 666의 계산을 보라.
2) "Venice"를 취해보자. 이것은 영어 표기이다. 그러나 불어를 *Venise*, 독일어는 *Venedig*, 한편 이태리어는 *Venezia*이다.

과 그리스도를 대적하는데서 나타낸다.

그러나 그 수는 계산되어야(ψηφίζω<프세휘조>, 합계하다, 계산하다, 단순히 세거나 열거하는 것이 아니다) 한다(계 13 : 18을 보라). 따라서 이미 언급했듯이 그것은 *gematria*에 의해서 알려질 수도 있겠지만 알려지지 않았다. 그리고 예수란 단어의 글자가 888에 이른 것 같이 계산하여 인수들 중의 하나가 될 것이다.

하지만 666은 악마의 숭배와 관련된 고대 이교도의 비밀의식의 은밀한 상징이었다. 오늘날에는 이것이 고대의 신비종교들과 강신술(降神術), 점신론(占神論) 등에 그들의 현대적 활동 사이의 은밀한 연결고리가 된다. 원수들의 노력은 현재 하나의 거대한 것으로 모두를 결합하는 방향으로 지시되고 있다. 세속적이면서 종교적인 신문들은 그런 한 연합에 대한 음모로 가득차 있다. "재결합"은 이미 만연해 있다. 기독교 국가의 재결합을 위한 협회들과 교회의 재결합을 위한 회의들은 동일하고 거대한 움직임의 유사한 부분들이며 모든 것을 조장하고 있으며 다가 올 배교의 상징들이다. 이 시대를 통하여 "구별"(separation)은 그의 백성을 위한 말씀이며 그리스도의 표시이다. 반면에 "결합"과 "재결합"은 적그리스도의 표시이다.

수 6은 옛 신비종교에 깊이 나타나 있었다. 옛 신비종교에 헬라 알파벳에서 글자 ς는 숫자 6의 상징이었기 때문에 상당히 은밀한 상징은 ςςς 세글자로 이루어졌다(70면을 보라). $\alpha=1$, $\beta=2$, $\gamma=3$, $\delta=4$, $\epsilon=5$, 그러나 6에 이르면 다른 글자를 끼워 넣었다. 다음 글자는 여섯번째(ζ, 제타)가 아니라 "Stigma"(ς)라고 불리우는 ς의 기이한 형태인 다른 글자였다. 오늘날에는 단어 *στίγμα*(스티그마)가 표시(mark)를 특히 노예, 양 혹은 군인들에게 그들의 소유주나 주인에 의해 새겨지는 낙인(brand)에 의해 만들어진 혹은 열광적 신자가 그들의 신에 속한다는 것으로써 자신에게 낙인을 찍는 표시를 의미한다. 그것은 *στίζω*, 찌르다, 혹은 뜨거운 쇠로 낙인찍다에서 유래하였다. 따라서 그것은 상처 혹은 흉터에 사용되었으며, 바울에 의해서 고통의 상징과 주님을 위하여 그의 몸에 지니고 있으며 그를 사신 자에게 속하는 것을 나타내는 표시로써 언급한 흔적으로 사용되었다(갈6 : 17).

이 글자는 현재 우리에게 친밀해지고 있다. 그리고 우리가 상징적인 “ς”, “ς”로 (무지하게도 아무런 의심없이) 나타낸 많은 것들을 볼 때 특히 “구속”이 아닌 심판과 관련이 되어 있으며, 요엘 2 : 30,31에 “여호와의 크고 두려운 날이 이르기 전에” 무서운 징조중의 하나로 주어진 “피와 불”과 연관되어 있을 때는 불쾌해진다.

배교는 우리 앞에 있다. 과거에 기독교는 억압받고 타락해 왔다. 우리 시대에 온 것처럼 한번 흉내를 내 본다면 형벌(judgment) 외에는 아무것도 남는 것이 없을 것이다. 진정한 종교의 폐허 위에 큰 배교를 계속해서 세우기 이전에 원수들이 할 수 있는 것은 아무것도 없다. 따라서 다가 올 심판을 위해 길을 예비해야 한다.

히브리인과 헬라인처럼 로마인들도 그들의 알파벳 글자를 모두 사용하지 않았다는 것은 주목할 만하다. 그들은 단지 여섯 글자,[1] D, C, L, X, V와 I만을 사용했다. 그리고 이들의 합이 666에 이르는 것은 더욱 주목할만하며 중요하다.

$$
\left.\begin{array}{l}
\left.\begin{array}{l} 1.\ D=500 \\ 2.\ C=100 \end{array}\right\}\ 600 \\
\left.\begin{array}{l} 3.\ L=\ 50 \\ 4.\ X=\ 10 \end{array}\right\}\ 60 \\
\left.\begin{array}{l} 5.\ V=\ 5 \\ 6.\ I=\ \underline{1} \end{array}\right\}\ 6
\end{array}\right\}\ 666
$$

$$666$$

세 쌍(pairs)의 각각에는 6=5+1이므로 하나(one)의 합이 있다. 그것은 인간의 타락으로 대치된 하나님의 은혜이다.

수 666은 광범위하고 어쩌면 지금까지 발견된 어떤 것보다도 더 깊은

---

1) M은 단순히 두개의 D's, ᗰ로 이루어진 것 같다.

의미로 가득차 있을지도 모른다는 것을 이로부터 알게 될 것이다. 그러나 한 가지, 즉 세겹의 6은 다가 올 적그리스도의 인격에서 하나님께 대한 인간의 적대감의 절정을 나타내는 것은 확실하다.

이 수의 의미의 한층 심화된 의미는 다음에서 나타난다.

옛 앗수르제국의 존속기간
(THE DURATION OF THE OLD ASSYRIAN EMPIRE)

옛 앗수르제국의 존속기간은 바벨론에 의해 정복되기 이전 666년이었다.

유린당한 예루살렘
(JERUSALEM WAS TRODDEN DOWN)

예루살렘이 로마제국에 의해 유린당한 기간은 악티움(Actium) 전투, 주전 31년부터 사라센 정복 주후 636년까지 정확히 666년이다.[1)]

세 사람
(THREE ARE THREE MEN)

하나님과 그의 백성의 공언한 원수로 성경에 나오는 세 사람이 있다. 이들은 각각 그 의미를 놓칠 수 없는 수 6으로 낙인찍혀 있다.

1. **골리앗**, 그의 키는 6규빗이었고, 그는 6조각의 갑옷을 가졌다.[2)] 그의 창날의 무게는 철 600 세겔이었다(삼상 17 : 4－7).
2. **느브갓네살**, 그가 건립한 "우상"은[3)] 높이가 60규빗이었고 폭이 6

---

1) 동일 저자의 The Witness of the Stars의 p.177부터 끝까지를 보라.

2) 엡 6 ; 14－18, 그리스도인의 갑주는 일곱번째 조각이 있다－"기도" "일곱" 이하를 보라.

3) 그가 세운 "우상"과 이후에 그가 꿈에서 본 '인간'과는 구별해야 한다. 비례가 서로 같지 않다. 인간의 키와 폭의 비는 10 : 1과 같지 않다. 따라서 어떤 이들은 이 '우상'이 오벨리스크였을 것이라고 생각하였다. 그러나 '우상'이란 단어는 형태 혹은 유사한 것을 나타내기 때문에 주각－그것의 높이까지 포함된－위에 서있는 인간의 형태와 비슷했었을 것이다. 주각(柱脚)은 24(6×4) 규빗 그리고 우상은 36(6×6) 규빗이었을 것이다.

규빗이었으며(단3 : 1), 6종류의 악기로 음악이 연주될 때 절하게 하였다.[1]

3. **적그리스도**, 그의 수는 666이다.

첫번째에서는 육체적 강함의 교만과 관련된 하나의 여섯(6)을 알 수 있다.

두번째에서는 완전한 주권의 교만과 관련된 두개의 여섯(6)을 알 수 있다.

세번째에서는 사탄의 인도의 교만과 관련된 세개의 여섯(6)을 알 수 있다.

금 달란트
(THE TALENTS OF GOLD)

솔로몬에게 가져온 금 달란트는 1년에 666이었다(왕상 10 : 14). 그러나 이런 금권(金權)의 완전함은 "헛되이 바람을 잡으려는 것"일 뿐이었다(전2 : 8,11 ; 딤전6 : 10과 비교하라).

세겹의 수 666에 관하여 하나의 수(6)가 의미있는 한 두개의 수(66)는 더욱 의미가 깊어지며 세개의 수(666)는 특정수의 농축된 의미 혹은 본질을 나타낸다는 것을 이미 (24면) 알아 보았다.

이와같은 예들을 알아보면

예수, 888, 주님의(dominical) 수,

소돔, 999, 심판(judgment)의 수,

다메섹, 444, 세상(world)의 수,

짐승, 666, 인간(man)의 수,

"진실로 진실로 너희에게 이르노니", 888.

"주 하나님의 만드신", 888 등등.

---

1) 우상의 건립을 묘사하고 있는 단3 : 1에 단어들의(gematria에 의한) 수치는 4662이다. 바로 그 수치도 중요하지만 이 수의 인수들은 더욱 중요하다. 4662=7×666.

포로생활에서 돌아온 "아도니감의 자손들은 666명이었다. 아도니감은 "원수들의 주인"(the lord of the enemy)을 의미한다. 이것은 분명하지는 않지만 시사적이다.

수 666은 현저한 다른 특성을 갖고 있다. 육(6)의 제곱(square of six)을 형성하는 모든 수의 합이 됨으로써 6의 농축된 의미(concentration)와 본질을 더욱 분명하게 나타낸다. 6의 제곱은 36(6^2 혹은 6×6)이며, 1부터 36까지의 합은 666이다. 즉 1+2+3+4+5+6+7+8+9+10+11+12+13+14+15+16+17+18+19+20+21+22+23+24+25+26+27+28+29+30+31+32+33+34+35+36=666.

각 방향으로 여섯개의 숫자를 갖는 사각형 형태로 배열될 수 있기 때문에 어떤 방향으로든 각 여섯수의 합은 또 다른 의미있는 삼위일체(trinity)가 될 것이다 =111.

6	32	3	34	35	1
7	11	27	28	8	30
19	14	16	15	23	24
18	20	22	21	17	13
25	29	10	9	26	12
36	5	33	4	2	31

게마트리아
(GEMATRIA)

"모세의 노래"(출 15 : 1－18)의 수치가 41626인 것은 주목할 만하다. 그것은 중요한 요소 13×42×70의 곱이다.

한편 요한계시록 15 : 1－5에 "모세의 노래와 어린양의 노래"를 비교해 보면 주목할만한 수치 9261이고, 주목할 만한 요소 3^3×7^3을 갖는다.

결론
(CONCLUSION)

우리는 이제 하나님의 사역과 말씀 가운데 하나님께서 사용하신 수에 대한 개괄을 끝냈다. 그리고 우리는 모든 것이 완벽하다는 것을 알았다.

현상에 대한 우리의 이해와 해석을 많은 불완전한 것들로 나타냈을지도 모르며 결국 우리는 이 크고 중요한 주제의 주변밖에 다루지 못했다는 것을 알고 있다.

그러나 한 가지, 즉 진실한 성경(the Scripture of Truth)에는 잘못이 완전히 배제된 하나님으로부터의 계시가 있으며 우리가 그것을 이해하고자 할 때 어떠한 어려움에 좌우되게 될지라도 그것은 모두 우리 자신의 결점의 소산이라는 것이 확실하다.

한 가지 더 확실한 것은 기록된 말씀이 살아계신 말씀과 구별될 수 없으며 전자의 영적 의미는 후자와의 활발한 결합없이는 이해할 수 없다는 것이다.

새 예루살렘에 대하여 기록된 것처럼 하나님 말씀에 대해 말할 수 있을 것이다(계 21 : 23).

"어린양이 그 등이 되심이라" (THE LAMB IS THE LIGHT THEREOF).

부가적인 여러 예들 (ADDITIONAL MISCELLANEOUS ILLUSTRATIONS)

이 책이 인쇄되는 동안에 많은 예들이 추가되었다. 이 책이 인쇄된 이후에 발견된 몇 가지 예를 여기에 기술한다.

삼 (THREE)

세 무리가 기적적으로 먹었다 ; —(1) 왕하 4 : 42,43 ; (2) 마 15 : 34, 38 ; (3) 막 6 : 38,44.

세번을 "하나님의 벗"이라 아브라함을 불렀다 : —(1) 대하 20 : 7 ; (2) 사 41 : 8 ; (3) 약 2 : 23.

세번 나온 단어 "그리스도인"이 신약에 나타난다 : —(1) 행 11 : 26 ; (2) 행 25 : 28 ; (3) 벧전 4 : 6.

사 (FOUR)

"하와"란 이름으로 성경에 네번 언급되었다 : —창 3 : 20 ; 4 : 1 ; 고후 11 : 3 ; 딤전 2 : 13.

육 (SIX)

우리 주님께서는 여섯번 표적의 요구를 받으셨다.

1. 바리새인, 마 12 : 38 ; 막 8 : 11.

2. 사두개인, 마16 : 1.
3. 제자들, 마24 : 3 ; 막13 : 4.
4. 무리, 눅11 : 16.
5. 유대인들, 요2 : 18.
6. 무리, 요6 : 30.

여섯 사람이 구세주의 결백을 증거했다 : –

1. 빌라도, 눅23 : 14.
2. 헤롯, 눅23 : 15.
3. 유다, 마27 : 3.
4. 빌라도의 아내, 마27 : 19.
5. 죽어가는 강도, 눅23 : 41.
6. 백부장, 눅23 : 47.

칠
(SEVEN)

안식일날에 그리스도께서 행하신 일곱 이적 : –

1. 마른 손, 마12 : 9.
2. 귀신들린 자, 막1 : 21.
3. 베드로의 장모, 막1 : 29.
4. 여인, 눅13 : 11.
5. 고창병자, 눅14 : 2.
6. 무능한 병자, 요5 : 8, 9.
7. 나면서 소경된 자, 요9 : 14.

"마지막 날"은 요한복음에 일곱번 언급되었다 : –요6 : 39,40,44,54 ; 7 : 37 ; 11 : 24 ; 12 : 48.

구
(NINE)

"돌에 맞은" 아홉사람.

1. 저주한 사람, 레24 : 14.
2. 안식일을 어긴 자, 민15 : 36.
3. 아간, 수7 : 25.
4. 아비멜렉, 삿9 : 53.
5. 아도람, 왕상12 : 18.
6. 나봇, 왕상21 : 10.
7. 스가랴, 대하24 : 21.
8. 스데반, 행7장.
9. 바울, 행14 : 19.

아홉 과부가 특별히 언급되었다 : —

1. 다말, 창38 : 19.
2. 드고아 여인, 삼하14 : 5.
3. 히람의 어머니, 왕상7 : 14.
4. 스루아, 왕상11 : 26.
5. 사르밧 여인, 왕상17 : 9.
6. 가난한 과부, 막12 : 42.
7. 안나, 눅2 : 37.
8. 나인의 과부, 눅7 : 12.
9. 귀찮은 과부, 눅18 : 3.

아홉사람이 눈이 보이지 않음으로 시달렸다.

1. 롯의 문에 있던 자들, 창19 : 11.
2. 이삭, 창27 : 1.
3. 야곱, 창48 : 10.
4. 삼손, 삿16 : 21.
5. 엘리, 삼상4 : 15.
6. 선지자 아히야, 왕상14 : 4.
7. 아람군대, 왕하6 : 18.

8. 시드기야 왕, 왕하 25 : 7.
9. 엘루마, 행 13 : 11.

아홉 사람이 문둥병으로 시달렸다 : –

1. 모세, 출 4 : 6.
2. 미리암, 민 12 : 10.
3. 나아만, 왕하 5 : 1.
4. 게하시, 왕하 5 : 27.
5–8. 사마리아의 네 문둥병자, 왕하 7 : 3.
9. 아사랴, 왕하 15 : 5.

십
(TEN)

유월절의 준수가 열번 기록되었다 : –

1. 애굽에서, 출 12장.
2. 광야에서, 민 9 : 5.
3. 여리고 평지, 수 5 : 10.
4. 히스기야, 대하 30 : 1.
5. 요시야, 대하 35 : 1.
6. 에스라, 스 6 : 19.
7. 주님이 12살때, 눅 2 : 41.
8. 요 2 : 13.
9. 요 6 : 4.
10. 마 26 : 2.

여자로 인한 열번의 죽음 : –

1. 시스라, 삿 4 : 21.
2. 아비멜렉, 삿 9 : 52,53 ; 삼하 11 : 21.
3. 세바, 삼하 20 : 1,21,22.
4. 창기의 아들, 왕상 3 : 19.
5. 여호와의 선지자들, 왕상 18 : 4.

6. 나봇, 왕상 21 : 9,10.
7. 어머니가 삶아 먹은 아이, 왕하 6 : 29.
8. 왕가의 씨, 왕하 11 : 1.
9. 하만의 열 아들, 에 9 : 13,14.
10. 세례요한, 마 14 : 8.

구약에서 장자보다 오히려 더 어린 아들을 택한 열가지 예 : —아벨, 셈, 아브라함, 이삭, 야곱, 유다, 요셉, 에브라임, 모세, 다윗.

십일
(ELEVEN)

열 한명의 왕과 통치자들이 그들에게 진실을 말하는 하나님의 종들을 거스렸다.

1. 바로, 출 10 : 28.
2. 바락, 민 24 : 10.
3. 여로보암, 왕상 13 : 4.
4. 아합, 왕상 22 : 27.
5. 나아만, 왕하 5 : 12.
6. 아사, 대하 16 : 10.
7. 요아스, 대하 24 : 21.
8. 웃시야, 대하 26 : 19.
9. 여호야김, 렘 26 : 11.
10. 시드기야, 렘 26 : 21.
11. 헤롯, 마 14 : 3.

요셉은 보디발의 집에 십일년간 있었다.

그가 바로 앞에 선 때는 30살이었다(창 41 : 46) 30
그가 팔린 때는 17살이었다(창 37 : 2,36) 17
그는 감옥에 2년간 있었다(창 42 : 1) 2
−19
11

십삼
(THIRTEEN)

열세번의 기근이 성경에 기록되었다: -(1)창12:10;(2) 창26:1; (3) 창41:54; (4) 룻1:1; (5) 삼하21:1; (6) 왕상18:1; (7) 왕하4:38; (8) 왕하7:4; (9) 왕하25:3; (10) 느5:3; (11) 렘 14:1; (12) 눅15:14; (13) 행11:28.

십사
(FOURTEEN)

잠언에 "여호와를 경외함"이란 표현은 열 네번 나온다. 잠1:7,29; 2:5; 8:13; 9:10; 10:27; 14:2, 27; 15:16,33; 16:6; 19:23; 22:4; 23:17.

십칠
(SEVENTEEN)

열 일곱번의 천사의 출현이 복음서와 사도행전에 기록되어 있다.

1-3. 요셉에게 세번, 마1:20; 2:13,19.
4. 광야에서 주님께, 마4:11.
5. 겟세마네에서, 눅22:43.
6. 무덤의 돌위에, 마28:2.
7. 무덤내에, 막16:5.
8. 사가랴에게, 눅1:11.
9. 마리아에게, 눅1:26.
10. 11. 목자들에게 두번, 눅2:9,13.
12. 베데스다 못에서, 요5:4.
13. 제자들에게, 행1:11.
14. 감옥속에 제자들에게, 행5:19.
15. 고넬료에게, 행10:3.

16. 감옥속에 베드로에게, 행 12 : 7.
17. 바울에게 행 27 : 23.

이십
(TWENTY)

이십개의 꿈이 기록되었다.

1. 아비멜렉, 창 20 : 3.
2. 3. 야곱, 창 28 : 12 ; 31 : 10.
4. 라반, 창 31 : 24.
5. 6. 요셉, 창 37 : 5,9.
7. 8. 술 맡은 자와 떡 굽는 자, 창 40 : 5.
9. 10. 바로, 창 41 : 1,5.
11. 기드온 군대의 사람, 삿 7 : 13.
12. 솔로몬, 왕상 3 : 5.
13. 14. 느브갓네살, 단 2 : 3 ; 4 : 5.
15. 다니엘, 단 7 : 1.
16. 17. 18. 요셉, 마 1 : 20 ; 2 : 13,19.
19. 동박박사들, 마 2 : 13.
20. 빌라도의 아내, 마 27 : 19.

이십 일
(TWENTY-ONE)

느밧의 아들 여로보암이 "이스라엘로 범죄케 하였다"는 것이 열왕기서에 스물 한번 기록되었다. 왕상 14 : 16 ; 15 : 26,30,34 ; 16 : 19 ; 26 ; 21 : 22 ; 22 : 52 ; 왕하 3 : 3 ; 10 : 29,31 ; 13 : 2,6,11 ; 14 : 24 ; 15 : 9,18,24,28 ; 17 : 21 ; 23 : 15.

찾아보기

ㄱ

ㄴ

ㄷ

ㄹ

ㅁ

ㅂ

ㅅ

ㅇ

ㅈ

ㅊ

ㅌ

ㅎ

성경에 나타난 숫자 해설

인 쇄 일　2025년 4월 7일 재판 발행
지 은 이　E. W. 벌링거
펴 낸 이　이명권
펴 낸 곳　열린서원
주　　소　강원특별자치도 화천군 간동면 용호길 73-155
전　　화　010-2128-1215
팩　　스　02)2268-1058
전자우편　imkkorea@hanmail.net
등　　록　제300-2015-130호(1999.3.11.)

값 25,000원

ISBN 979-11-89186-24-1　03230

※ 이 도서에 국립중앙도서관 출판사 도서목록은
e-CRP홈페이지(http://www.nl.go.kr/ecip)에서 이용하실 수 있습니다.